Monika Fellenberg

Praktische Rhetorik in der Schule

Eine empirische Untersuchung
verschiedener Unterrichtsmethoden
zur Vorbereitung von Schülervorträgen

D1730877

Augsburger Studien zur Deutschdidaktik
Band 6

herausgegeben von
Kaspar H. Spinner

Monika Fellenberg

Praktische Rhetorik in der Schule

Eine empirische Untersuchung
verschiedener Unterrichtsmethoden
zur Vorbereitung von Schülervorträgen

Coverbilder: Monika Fellenberg

Bibliografische Information der Deutschen Nationalbibliothek
Die Deutsche Nationalbibliothek verzeichnet diese Publikation
in der Deutschen Nationalbibliografie; detaillierte bibliografische
Daten sind im Internet über http://dnb.d-nb.de abrufbar.

ISBN 978-3-89639-663-1

© Wißner-Verlag, Augsburg 2008
www.wissner.com

Für
Frederik
und Emilia

Vorwort

Praktische Rhetorik wird heute wieder verstärkt für den Deutschunterricht eingefordert; dies gilt insbesondere für Fähigkeiten der Präsentation, die immer wichtiger werden in einer Gesellschaft, in der Dienstleistung, Wettbewerb und kommunikative Vernetzung im Vordergrund stehen. In den Lehrplänen wird die praktische Rhetorik entsprechend berücksichtigt und die Verlage publizieren einschlägige Handreichungen für den Unterricht. Was fast ganz fehlt, sind empirische Forschungen zum Rhetorikunterricht. Diesem Desiderat entspricht die vorliegende Studie, in der drei verschiedene *Methoden von Rhetorikunterricht* im Hinblick auf ihre Wirksamkeit untersucht werden. Es handelt sich erstens um den traditionellen Referatunterricht, in welchem die Schülerinnen und Schüler ohne spezielle Rhetorikübungen Referate halten, zweitens um den Referatunterricht mit zusätzlichen Übungen zu Teilaspekten rhetorischer Kompetenz und drittens um das Konzept des Lernens durch Lehren, bei dem die Schülerinnen und Schüler ihre rhetorische Kompetenz dadurch verbessern sollen, dass sie selber Unterrichtsstunden halten. Die Untersuchung zeigt, dass der Referatunterricht mit begleitenden Rhetorikübungen den beiden anderen Vorgehensweisen überlegen ist.

Die Studie ist in der Berufsschule durchgeführt worden; sie ist damit auch ein Beitrag zu der in der Forschung wenig berücksichtigten Deutschdidaktik des *berufsbildenden Schulwesens*. Darauf beziehen sich auch Hinweise auf den Lehrplan, die Untersuchung von Sprachbüchern und eine Lehrerbefragung, die man ebenfalls in der vorliegenden Arbeit findet. Die Ergebnisse, die durch die Untersuchung der Unterrichtsmethoden in der Berufsschule erzielt worden sind, können zweifellos auch auf andere Schulformen übertragen werden.

Empirische Untersuchungen sind in der Deutschdidaktik noch nicht sehr zahlreich; in dieser Hinsicht besteht in der Forschung Nachholbedarf. Die vorliegende Studie ist über die spezielle Fragestellung hinaus forschungsmethodisch interessant, weil sie exemplarisch zeigt, wie man verschiedene *Methoden der Datengewinnung und -analyse* sinnvoll miteinander kombinieren kann. Es geht um Videoanalyse, Fragebogenerhebung, Lehrplan- und Sprachbuchanalyse mit quantitativer und qualitativer Auswertung des Datenmaterials.

Lehrerinnen und Lehrer werden sich vor allem für die konkrete Vorgehensweise bei den Rhetorikübungen interessieren, die sich in Ergänzung zum Halten von Referaten positiv auf den Lernerfolg der Schülerinnen und Schüler ausgewirkt haben. Die vorliegende Publikation bietet entsprechende Anregungen für die *Unterrichtspraxis*, bis hin zu den Arbeitsblättern, die die Verfasserin eingesetzt hat und die im Anhang abgedruckt sind.

Möge die vorliegende Studie dazu beitragen, dass in den Schulen die rhetorischen Fähigkeiten der Schülerinnen und Schüler wirkungsvoller gefördert werden und dass in der didaktischen Forschung weitere Untersuchungen zur Wirksamkeit von Rhetorikunterricht mit anderen Probandengruppen durchgeführt werden.

Kaspar H. Spinner

VI

Dank

Danke sagen möchte ich an dieser Stelle allen, die zum Entstehen dieser Arbeit beigetragen haben.

Mein ganz besonderer Dank gilt Herrn Prof. Dr. Kaspar H. Spinner für die wunderbare Betreuung dieser Arbeit. Fachlich und menschlich gab er mir stets soviel Hilfestellung wie nötig und soviel Freiheit wie möglich, um dieses Promotionsvorhaben gelingen zu lassen.

An Herrn Prof. Dr. Klaus Maiwald vielen Dank dafür, dass er die Zweitbetreuung der Arbeit übernommen hat.

Ein herzliches Dankeschön geht an meine Schwester, Dr. Franziska Fellenberg, die mich in meinem Vorhaben immer wieder bestärkt und bei der Auswertung des Datenmaterials ebenso wie bei Überlegungen zur inhaltlichen Gestaltung unterstützt hat.

Meinem Mann, Dieter Köhler, danke ich für sein Verständnis und die vielfältige Unterstützung dieses Promotionsvorhabens im Alltag sowie bei der grafischen Gestaltung der Arbeit.

Danken möchte ich auch unserer Tagesmutter, Ines Starjakob, die mir durch die liebevolle und zuverlässige Betreuung unseres Sohnes den nötigen zeitlichen und geistigen Freiraum zum Schreiben gegeben hat.

Ein besonderer Dank geht an die Schüler und Lehrer, ohne deren Teilnahme diese Studie nicht möglich gewesen wäre.

Und nicht zuletzt danke ich allen meinen Schülern, die mich zu dieser Arbeit inspiriert haben.

Monika Fellenberg

Stuttgart, im Juli 2007

Inhaltsverzeichnis

Abbildungsverzeichnis

Tabellenverzeichnis

1 Einleitung

Es [das Erlernen von Präsentationsfähigkeiten]
ist zwar mühselig und nicht wirklich angenehm,
aber es sollte schon vermittelt werden.
(Taylan, 18 Jahre, H2 RF 1T)

Das Halten von Referaten gehört für viele Schüler zu den unangenehmsten Aufgaben in ihrer Schulzeit. Wie prägend die Erinnerungen an solche Referate sind, zeigt sich daran, dass sich viele Menschen besser an ihre gehaltenen Referate erinnern können als an geschriebene Klassenarbeiten. Hinzu kommt, dass diese Erlebnisse auch über die Schulzeit hinaus sehr prägend für das spätere Redeverhalten sind. Das hängt sicher zum einen damit zusammen, dass das Halten von Referaten im Laufe der Schulzeit viel seltener vorkommt als andere Arten der Leistungskontrolle und somit einen besonderen Stellenwert einnimmt. Zum anderen gibt es wohl kaum ein anderes Ereignis im Schulalltag, bei dem sich der einzelne Schüler so exponiert darstellen muss wie bei einem längeren mündlichen Beitrag. Umso wichtiger erscheint deshalb das Ziel, Schülerreferate für die Vortragenden zu einem positiven Erlebnis werden zu lassen, damit Misserfolge nicht zu einem langfristigen „Präsentations-Trauma" für die Betroffenen werden.

Vielen Schülern fällt es schwer, im Unterricht Redebeiträge zu liefern, die über wenige Sätze hinausgehen. Dieses Phänomen ist hinreichend bekannt und durch verschiedene Studien wissenschaftlich belegt. Aus dieser Kenntnis heraus, verbunden mit den immer lauter werdenden Forderungen nach mehr Förderung der sprachlichen Fähigkeiten im Schulunterricht, entstanden zahlreiche Arbeitshefte für alle Klassenstufen mit verschiedenen Übungen, die in der Regel auch praxiserprobt sind. Woran es mangelt, sind jedoch empirische Studien, die die Wirksamkeit verschiedener Unterrichtsmethoden wissenschaftlich untermauern. Das Fehlen empirischer Daten ist ein Grundproblem der Deutschdidaktik, welches glücklicherweise immer mehr in den Blickpunkt rückt (vgl. dazu KAMMLER / KNAPP, 2002). So fand z. B. das Deutschdidaktik-Symposion von 2004 zum Thema „Deutschunterricht empirisch" statt. Hier wurden Fragen aufgeworfen wie (FUNKE u.a., 2004):

- In welchem Umfang lassen sich Fortschritte im Lernen für den Deutschunterricht belegen?
- Welche Bedingungen befördern sie, welche stehen ihnen entgegen?
- Was lernen Schülerinnen und Schüler im Fach Deutsch wirklich?
- Wie weit lassen sich Lernfortschritte in einen Zusammenhang mit Lehrprozessen bringen?

Die Klärung dieser Fragen, darüber ist man sich inzwischen einig, erfordert die Durchführung empirischer Studien. Kritische Stimmen gibt es jedoch noch immer, besonders hinsichtlich quantitativer Analysen. Die Gründe dafür hat Oomen-Welke zusammengefasst: „Tiefer gehende deutschdidaktische Fragestellungen scheinen sich den quantitativen Analysen nicht leicht zu öffnen, und

Lernergebnisse als Folge von Unterricht sind offensichtlich nur schwer kontrollierbar; die notwendige Breite quantitativer Untersuchungen liegt zudem vielfach außerhalb des Aktivitätsbereichs der Deutschdidaktik; oft sind der Deutschdidaktik auch der Gegenstand, die didaktische Anlage und der Adressatenbezug des Deutschunterrichts wichtiger als der messbare Lernerfolg; schließlich fehlt es in der Deutschdidaktik vielfach an der Kompetenz, empirisch-methodisch zu forschen" (OOMEN-WELKE, 2004, S. 13).

Zudem ist die Erhebung und Auswertung empirischer Daten, besonders zu mündlichen Schülerleistungen, mit viel technischem und zeitlichem Aufwand verbunden. Dennoch ist dieser Aufwand notwendig, da Beobachtungen aus dem Unterrichtsgeschehen selbst zu flüchtig sind, um als Forschungsgrundlage zu dienen. Daher sollte es einen verstärkten Einsatz von Videodaten zur Untersuchung von Lehr- und Lernprozessen geben (vgl. dazu AUFSCHNAITER, VON / WELZEL, 2001).

Diese Arbeit liefert einen kleinen Beitrag zur empirischen Unterrichtsforschung im Hinblick auf die Wirksamkeit verschiedener Unterrichtsmethoden zur Vorbereitung von mündlichen Referaten. Da sich, wie bereits erwähnt, die Anfertigung und Auswertung geeigneten Datenmaterials sehr aufwendig gestaltet, ist die Stichprobe sehr begrenzt und die Studie somit nicht repräsentativ. Die Untersuchung zeigt vielmehr den modellhaften Vergleich dreier Unterrichtsmethoden und bietet somit eine Grundlage für die weitere vertiefende Erforschung verschiedener Unterrichtsmodelle.

Die Arbeit gliedert sich wie folgt:

Zuerst werden die theoretischen Grundlagen dargestellt, auf denen die Studie beruht. Da die Untersuchung an einer Berufsschule, genauer an einer gewerblichen Schule, durchgeführt wurde, werden anschließend die speziellen Bedingungen für den Deutschunterricht an Berufsschulen analysiert. Neben einem Blick auf Lehrpläne und Sprachbücher werden auch Aussagen von Lehrkräften über die praktische Umsetzung von Rhetorikunterricht berücksichtigt.

Anschließend folgt die Darstellung und Auswertung der Untersuchung anhand von Videodaten. Das Videomaterial enthält Kurzvorträge und Referate von Schülerinnen und Schülern dreier verschiedener Klassen, die jeweils vor Beginn und nach Ende des Rhetorikunterrichts präsentiert wurden. In jeder Klasse wurden unterschiedliche Unterrichtsmethoden verwendet, sodass die Schülervorträge Aufschluss über die Qualität der verschiedenen Methoden liefern können.

Ergänzt werden die Untersuchungsergebnisse durch eine Befragung der Schüler zum jeweiligen Rhetorikunterricht, die anhand von Fragebögen durchgeführt wurde.

Abschließend werden didaktische Schlussfolgerungen aus dem gesamten Datenmaterial gezogen, die zur Verbesserung der derzeitigen mündlichen Sprachförderung in der Schule beitragen sollen.

2   Reden lernen und lehren

Schülern fällt es zunächst sehr schwer, mehr als einen ganzen
Satz zu sagen, diese Fähigkeit (etwas zusammenhängend
darzustellen) erwerben sie tatsächlich.
(StD, 49 Jahre, Kerschensteinerschule Stuttgart)

„Der mündliche Sprachgebrauch gehört elementar zur Grundausstattung des menschlichen Seins" (SCHUSTER, 2001, S. 32), dennoch handelt es sich beim Sprechen um eine Fähigkeit, die erlernt und geschult werden muss, um erfolgreich eingesetzt werden zu können.

Die Wirkung des gesprochenen Wortes ist bereits seit der Antike bekannt und wurde dort unter dem Begriff „Rhetorik" als besondere Kunst gelehrt (zur Geschichte der Rhetorik vgl. UEDING / STEINBRINK, 1994). Auch heute erfreut sich die „Rhetorik" wieder zunehmender Beachtung. Das zeigen die zahlreichen Angebote von Rhetorikkursen für die unterschiedlichsten Zielgruppen sowie die vielen Rhetorikratgeber zur Selbstschulung in den Buchhandlungen. Mit verheißungsvollen Titeln wie „Die Macht der Rhetorik" (BRAUN, 2003) oder „Die Kunst überzeugend zu reden" (HÄGG, 2003) versprechen sie dem interessierten Leser neben der Aussicht, besser reden zu können, zugleich mehr Erfolg und Selbstvertrauen in allen Lebenslagen. Dieser enge Zusammenhang von Persönlichkeit und rhetorischer Kompetenz, der hier angesprochen wird, ist nachweislich vorhanden. So bedingen sich Redestörung und Charakterstörung gegenseitig, wenn auch die Art und Weise noch nicht eindeutig geklärt ist (UEDING, 1995).

So vielfältig wie die Angebote zur Rhetorikschulung sind auch die Vorstellungen, die mit dem Begriff „Rhetorik" verbunden werden. Daher muss zunächst geklärt werden, welches Rhetorikverständnis dieser Arbeit zugrunde liegt und welche Zielsetzungen mit der Schulung dieser rhetorischen Fähigkeiten verbunden sind.

2.1   Rhetorik oder rhetorische Kommunikation

Ausgangspunkt jeder Beschäftigung mit dem Rhetorikbegriff ist das antike Verständnis von Rhetorik als „Theorie der Redekunst" und „Praxis der Beredsamkeit" (MÖNNICH, 2004, S. 105). Die grundlegenden Gedanken der antiken Autoren wie die fünf Schritte (inventio, dispositio, elocutio, memoria, actio / pronuntiatio) zu einer guten Rede und die verschiedenen Stilmittel und Satzfiguren haben bis heute ihre Gültigkeit. Sie werden, wenn auch zum Teil in abgewandelter Form, immer wieder, teilweise auch unbewusst, eingesetzt. Dennoch unterliegt das Rhetorikverständnis im Laufe der Zeit einem stetigen Wandel, der z.B. in der Monografie von Ueding und Steinbrink (UEDING / STEINBRINK, 1994) sehr detailliert nachgezeichnet wird.

Auch heutzutage wird der Begriff „Rhetorik" mit unterschiedlichen Inhalten gefüllt. So besteht ein grundlegender Unterschied zwischen eher alltagsrelevanten und wissenschaftlichen Definitionen des Rhetorikbegriffs.

Eine Studie von Teuchert (2001) zeigt, welche Vorstellungen die allgemeine Bevölkerung mit dem Begriff „Rhetorik" verbindet. Die Fragebogenaktion wandte sich an Männer und Frauen jeden Alters mit unterschiedlicher beruflicher und sozialer Herkunft. Bei der Auswertung der 441 rückläufigen Fragebögen treten an Vorstellungen und Definitionen besonders folgende hervor (TEUCHERT, 2001):

- Die Kunst und Lehre, eine Rede überzeugend und stilistisch ansprechend zu gestalten
- Sprachgewandtheit und Überzeugungskraft
- Manipulation und Propaganda
- Redekunst
- Sprechen in der Öffentlichkeit
- Kompetenz, mitreißend und überzeugend zu reden

Mit der ersten dieser genannten Definitionen entspricht die landläufige Vorstellung vom Rhetorikbegriff durchaus der gängigen Definition, die auch der Duden liefert: Rhetorik ist „die Redekunst" bzw. „die Lehre von der wirkungsvollen Gestaltung der Rede" (DUDENREDAKTION, 1983, S. 1035).

Die Studie zeigt weiterhin, was sich für die Befragten hinter diesen Definitionen verbirgt (TEUCHERT, 2001):

- Sicheres sprachliches Auftreten
- Logisch nachvollziehbares, deutliches Sprechen
- Argumentativ überzeugend
- Rede stilistisch ansprechend gestalten
- Schlagfertigkeit
- Verständliches Informieren
- Ruhige Stimmlage
- Betontes Sprechen
- Gestik, Mimik, Blickkontakt begleiten das Sprechen

Der allgemein gültige Rhetorikbegriff bezieht sich somit vor allem auf die Fähigkeit, sich vor anderen sprachlich und körperlich wirkungsvoll präsentieren zu können. Dies beinhaltet, laut Befragung, auch immer die Möglichkeit, andere durch das Auftreten beeindrucken und beeinflussen zu können. Dem Zuhörer wird in den landläufigen Definitionen von Rhetorik eine sehr passive, wenn nicht sogar dem Redner untergeordnete Rolle zugewiesen.

Auch in der Sprachwissenschaft gilt die Wirkung des gesprochenen Wortes als ein zentrales Merkmal der Rhetorik. In den Mitteilungen des Deutschen Germanistenverbandes definieren von Arnim und Redder Rhetorik dementsprechend so: „Es geht um Fähigkeiten zur sprachlichen Kommunikation jenseits der Inhalte. Stattdessen treten Formen von Äußerungen unter dem Aspekt ihrer Wirkung, ihres Hörerbezugs in den Vordergrund der Aufmerksamkeit" (ARNIM VON / REDDER, 1999, S. 313).

Die Definition macht deutlich, dass es in der Rhetorik immer um den Wirkungsaspekt geht, das heißt man redet, „um bestimmte Ziele zu erreichen" (PABST-WEINSCHENK, 2005, S. 10). Dabei steht in der Sprachwissenschaft die sprachliche Form im Zentrum der Betrachtung. Die Sprechwissenschaft dagegen vertritt einen weiter gefassten Begriff von Rhetorik. Sie hebt den traditionellen Abstand zwischen einer Rede und einem Alltagsgespräch auf, da sie das Reden als Handeln sieht. So wird Rhetorik vonseiten der Sprecherziehung her auch in erster Linie als „Technik der praktischen Gesprächsführung" (ROß, 1994, S. 15) verstanden. Die Sprechwissenschaft hat deshalb den Begriff „rhetorische Kommunikation" anstelle von „Rhetorik" geprägt. Ottmers definiert den Begriff „rhetorische Kommunikation" als „die Kunst, in Rede oder Schrift situationsbezogen und wirkungsvoll zu kommunizieren" (OTTMERS, 1996, S. 9). Geißner bezeichnet ihn „als Oberbegriff für alle Erscheinungsformen mündlicher Rhetorizität" (GEIßNER, 2000, S. 126). Dabei unterscheidet er zwischen Gesprächsrhetorik und Rederhetorik (GEIßNER, 2000). Als Unterscheidungskriterium dafür gilt „der Grad der Dialogizität" (GEIßNER, 2000, S. 126). Gespräche sind „aktuell dialogisch", Reden dagegen nur „latent dialogisch" (GEIßNER, 2000, S. 126).

Da in der rhetorischen Kommunikation der mündliche Dialog im Vordergrund steht, wird hier weniger auf die Formulierungen als auf den Zusammenhang von der sprachlichen und der sprecherischen Präsentation geachtet. Im Gegensatz zum traditionellen Rhetorikverständnis der Sprachwissenschaften weist die Sprechwissenschaft darauf hin, dass zu viel Beachtung der Formulierungen zu einer Blockade im freien Sprechen führen kann (PABST-WEINSCHENK, 2005).

Durch einen verstärkten Austausch zwischen Sprecherziehung und Sprachdidaktik (SPINNER, 1997) hat sich auch im schulischen Bereich die Bedeutung des Begriffs „Rhetorik" verändert. Stand der Begriff traditionellerweise für die Interpretation von Literatur und der Analyse von Reden mit rhetorischen Modellen und Begriffen, steht er inzwischen als eine Art Oberbegriff für das Lehrziel „mündliche Kommunikation" (GRAEFEN, 1999). Neben den klassischen Lernzielen der Rhetorik steht nun die „praktische Rhetorik", die die eigene rhetorische Kompetenz der Schüler zum Inhalt hat, welche es in Form von Referaten und Diskussionen zu beweisen gilt.

Auch Spinner vermeidet den Begriff „Rhetorik" aufgrund seiner unterschiedlichen Bedeutungen und spricht in seinem gleichnamigen Artikel zur praktischen Rhetorik lieber von „reden lernen" (SPINNER, 1997). Mit „reden lernen" bezeichnet er ganz allgemein die Fähigkeit, „einen Redebeitrag einbringen zu können" (SPINNER, 1997, S. 16), wobei er sich am sprechwissenschaftlichen Rhetorikverständnis orientiert.

Auch dieser Arbeit liegt das Rhetorikverständnis der Sprechwissenschaft zugrunde. Rhetorik wird hier immer synonym für rhetorische Kommunikation verwendet, das heißt, der Begriff bezieht immer auch die außersprachlichen Wirkungsfaktoren mit ein.

2.1.1 Die Rede als Sonderform der rhetorischen Kommunikation

In der Sprechwissenschaft gilt das Gespräch als Grundform mündlicher Kommunikation. Daher sollte auch eine Rede als virtueller Dialog angelegt sein, auch wenn die Sprechrollen hier nicht wie im Gespräch ohne weiteres austauschbar sind (PABST-WEINSCHENK, 2005). Die Übergänge zwischen Gesprächs- und Redeformen sind fließend. „Rededauer, Öffentlichkeitsgrad und Anzahl der Zuhörer sind keine verlässlichen Bestimmungsmerkmale dafür, ob es sich etwa um eine Kurzrede oder einen (längeren) Gesprächsbeitrag handelt" (PABST-WEINSCHENK, 2005, S. 12).

Spinner (1997) hat zur Unterscheidung von Rede und Gespräch in der Praxis ein überzeugendes Unterscheidungskriterium gefunden. Danach handelt es sich bei einer Rede im weitesten Sinne um „Kommunikationssituationen, in denen der Redende für einen kurzen oder längeren Zeitraum ein Redemonopol hat (also nicht sofort unterbrochen werden kann, wie im Gespräch), was eine größere Strukturierungsleistung und mehr Verbindlichkeit erfordert" (SPINNER, 1997, S. 16).

Entscheidend ist sowohl beim Gespräch als auch bei der Rede, dass möglichst frei gesprochen wird. Grundlegende rhetorische Fähigkeiten dafür sind das Sprechdenken und das Hörverstehen.

Sprechdenken. Der Grundsatz des Sprechdenkens beruht auf der Tatsache, dass Denken und Sprechen parallel verlaufen und nicht nacheinander. Bei Sprechbeginn sind die Gedanken meist noch gar nicht zu Ende gedacht, sondern werden dem Sprecher erst während des Formulierens klar.

Zwischen dem Gedanken und der Ausformulierung des Gedankens steht eine so genannte innere Sprache, die als ein Denken in sprachlichen Begriffen aufgefasst werden kann. Diese innere Sprache ist gegenüber der äußeren Sprache stark verkürzt und beschränkt sich auf die wichtigsten Begriffe. Nur die Hauptvorstellungen werden in der inneren Sprache sprachlich gefasst. Diese werden dann vom Sprecher in Sätzen ausgeformt und mithilfe der sprecherischen Ausdrucksmittel für andere verständlich artikuliert (PABST-WEINSCHENK, 1995).

Hörverstehen. Mit jeder Rede wird grundsätzlich das Ziel verfolgt, verstanden zu werden. Zuhören ist ebenso wie das Sprechen ein aktiver Prozess, der voraussetzt, dass man sich innerlich mit dem Gehörten beschäftigt. Allerdings ist es auch die Aufgabe des Sprechers, das Zuhören zu erleichtern. Dazu muss er den Zuhörer für die Sache interessieren und ihm das Thema so erklären, dass er es verstehen kann. Verstehen heißt dabei soviel wie nachvollziehen und mitdenken können. Dafür ist es wichtig, den Zuhörer nicht nur mit dem Ergebnis des eigenen Denkens zu konfrontieren, sondern ihn auch an den Gedankengängen, die zu dem Ergebnis geführt haben, teilhaben zu lassen (PABST-WEINSCHENK, 1995).

Sprechdenken und Hörerorientierung müssen geübt werden, um verständlich frei sprechen zu können.

Freies Sprechen. In alltäglichen Gesprächssituationen frei zu sprechen ist für die meisten Menschen kein Problem. So benötigt niemand vorformulierte Sätze, um sich in Alltagssituationen (z.B. beim Einkaufen oder beim Friseur) zu unterhalten. Das ändert sich, sobald eine Situation mit einem so genannten Redemonopol entsteht. Auch wenn es sich nur um ein Eingangsstatement bei einer Debatte oder ein paar Begrüßungsworte handelt, benötigen bereits viele Menschen mindestens einen Stichwortzettel, wenn nicht einen ausformulierten Text. Das liegt zum einen an der von Spinner erwähnten größeren Strukturierungsleistung und der höheren Verbindlichkeit, die eine solche Redesituation erfordert. Hinzu kommt, dass der Sprecher bei einer freien Rede und sei sie noch so kurz, stärker als bei jedem anderen Gesprächsbeitrag, der Öffentlichkeit ausgesetzt ist. Dabei wird der Sprecher nicht nur mit einer Teilfähigkeit wahrgenommen, sondern als ganzer Mensch: äußerlich und innerlich, habituell und geistig, psychisch und intellektuell. Das verbale Verhalten ist in diesem Fall nur ein Teil der Komplexität von Redeprozessen (KOPFERMANN, 1998). Zur Darstellung dieser vielfältigen Faktoren, die beim rhetorischen Handeln zusammenspielen, hat Pabst-Weinschenk das didaktische Synopse-Modell der Redepyramide entwickelt.

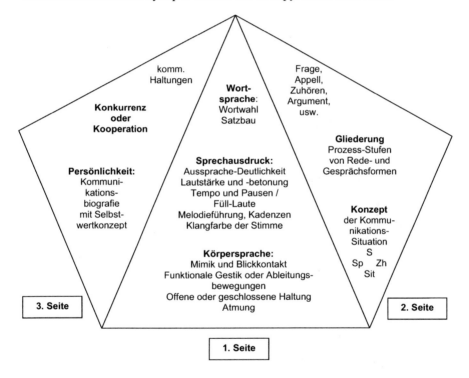

Abbildung 1: Die Rede-Pyramide nach Pabst-Weinschenk (2005)

Die Pyramide besteht aus den drei Seiten Form, Inhaltskonzept und Redner-Persönlichkeit. Auf der ersten Seite stehen Körpersprache, Sprechausdruck und Formulierung, die Merkmale, die die äußere Form des Sprechens ausmachen und die vom Zuhörer direkt und unmittelbar wahrgenommen werden.

Grundlage der sprachlichen Kommunikation stellt nach diesem Schaubild die Atmung dar. Durch die Atmung entsteht zuerst der Körperausdruck, der dann wiederum die Stimme und den Sprechausdruck beeinflusst (PABST-WEINSCHENK, 2004). Auch auf den Zuhörer wirkt die Art und Weise, wie etwas gesagt wird, viel direkter und unmittelbarer als der Inhalt. So folgt die Einschätzung der Glaubwürdigkeit eines Redners viel stärker über den Augenschein der Körpersprache und den Sprechausdruck als über den Inhalt (PABST-WEINSCHENK, 1995). Da es beim Miteinandersprechen immer um Inhalte und damit verbundene Intentionen geht, steht auf der zweiten Seite das Inhaltskonzept (PABST-WEIN-SCHENK, 2004). „Auch wenn Intention und Inhaltskonzept in der Kommunikation als Handlungsplanung am Anfang stehen, wirken sie rhetorisch nicht unmittelbar wie die von außen wahrnehmbaren sprach-, sprech- und körpersprachlichen Zeichen der Kommunikation. [...] Sie ist die Tiefendimension (Seite 2 der Rede-Pyramide) zur rhetorischen Oberflächenstruktur (Seite 1)" (PABST-WEIN-SCHENK, 2004, S. 18). Dabei bezieht sich das inhaltliche Konzept nicht nur auf die Sache, sondern vielmehr auf das „Konzept der gesamten Kommunikationssituation" (PABST-WEINSCHENK, 1995, S. 24). Um die Kommunikationssituation einschätzen zu können müssen folgende Fragen geklärt werden (PABST-WEIN-SCHENK, 1995):

- Wie wird die Sache (S) dargestellt?
- Wie drückt sich der Sprecher (Sp) aus?
- Wie wirkt er auf den Zuhörer (Zh) ein?
- Welche Beziehung entsteht?
- Wie sind die gegenseitigen Einschätzungen der Situation (Sit)?
- Welches Hauptziel wird verfolgt?

Aufgrund der Beantwortung dieser Fragen werden eine passende Gliederung sowie Fragetechniken, geeignete Argumentationsstrategien, Antwortmöglichkeiten usw. entwickelt (PABST-WEINSCHENK, 1995).

Die dritte Seite der Rede-Pyramide bezieht sich auf die Redner-Persönlichkeit. Aus dem Zusammenwirken von Präsentation und Inhaltskonzept zieht der Zuhörer Rückschlüsse auf die Person des Sprechers und seine Haltungen (PABST-WEINSCHENK, 1995). Kommunikative Haltungen entstehen aus der Kommunikationsbiografie eines Menschen und lassen sich auf die zentrale Frage zurückführen, ob Kommunikation als Konkurrenz oder Kooperation eingeschätzt wird (PABST-WEINSCHENK, 1995). Jeder Mensch ist geprägt von seinen persönlichen Kommunikationserfahrungen, die er seit frühester Kindheit erworben hat. Somit stellt die Kommunikationsbiografie zwar die Basis dar, die kommunikative Haltung kann sich jedoch im Laufe der Zeit wieder verändern (PABST-WEINSCHENK, 2004).

Das Modell will deutlich machen, dass alle drei Seiten hinsichtlich der Wirkung und der Sprechproduktion voneinander abhängig und somit gleich wichtig sind. Eine ganzheitliche Betrachtungsweise des Redners ist daher eine grundsätzliche Voraussetzung der Rhetorikschulung, egal, um welche Art von Rede es sich handelt.

2.1.2 Redesorten

Grundsätzlich unterscheidet man drei verschiedene Redesorten. Als Unterscheidungskriterium dient dafür das jeweilige Vorherrschen einer Zeichenfunktion aus Bühlers Organonmodell.

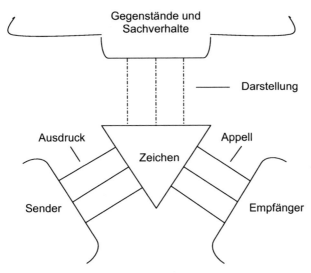

Abbildung 2: Das Organon-Modell nach Karl Bühler (1934)

Nach diesem Modell ist jede Rede durch drei Aspekte gekennzeichnet, den Sprecher, den Zuhörer und die Sache. Je nach Redesituation werden diese drei Aspekte unterschiedlich gewichtet. Ist die Rede vorrangig sprecherorientiert, stehen die subjektiven Bewertungen und Erlebnisse des Sprechers im Vordergrund, wie z.b. beim Erlebnisbericht, Kommentar oder der Meinungsrede. Ist die Rede vorrangig zuhörerorientiert, geht es vor allem um die Einwirkung auf die Zuhörer, wie z.b. bei der Werbung oder Überzeugungsrede. Ist die Rede vorrangig sachorientiert, ist die Darstellung der Sache das zentrale Anliegen, wie z.b. beim Sachbericht, einer Nachricht, einer Informationsrede oder einem Referat (PABST-WEINSCHENK, 1995).

Die Redesorten, die eher sprecher- oder zuhörerorientiert sind, unterscheiden sich in einigen Punkten deutlich von der vorrangig sachorientierten Rede. So handelt es sich bei einer sachorientierten Rede grundsätzlich um die Erörterung eines klar umrissenen Themas oder bestimmter Fakten. Das ist bei den beiden anderen Redesorten nicht der Fall. Die sprecher- und die zuhörerorientierten Reden werden zu den unterschiedlichsten Anlässen gehalten, sei es im privaten Bereich zu Hochzeiten, im Betrieb zu einem Jubiläum oder in der Öffentlichkeit zu einer Preisverleihung. In solchen Reden dürfen Gefühle zum Ausdruck kommen, die eigene Meinung vertreten werden oder auch für eine bestimmte Sache geworben werden. Die sachorientierte Rede dient dagegen der reinen Informationsvermittlung. Handelt es sich dabei um einen Vortrag, fließt die persönliche Wertung unmittelbar in die Darstellung des Sachverhalts ein. Beim Referat dagegen müssen Fakten und Wertung streng getrennt und deutlich gemacht werden. Vorträge und Referate dienen in erster Linie der Information und Bildung und sollten aufgrund ihrer Informationsdichte nicht länger als anderthalb Stunden dauern (DUDENREDAKTION, 2000).

2.2 Die Entwicklung und Förderung rhetorisch-kommunikativer Fähigkeiten

„Sprachliche Bildung hat heute höheren Anforderungen zu genügen als jemals zuvor [...]. Es ist der moderne Alltag in all seinen verschiedenen Bereichen, es ist insbesondere die Teilhabe am politischen und kulturellen Leben als mündiger Mensch, es sind die unterschiedlichsten Berufsfelder [...] all dies ist es, was ein immer größeres und immer differenzierteres, variantenreicheres rezeptives und produktives Sprachkönnen verlangt" (NUSSBAUMER / SIEBER, 1994, S. 313).
Diese hohen Erwartungen an die rhetorisch-kommunikativen Fähigkeiten in der heutigen Zeit bedingen die Auseinandersetzung mit den Fragen, wie sich die sprachlichen Fähigkeiten beim Menschen entwickeln und inwieweit man von außen Einfluss auf eine positive Entwicklung dieser Fähigkeiten nehmen kann.

2.2.1 ... in der Vorschulzeit

„Der Sprachlernprozeß beginnt aber bereits dann, wenn das Kind auf sprachliche Zeichen erst nur reagieren, sie noch nicht selber bilden kann. Die derart früh angeeignete rhetorische Fähigkeit bedingt in hohem Maße, was gelernt und wie gelernt wird, auf welche Weise die Objektbeziehungen gestaltet werden und aus welcher Perspektive die soziale Struktur kennengelernt wird, sie ist ein Mittel der Interaktion und der Reaktion auf die Umwelt. Was in der kindlichen Erziehung nicht gelernt wird, beeinträchtigt auch die Wirksamkeit allen späteren Lernens, das rhetorische Potential ist also in den Entwicklungsstadien nicht unverändert oder auch nur annähernd gleich" (UEDING, 1995, S. 85).
Innerhalb des ersten Lebensjahres durchläuft jedes Kind verschiedene Phasen der Vorstufen des Sprechens. So erwerben kleine Kinder die Wortsprache aus den ersten körpersprachlichen und lautlichen Äußerungsformen. Das heißt, sie beginnen mit Strampeln und Schreien, zunächst expressiv bei Hunger oder Schmerz, dann auch reaktiv auf Laute der Umwelt sowie appellativ, z.B. die Aufforderung herzukommen. Darauf folgt eine Phase des Lallens, zunächst ohne Bezug zur späteren Muttersprache, später dann an der Muttersprache orientiert. Gegen Ende des ersten Lebensjahres beginnt das Sprachverstehen innerhalb bekannter Situationen. Erst wenn das Kind eine Lautgruppe in ihrer Nenn-Funktion verwendet, beginnt das eigentliche bzw. menschliche Sprechen (BEISBART / MARENBACH, 1997).

Diese Entwicklungsstufen können zwar gehemmt oder gefördert werden, sind aber in ihrer Reihenfolge nicht veränderbar. Mit dem Beginn des eigentlichen Sprechens wird der Einfluss auf die Sprachentwicklung des Kindes durch die Interaktion mit Kommunikationspartnern immer größer. Durch sie baut sich in den folgenden Jahren ein Lernen der verschiedenen Sprechhandlungen auf (Genaueres zur Sprachentwicklung des Kindes vgl. z.B. BEISBART / MAREN-BACH, 1997, S. 120 ff.).

Die Grundlagen rhetorischer Fähigkeiten werden bereits vor der Schulzeit durch Familie, Medien und im Umgang mit Gleichaltrigen gelegt. Im Kindergarten kann die Gesprächs- und Redefähigkeit durch die Erzieher wesentlich gefördert werden.

Bis zum Eintritt in die Schule sind die wichtigsten Schritte der Sprachentwicklung bei allen Kindern bereits vollzogen. Die Kinder kommen in die Schule mit einer für ihre bisherige Lebenssituation zumeist ausreichenden Sprachfähigkeit. Diese ist jedoch je nach Lebensumständen sehr verschieden, da das rhetorische Lernen von Vorschulkindern, wie bereits erwähnt, u.a. sehr stark von der Kommunikationsfähigkeit der Erwachsenen in ihrer sozialen Umgebung abhängt (BERTHOLD, 2003). So haben Untersuchungen sprachlicher Lernprozesse gezeigt, dass „gegenüber einem Normalstand bei vielen Kindern Rückstände oder Fehlentwicklungen aufgrund mangelhafter sprachlicher und sozialer Umwelt bestehen, die zwar in den ersten Lebensjahren entstanden, aber durchaus – wenn auch erschwert – in späterer Zeit ausgeglichen werden können" (BEISBART / MARENBACH, 1997, S. 124).

2.2.2   ... in der Schulzeit

Der Sprachlernprozess auf den Ebenen Phonologie und Syntax gilt mit dem Schuleintritt als im wesentlichen abgeschlossen (BEISBART / MARENBACH, 1997) und wird dort auch vorausgesetzt. „Das Redevermögen, das heißt die Geschicklichkeit, mit der von der Sprache Gebrauch gemacht wird und die die rhetorische Kompetenz bestimmt, ist bereits für den schulischen Erfolg grundlegend" (UEDING, 1995, S. 85).

Nussbaumer und Sieber (1994) behaupten sogar in der heutigen Schule könne nur bestehen, wer sprachlich anderes und Schwierigeres leiste als früher.

Grundschule. In den Grundschulen wird sehr viel Wert auf die Schulung der mündlichen Sprache gelegt. So hat sich hier der gesprächsorientierte Unterricht weitgehend durchgesetzt (BERTHOLD, 2003). Seine Aufgabe ist es, den Schülern grundlegende Gesprächsregeln, wie „anderen zuhören" oder „sich melden, wenn man sprechen möchte" zu vermitteln. Ebenso werden die Kinder hier bereits, z.B. durch kurze Stellungnahmen, auf kurze Redesituationen vorbereitet (BER-THOLD, 2003).

Das ist sehr wichtig, wenn man sich die folgenden Aussagen über die Sprache des Grundschulkindes vor Augen führt (BEISBART / MARENBACH, 1997):

- Der Anstieg des Wortschatzes sowohl quantitativ wie qualitativ (zur Bedeutungsdifferenzierung) ist in den ersten Schuljahren enorm, jedoch ist bereits eine große Streuung festzustellen, die sowohl auf Anlagefaktoren (Temperament, Sprachflüssigkeit, Motorik u.a.) wie auf Umweltfaktoren (frühe Mutter-Kind-Beziehung) und soziokulturelle Faktoren zurückzuführen ist.
- Ein Zuwachs der durchschnittlichen Satzlänge ist festzustellen; er wird jedoch zunehmend aufgaben-(textsorten-)spezifisch differenziert.
- Ein zunehmendes Interesse an den Möglichkeiten, über die Sprache der Erwachsenenwelt dazuzugehören (Verwendung von Tabu-Wörtern), zeigt sich, ebenso das Bestreben, sich mit Hilfe der Sprache in Gruppen zusammenzuschließen (Gruppensprache, Geheimsprache).
- Eine Zunahme der Fähigkeit, sich die Sprache zum Objekt zu machen und manipulierend, aber auch „kreativ", damit umzugehen, ist zu registrieren.
- Abstrakte Begriffe werden zwar ebenfalls in den aktiven Wortschatz aufgenommen, jedoch meist noch konkret-gegenständlich bzw. funktional-handlungsbezogen verstanden.

Weiterführende Schulen. In den weiterführenden Schulen ist der Unterricht weit weniger gesprächsorientiert als noch in der Grundschule. Dennoch sollen die Schüler in der angewandten Rhetorik lernen Gespräche zu führen und einen längeren Redebeitrag zu liefern. Die Schüler sollen auf möglichst viele rhetorische Situationen im privaten und beruflichen Bereich vorbereitet werden. Dabei gilt es, die besonderen Schwierigkeiten und Bedürfnisse jeder Altersgruppe zu berücksichtigen. So lautet das Lernziel für die Sekundarstufe I „vor anderen sprechen" (BESCHLÜSSE DER KMK vom 04.12.2003, S. 10). Die Schüler sollen „Texte sinngebend und gestaltend vorlesen und (frei) vortragen, längere freie Redebeiträge leisten, Kurzdarstellungen und Referate frei vortragen: ggf. mit Hilfe eines Stichwortzettels / einer Gliederung, verschiedene Medien für die Darstellung von Sachverhalten nutzen (Präsentationstechniken): z.B. Tafel, Folie, Plakat, Moderationskarten" (BESCHLÜSSE DER KMK vom 04.12.2003, S. 10).

Die gymnasiale Oberstufe (Sekundarstufe II) hat die zusätzliche Aufgabe, die Schüler auf ein Hochschulstudium vorzubereiten. Hier geht es darum, den Schülern auch die sprachlichen Kompetenzen zu vermitteln, die sie befähigen, sich Wissenschaft anzueignen und sie auszuüben (BERTHOLD, 2003).

Dass diese Lernziele nicht zufriedenstellend erreicht werden, belegen u.a. Schülerbefragungen aus den 90er-Jahren an verschiedenen Hauptschulen, Realschulen und Gymnasien zu den kommunikativen Fähigkeiten der Schüler, die Klippert zusammengefasst hat (KLIPPERT, 2001). Rund 800 Schüler der Jahrgangsstufen 6 bis 10 wurden aufgefordert, anonym eine kommunikationszentrierte Selbsteinschätzung abzugeben. Zu den Fragen, die sich auf ihr Kommunikationsverhalten im Unterricht beziehen, konnten sie ankreuzen, ob ihnen die jeweilige Redesituation eher leicht oder eher schwer fällt. Die meisten Schüler gaben an, mehr oder weniger große Probleme bzw. Ängste im kommunikativen Bereich zu haben. Dabei fällt auf: je älter die Schüler waren, desto ausgeprägter war das Eingeständnis der Defizite und umso größer das Verlangen nach einer verstärkten Kommunikationsschulung. Klippert führt dieses Ergebnis unter anderem auf pubertätsbedingte Unsicherheiten zurück, die es Schülern eher schwer machen, in Kommunikationssituationen offensiv und überzeugend zu agieren. Zudem, so Klippert, sei es sicherlich so, dass die Fähigkeit und Bereitschaft zur Selbstkritik mit wachsendem Alter zunimmt. Dennoch sieht Klippert in diesen Umfrageergebnissen gravierende Versäumnisse in den Bereichen Rhetorik und Kommunikation (KLIPPERT, 2001).

So gab die Mehrheit der befragten Jugendlichen an, dass es ihnen schwer fällt (KLIPPERT, 2001):

- vor der Klasse frei zu reden,
- nach Stichworten einen kleinen Vortrag zu halten,
- an der Tafel etwas zu erläutern,
- trotz Unsicherheit etwas zu sagen,
- so zu reden, dass die Mitschüler zuhören.

Da alle diese Fähigkeiten in den Bereich Rhetorik gehören, schließt Klippert aus den Ergebnissen, dass diesem in der Schule ganz offensichtlich zu wenig Aufmerksamkeit geschenkt wird, da die Schüler sich sonst mutiger und selbstbewusster zeigen müssten (KLIPPERT, 2001). Klippert stellt fest, dass sich die Schüler, unter Berücksichtigung aller Fragen, eher positiver einschätzten, als es die alltägliche Unterrichtspraxis zeigt (KLIPPERT, 2001). Diese Schlussfolgerung zieht er zum einen aus seiner eigenen Unterrichtserfahrung sowie aus den Ergebnissen einer Befragung der Lehrkräfte, die in den jeweils befragten Klassen unterrichteten. Sie schätzten die Kommunikationsfähigkeiten ihrer Schüler in nahezu allen Verhaltensrubriken, die im Fragebogen angesprochen werden, erheblich kritischer ein als die Schüler selbst. Unter anderem beanstandeten die Lehrer die dürftige Gesprächsbereitschaft vieler Schüler, ihre Angst, eine eigene Meinung zu äußern, ihre Hemmungen und ihr insgesamt recht unterentwickeltes Selbstbewusstsein (KLIPPERT, 2001).

Das Bild, das sich aus diesen Studien ergibt, beruht ausschließlich auf Schüler- und Lehreräußerungen. Es fand keine empirische Erhebung statt, die die Schülerleistungen nach objektiven wissenschaftlichen Maßstäben bewertet hätte. So können aus der Erkenntnis, dass die Schüler ihre Leistungen besser einschätzten als die Lehrer, keine Schlussfolgerungen über den Erfolg der eingesetzten Unterrichtsmethoden gezogen werden. Hinzu kommt, dass die Untersuchungen keinerlei Aufschluss darüber geben, ob und wie der Unterricht zur Rhetorikschulung stattgefunden hat. Somit geben sie keinen Hinweis darauf, an welcher Stelle mit einer Verbesserung der Unterrichtsqualität begonnen werden könnte.

Detailliertere Auskunft über die Qualität der Schulung rhetorischer und kommunikativer Kompetenzen im Deutschunterricht gibt eine Studie von Kutter (2000).

Ziel dieser Studie war „die Klärung der Frage, ob die vom Bildungsplan vorgegebenen Ziele und Inhalte im Lernzielbereich ‚Referat' für die gymnasiale Sekundarstufe I in Baden-Württemberg im derzeitigen Schulalltag vollständig erfüllt und vermittelt werden können, oder ob es nachweisbare Differenzen zwischen dem aus dem Bildungsplan hervorgehenden Sollzustand und dem Istzustand in diesem Lernzielbereich gibt" (KUTTER, 2000, S. 13). Mithilfe eines Fragebogens wurden an drei Gymnasien in der Sekundarstufe I verschiedene Bereiche zum Thema Referat abgefragt. Dabei stellte sich heraus, dass die Schüler deutliche Defizite im Lernzielbereich „Referat" aufwiesen. Zudem mangelte es im Unterricht an Redesituationen und das Referat selbst wurde im Deutschunterricht nicht ausreichend thematisiert. Letztendlich kommt Kutter zu dem Schluss, dass wesentliche Lehrplanziele in Bezug auf rhetorische Fähigkeiten (Referat / Vortrag / Bericht) im Schulalltag nicht erreicht werden (KUTTER, 2000).

Ein ganz wesentlicher Punkt, der bei Klippert nicht thematisiert wird, ist die Tatsache, dass laut Kutters Studie jeder fünfte Schüler bis zur achten Klasse noch nie ein Referat gehalten hat. Bei diesem Ergebnis verwundert es nicht, wenn vielen Schülern das freie Reden vor der Klasse schwer fällt. Obwohl, so Kutter, die Schüler generell nicht besonders motiviert sind, Referate zu halten, sind doch über die Hälfte von ihnen davon überzeugt, dass sie diese Fähigkeit später einmal brauchen. Deshalb würde es auch die Mehrheit der Schüler begrüßen, wenn innerhalb des Deutschunterrichts mehr Zeit für das Lernen, Üben und Halten von Referaten zur Verfügung stünde. Diese mangelnde Vortragspraxis führt Kutter zum gleichen Ergebnis wie Klippert, dass nämlich ein Großteil der befragten Schüler Probleme beim Halten von Referaten hat. In Kutters Studie steht bei den Schülern als das am häufigsten auftretende Problem bei der Referatsvorbereitung der Zeitmangel, direkt gefolgt vom Lampenfieber (KUTTER, 2000). Bedenklich ist auch die Feststellung, dass über die Hälfte der Schüler für ihr Referat Hilfe von den Eltern bekamen und nicht vom Lehrer. Der Rat der unterrichtenden Lehrkraft wurde lediglich mit der gleichen Häufigkeit genannt und ähnlich wichtig bewertet wie ein Ratschlag von den Mitschülern (KUTTER, 2000). Aus diesem Ergebnis lässt sich schließen, dass Lehrer in der Regel ihre Schüler mit ihrem Unterricht nicht ausreichend auf das Referat vorbereiten und von ihnen diesbezüglich nicht als kompetent wahrgenommen werden.

Wie bereits in Klipperts Darstellung sind die Schüler auch bei Kutter mit ihren eigenen Leistungen nicht unzufrieden. Über die Hälfte der Schüler konnte bei sich sogar eine Verbesserung innerhalb der letzten zwei Schuljahre feststellen (KUTTER, 2000). Eine Befragung der dazugehörigen Lehrkräfte, um dieses Ergebnis zu verifizieren, liegt leider nicht vor.

Auch bei Kutter beruhen die Untersuchungsergebnisse allein auf den Aussagen der Schüler. Eine Untersuchung der objektiven Schülerleistungen findet auch in dieser Studie nicht statt. Es gibt somit keine Daten, die die Schülerleistungen bei Referaten objektiv belegen. Allein aufgrund von Schülereinschätzungen oder Lehrerwahrnehmungen die Schülerleistungen beurteilen zu wollen, reicht für eine umfassende Einschätzung der Schülerfähigkeiten beim Halten von Referaten nicht aus.

Empirische Daten zu einem Aspekt rhetorischer Schülerleistungen liefert eine Studie von Berkemeier (2004). Hierin geht es um die Analyse eigenen nonverbalen Handelns anhand von Videoaufzeichnungen verglichen mit spontanen Feedbackäußerungen. Durchgeführt wurde diese Studie in einer 10. Gymnasialklasse in Form einer 45-minütigen Videoanalyse einer Schülerrede (BERKEMEIER, 2004). Die Untersuchung soll zeigen, welche nonverbalen Phänomene die Schüler sowohl bei einer Videoanalyse als auch beim spontanen Feedback wahrnehmen und wie sie darüber sprechen. Dabei konnten die Schüler lediglich auf ihr Alltagswissen über nonverbale Kommunikation zurückgreifen. Dennoch stellte sich heraus, dass „die Analyse der eigenen Daten bereits auf der Basis von Alltagswissen zu genaueren Detailergebnissen führt als z.b. in der Ratgeberliteratur zu finden sind, weil sie auf individuelle Sprecher(innen) bezogen sind und im Funktionszusammenhang stehen" (BERKEMEIER, 2004, S. 68). Für die Analyse komplexerer nonverbaler Phänomene reichen Alltagswissen und -sprache jedoch nicht aus (BERKEMEIER, 2004). Berkemeier sieht darin die Aufgabe linguistisch reflektierter Sprachdidaktik, geeignete Kriterien, Kategorien und sprachliche Beschreibungsmittel zur Verfügung zu stellen, „wenn der bewusste Einsatz nonverbaler Mittel Lernziel sein soll" (BERKEMEIER, 2004, S. 69). Resultierend stellt Berkemeier fest, dass „bereits in den unteren Jahrgangsstufen nonverbale Fähigkeiten im Hinblick auf Kurzpräsentation, Referat oder andere Formen von Lernen durch Lehren gefördert und entsprechende Schwierigkeiten insbesondere beim Medieneinsatz (z.B. beim Overheadprojektor) reflektiert und bearbeitet werden können" (BERKEMEIER, 2004, S. 69), was eine intensivere Beschäftigung mit dieser Thematik im Unterricht umso sinnvoller machen würde.

Alle dargestellten Studien zeigen, dass die Ausbildung der rhetorisch-kommunikativen Fähigkeiten in der Schule nicht so stattfindet, dass sich die Schüler nach dem Verlassen der Schule, was bei vielen ja bereits nach der Mittelstufe der Fall ist, den sprachlichen Anforderungen der Arbeitswelt gewachsen fühlen. Die Studien geben allerdings keinerlei Aufschluss darüber, wie der Unterricht, der zu diesen Ergebnissen geführt hat, durchgeführt wurde. Ohne dieses Wissen ist es m.E. schwierig, etwas an den unbefriedigenden Verhältnissen zu ändern. Erst eine Analyse des durchgeführten Unterrichts kann zu Überlegungen führen, wie die bekanntermaßen unzureichenden Förderungsmöglichkeiten verbessert werden könnten. Denn dass diese Defizite, gerade auch im subjektiven Empfinden der Schulabgänger, vorhanden sind, belegen die bereits erwähnten zahllosen Angebote zur Rhetorikschulung für Erwachsene und deren zahlreiche Abnehmer.

2.2.3 ... in der Fort- und Weiterbildung

Die Sprach- und rhetorische Erziehung in der Kindheit hat den größten Einfluss auf die rhetorischen Fähigkeiten eines Menschen. Dennoch ist das rhetorische Lernen mit der Schulzeit nicht abgeschlossen. Es muss allerdings beachtet werden, dass „die Schulung erwachsener Redner immer gleichsam ein Nachsitzen bedeutet und unter erschwerten Bedingungen stattfindet" (UEDING, 1995, S. 85). Die Rhetorikschulung Erwachsener verlangt somit eine spezielle didaktische und methodische Vorgehensweise und sollte keine allzu großen Erfolgsversprechen machen, was leider nicht bei allen Rhetorikschulungen ausreichend berücksichtigt wird.

Schulungsmöglichkeiten für Erwachsene
Im Bereich der öffentlichen und der berufsspezifischen Rede findet die Rhetorikschulung Erwachsener ihr Hauptbetätigungsfeld. Hier sind die Möglichkeiten zur Rhetorikschulung zahlreich und vielfältig. Die wichtigsten davon werden im Folgenden vorgestellt.
Rhetorikratgeber. Zu allererst ist das umfangreiche Sortiment rhetorischer Ratgeberliteratur zu nennen. Rhetorikratgeber, die teilweise auch Kassetten- und Videokurse bzw. Rhetorikkurse auf CD-ROM beinhalten, können schon angesichts ihrer Quantität nicht ohne Aussagekraft über und Wirkung auf die Praxis sein (BERTHOLD, 2003), weshalb sie bereits zum Untersuchungsgegenstand der Rhetorikforschung wurden.
Bremerich-Vos (1991) hat rhetorische Ratgeber auf ihre Funktion und Qualität hin untersucht und kommt dabei zu interessanten Ergebnissen. In der überwiegenden Zahl der Fälle werde nicht speziell der berufliche, sondern beruflicher und privater Erfolg, sogar „Lebenserfolg" schlechthin, in diesen Ratgebern versprochen (BREMERICH-VOS, 1991). Zudem stellt Bremerich-Vos fest, dass der Großteil der Verfasser und erst recht der Adressaten rhetorischer Ratgeber nicht als intellektuell klassifizierbar sein dürfte (BREMERICH-VOS, 1991). Sein Fazit lautet: „Rhetorische Ratgeber lassen sich als Angebote zur Disziplinierung des spontanen Sprechausdrucks lesen, als Set von Standards, etabliert gegen die Tendenz, zu reden (bzw. Reden zu halten), wie einem ‚der Schnabel gewachsen' ist. Die Rede erscheint als Exempel zweckrationalen sozialen Handelns, dessen Wirkungen antizipativ zu bedenken sind. Gefragt ist also Langsicht und damit ineins die Dezentrierung der Perspektive" (BREMERICH-VOS, 1991, S. 268).
Das Urteil über Rhetorikratgeber fällt nach dieser Studie nicht besonders vorteilhaft aus. Bremerich-Vos bestätigt die bereits erwähnte Divergenz zwischen Versprechungen und wirklichen Lernerfolgen. Zudem scheinen die Ratgeber zu schematisch und fungieren eher als Sprechschablonen denn als Leitfaden zur Verbesserung der persönlichen Redeschwächen. Daraus ergibt sich meiner Meinung nach die Frage, ob Literatur zum Selbststudium überhaupt für den Bereich der mündlichen Kommunikation geeignet ist. Zum einen wird der Aspekt der Interaktion mit dem Zuhörer zu wenig beachtet und zum anderen fehlt beim

Selbststudium das Feedback von außen, das bei der Schulung rhetorischer Fähigkeiten eine wichtige Rolle spielt.

Rhetorikkurse. Ebenso reichhaltig wie das Angebot an Rhetorikratgebern ist das an Rhetorikkursen. So besteht mittlerweile in fast jedem größeren Betrieb die Möglichkeit an einer Rhetorikschulung teilzunehmen. Wer diese Möglichkeit nicht hat, kann privat einen Kurs an der Volkshochschule oder einer anderen öffentlichen Einrichtung belegen.

Brons-Albert (1995) hat eine Studie zu den Auswirkungen von Kommunikationstrainings auf das Gesprächsverhalten durchgeführt. Bei der Studie handelt es sich um Trainings zu Verkaufsgesprächen von zwei Buchhändlerinnen. Bei den Lehrmethoden gab es drei unterschiedliche Vorgehensweisen, nämlich das kognitive Lernen, das Verhaltenstraining mit Rollenspielen und Videoaufzeichnung und eine Kombination von beidem (BRONS-ALBERT, 1995).

Das Ergebnis dieser Untersuchung ist, dass „das Verhaltenstraining allein als Lehrmethode etwas weniger erfolgreich zu sein scheint als in der Kombination mit kognitivem Lernen. Beim kognitiven Lernen ohne zusätzliches Einüben in Rollenspielen hängt der Erfolg wohl vorwiegend vom vermittelten Inhalt, von der Intensität der Behandlung und von der einsichtigen Begründung ab, wie allgemein die Wahl der Lehrmethode einen erheblich weniger deutlichen Einfluss auf den Lernerfolg hatte als die Art des Lehrstoffs" (BRONS-ALBERT, 1995, S. 187 f.). Die Kursteilnehmer selbst beurteilten den Lernerfolg insgesamt nicht sehr positiv. Bei einer Fragebogen-Umfrage gaben die meisten an, bei den Rollenspielen am meisten gelernt zu haben, was laut Brons-Albert eine Fehleinschätzung darstellte. Brons-Albert zieht daraus den Schluss, dass die Ergebnisse der Fragebogen-Umfrage wenig über die tatsächlichen Auswirkungen von Kommunikationstraining aussagen (BRONS-ALBERT, 1995). „Das Resultat der Schulung scheint also vor allem zu sein, dass (zumindest für eine gewisse Zeit) eine größere Aufmerksamkeit auf die ‚technische Seite' des Führens von Verkaufsgesprächen gerichtet wird" (BRONS-ALBERT, 1995, S. 190). Dennoch ist sie der Meinung, dass durch Kommunikationstraining neben Einstellungsveränderungen auch Verhaltensänderungen erreicht werden können, sodass es durchaus sinnvoll ist, über die Lehrmethoden genauer nachzudenken. Allerdings, so ihr Fazit, sei es in einem Kurzseminar nicht möglich, auf allen Ebenen der Gesprächsführung Veränderungen zu erreichen, weshalb die Anteile, die in kurzer Zeit nicht zu verändern seien, weggelassen werden sollten. Eine genauere Untersuchung der Erfolgsaussichten von Lehrmethoden hält Brons-Albert für wünschenswert (BRONS-ALBERT, 1995).

Genau dieser Punkt ist es auch, an dem zum jetzigen Stand der Forschung m.E. nach weitergearbeitet werden sollte. Die Studie zeigt, wie groß die Unterschiede zwischen der Wahrnehmung der Beteiligten und der tatsächlichen Lernergebnisse sind. Die Erkenntnis, dass durch das Training Verhaltensänderungen erreicht werden können, ist wichtig, aber die Möglichkeiten der Rhetorikschulung können nur dann verbessert werden, wenn geklärt wird, welche Methoden wirklich erfolgversprechend sind.

Schulungsmöglichkeiten für Menschen in Lehrberufen

Eine besonders wichtige Funktion erfüllt die Fort- und Weiterbildung der rhetorischen Fähigkeiten bei Menschen in Lehrberufen, da gerade beim Erlernen mündlicher Sprachfähigkeiten die Person des Lehrers eine ganz wesentliche Rolle spielt. So ist das Redeverhalten der Lehrkräfte selbst ein wirkungsvolles Modell für das Redeverhalten der Schüler und vermittelt ihnen mehr oder weniger bewusst die rhetorischen Bewertungsmaßstäbe (BERTHOLD, 2003). Nicht alle Lehrer sind sich darüber bewusst, welchen großen Einfluss sie mit ihrem eigenen Sprachverhalten auf das Sprachverhalten ihrer Schüler haben (BERTHOLD, 2003). Dabei zeigt eine Schweizer Studie, dass Maturanden als sprachliche Vorbilder im mündlichen Bereich auffällig oft Lehrpersonen und in erster Linie die Deutschlehrer genannt haben (HANSER / MAYOR, 1994).

Unabhängig davon übernimmt der Lehrer jeden Faches eine Kommunikatorrolle, da es seine Aufgabe ist, zwischen Lernenden und Sache zu vermitteln. „Sein zentrales Mittel ist dabei die Sprache: sie hilft ihm, auf einer ganz fundamentalen Ebene glaubwürdig zu wirken und bei Erklärungen, Aufgabenstellungen und Anregungen die richtigen Worte zu finden" (OCKEL, 1998, S. 10). Stimme und Sprache sind die wesentlichen „Werkzeuge" von Lehrpersonen (BEDERSDORFER, 2004). Deshalb verlangt Gutenberg auch den medizinisch-physiologischen Aspekt der Stimme nicht zu vernachlässigen. Er hielte es sogar für unabdingbar, mit allen Lehramtsstudierenden Screenings durchzuführen, um Sprach- und Sprechstörungen rechtzeitig erkennen und behandeln zu können (GUTENBERG, 2001). Gutenberg betont, dass Stimme und Sprechausdruck des Lehrers die wichtigsten Faktoren beidseitig unbewusster Prozesse der Unterrichtskommunikation zwischen Lehrer und Schüler sind (GUTENBERG, 2001).

Dennoch wird die rhetorische Aus- und Weiterbildung von Lehrkräften nach wie vor vernachlässigt, obwohl sie immer wieder vehement eingefordert wird. „Gleichwohl ist festzuhalten, dass die meisten – um nicht zu sagen: fast alle – Lehrerinnen und Lehrer keine Ausbildung erhalten haben in Sprechtechnik, Schauspiel und Rhetorik. Praxisbezogene Fort- und Weiterbildungen zu diesem Bereich werden spärlich angeboten, obgleich die Nachfrage bei Lehrkräften, die Akzeptanz rhetorischer Übungen im Unterricht bei Eltern, Schülerinnen und Schülern sehr groß ist" (BÜTTNER, 1999, S. 351).

Der Vorwurf, dass für den mangelhaften Schulunterricht in rhetorischer Kommunikation in erster Linie die Mängel in der Lehrerbildung verantwortlich sind (BERTHOLD, 2003), ist nicht von der Hand zu weisen. Gefordert wird daher eine gründliche, reflektierte Ausbildung der rhetorischen Fähigkeiten von Lehrkräften (BERTHOLD, 2003). Zudem sollten „generelle Hinführungstechniken zu Sprechen, Artikulation, usw. Unterricht und Lehrerbildung stetig begleiten, wie Stimmbildung unabdingbar zu Chorarbeit gehört" (KOPFERMANN, 1998, S. 67). Eine spezifische Ausbildung im Bereich „rhetorische Kommunikation" sollten, so Berthold, die künftigen Lehrer in den Bereichen Sprache / Deutsch erhalten. Dazu bedürfe es jedoch wissenschaftlich fundierter, in der Praxis evaluierter Lehrmaterialien und Lehrgänge (BERTHOLD, 2003).

3   Rhetorische Kommunikation im Deutschunterricht

[Das Erlernen von Ausdrucks- und Präsentationsfähigkeiten ist]
für alle Schulformen gleich wichtig, da es Kompetenzen
vermittelt, die im Berufsleben benötigt werden.
(StR, 35 Jahre, Friedrich-Ebert-Schule Esslingen)

Jeder Schüler muss sich bereits innerhalb seiner Schullaufbahn immer wieder rhetorisch präsentieren. Deshalb sollte jeder Lehrer Wert darauf legen, die entsprechenden Fähigkeiten gezielt zu schulen (SCHUSTER, 2001). An einer solchen Schulung scheint es jedoch im Unterricht zu mangeln, wie die folgende Kritik als eine von vielen zeigt: „Was für Kommunikation im allgemeinen gilt, gilt erst recht für rhetorische Kommunikation. Das sind keine verblüffend neuen Gedanken, doch die hoffnungsfrohen Ansätze aus den 60ern und 70ern sind längst verkümmert; sie fristen ein folgenloses Dasein in Büchern, Lehrplänen, manchmal sogar in Prüfungsordnungen, aber an der unterrichtlichen Realität haben sie nahezu nichts bewirkt" (GEIßNER, 1998, S. 24).

Dabei werden gerade „vom Deutschunterricht sowohl in der Öffentlichkeit als auch von den zuständigen politischen Institutionen verstärkte Leistungen bei der Förderung der sprachlichen Kommunikationsfähigkeit und der muttersprachlichen Kompetenz gefordert, insbesondere bei der mündlichen Kommunikation" (BERTHOLD, 2001, S. 96).

Die Kommunikationsfähigkeit wird laut der Kultusministerkonferenz von 1997 als eine „übergreifende personale und soziale Kompetenz gesehen, vor allem im Hinblick auf die Anforderungen der Arbeits- und Berufswelt" (BERTHOLD, 2001, S. 149). Obwohl Rhetorik eine fächerübergreifende Disziplin ist, ist die systematische Förderung dieser Kommunikationsfähigkeit, laut geltender Deutschrichtlinien, in erster Linie Aufgabe des Faches „Deutsch". Ebenso werden bei fächerübergreifendem, projektorientiertem Unterricht die Noten für die Präsentationen der Ergebnisse dem Fach „Deutsch" zugewiesen (BERTHOLD, 2003). Dennoch werde in der gegenwärtigen Praxis des schulischen Deutschunterrichts, so Lüdin, die systematische Schulung der mündlich-kommunikativen Kompetenz vernachlässigt (LÜDIN, 1996).

3.1   Didaktik der rhetorischen Kommunikation

Im 20. Jahrhundert erlebte die Förderung der mündlichen Kommunikationsfähigkeit im Deutschunterricht in den 60er/70er-Jahren ihre Blütezeit (UEDING / STEINBRINK, 1994). Im Zuge der so genannten „kommunikativen Wende" rückt neben der Syntax und der Semantik nun auch die Pragmatik in den Mittelpunkt des didaktischen Interesses (SCHUSTER, 2001). Ein gutes Beispiel dafür ist die empirische Arbeit zur mündlichen Rede von Grundmann, die 1975 veröffentlicht wurde (GRUNDMANN, 1975). Ziel dieser Arbeit war die Untersuchung der stilistisch-lexikalischen und syntaktischen Besonderheiten der mündlichen Rede.

Durchgeführt wurde die Untersuchung mit 48 Schülern aus zwei 11. Klassen an einem Wirtschaftsgymnasium und einer Berufsschulklasse. Die Schüler mussten im Rahmen der Sprecherziehung im Deutschunterricht jeweils einen Kurzvortrag von etwa fünf bis zehn Minuten zu einem selbst gewählten Thema ohne Manuskript halten. Das Datenmaterial wurde mit Hilfe von Tonbandaufzeichnungen gesichert und anschließend transkribiert. Grundmann bemerkt dazu, dass es wohl bislang am Fehlen der technischen Hilfsmittel gelegen hätte, dass es unter anderem so wenige Ergebnisse zur gesprochenen Sprache gäbe, und sich dies durch die leichte Handhabung von Tonbandgeräten nun ändern würde (GRUNDMANN, 1975). Mit dieser Vermutung lag Grundmann allerdings falsch. Ein Deutschunterricht mit starker Berücksichtigung der mündlichen Kommunikation konnte sich in den folgenden Jahrzehnten nicht durchsetzen. Das Gegenteil war zunächst der Fall. So geht Fritzsche in seiner mehrbändigen „Gesamtdidaktik und -methodik" von 1994 nicht weiter auf die Förderung mündlicher Kommunikationsfähigkeit im Deutschunterricht ein, bis auf die wenig ermutigenden Hinweise, „es ist ein Irrtum, zu glauben, dass die Fähigkeit zur mündlichen Kommunikation allein durch den DU entscheidend verändert werden könne" (FRITZSCHE, 1994, S. 52). „Während die mündliche Kommunikationsfähigkeit schon vorschulisch erworben wird und sich auch ohne schulische Unterweisung in einem bestimmten Maß weiterentwickelt, ist die Einführung in die Schriftkultur vor allem Aufgabe der Schule" (FRITZSCHE, 1994, S. 58).

Dennoch ist man sich seit den 70er-Jahren in der Deutschdidaktik weitgehend darüber einig, dass es die Aufgabe des Deutschunterrichts sei, die so genannte „kommunikative Kompetenz" der Schüler zu entwickeln (SCHUSTER, 2001).

Die bereits erwähnte „Renaissance der Rhetorik" (LÜDIN, 1996, S. 34) machte auch vor der Deutschdidaktik keinen Halt. So gibt es inzwischen zahlreiche Veröffentlichungen, die für die Förderung der rhetorischen Kommunikation in allen Schulformen plädieren. „Allgemeine Ziele [der Didaktik der mündlichen Kommunikation] sind aber längst klar formulierbar: Schüler sollen auf rezeptivanalytischem Weg wie auch produktiv verschiedene Arten und Formen mündlicher Kommunikation kennenlernen und erproben. Sofern ihnen dabei die jeweiligen Zwecke – z.B. der Zweck eines Referats oder einer Zusammenfassung – deutlich werden, ergibt sich die Frage nach den dafür sinnvollen und wirkungsvollen Mitteln ganz von selbst" (LÜDIN, 1996, S. 34).

Hier muss allerdings zwischen allgemeinbildender Schule und Berufsschule unterschieden werden, da sich der jeweilige Stand der didaktischen Diskussion unterscheidet. Dabei beschäftigt sich der überwiegende Teil der Veröffentlichungen erwartungsgemäß mit den allgemeinbildenden Schulen, während die Deutschdidaktik für Berufsschulen noch immer ein Schattendasein führt.

Allgemeinbildende Schule. Beisbart und Marenbach (1997) räumen dem mündlichen Sprachgebrauch innerhalb der Sprachdidaktik einen großen Stellenwert ein: „Die aktuelle Beschreibung der Aufgaben eines eigenen und selbstständigen Lernbereichs ‚Mündlicher Sprachgebrauch' lässt sich am besten von folgendem Ziel her leisten: Der Schüler soll fähig und bereit sein zu mündlicher Kommunikation, sowohl als Produzent wie als Rezipient" (BEISBART / MARENBACH, 1997,

S. 156). Für sie hat der Bereich „Mündlicher Sprachgebrauch" das „umfassende Ziel rhetorischer und ästhetischer Kommunikationsförderung" (BEISBART / MA-RENBACH, 1997, S. 177).

Einen entscheidenden Anstoß, die Aspekte des „Redenlernens" wieder in den Blickpunkt des Interesses zu rücken, lieferte auch das Praxis Deutsch Heft Nr. 144 von 1997 mit dem gleichnamigen Titel. In seinem Basisartikel „Reden lernen" (SPINNER, 1997) stellt Spinner fest, dass in unseren Schulen die Ausbildung der Redefähigkeit, im Gegensatz zu anderen Ländern, eine eher untergeordnete Rolle einnehme. Positiv bemerkt er, dass es jedoch in jüngster Zeit einen stärkeren Austausch zwischen Sprecherziehung und Sprachdidaktik gebe, was er schon fast als eine „Wiederentdeckung der Rhetorik für den Sprachunterricht" (SPINNER, 1997, S. 16) bezeichnen möchte. Spinner weist besonders darauf hin, dass bei der Ausbildung der Schüler, solche Redeleistungen ausführen zu können, unbedingt beachtet werden muss, dass jedes Reden ein Stück Selbstdarstellung im Sinne der Identitätsbildung ist. Auch Kopfermann weist in seinem Artikel „Rhetorik – ein Spiel?" (KOPFERMANN, 1998) darauf hin, dass bei der Rhetorikschulung im Unterricht auf die Ganzheitlichkeit geachtet werden müsse, da bei einem Redebeitrag nicht nur eine Teilfertigkeit des Schülers, sondern der ganze Mensch wahrgenommen würde (KOPFERMANN, 1998). Deshalb, so Spinner, sollte die Redeerziehung immer darauf angelegt sein, die Lernenden so zu fördern, dass sie sich in ihrem Reden selbst finden. Spinner ist es besonders wichtig, dass das Reden-Lernen keine „formalistische Übung ist, sondern auf Situationen und Adressaten bezogen wird und Selbstdarstellung des oder der Redenden ermöglicht" (SPINNER, 1997, S. 21). Damit entspricht Spinner der Ansicht Uedings, der ebenfalls betont, dass das Sprachpotenzial und die rhetorischen Vorgänge die Grundlagen der innersten Erfahrung eines Menschen sind und sich nicht durch einfache Übungen konditionieren lassen (UEDING, 1995). Der Heranwachsende, so Spinner, soll vielmehr dafür sensibilisiert werden, dass bei einem Redebeitrag immer ein Verhältnis zu Hörern in einer bestimmten Situation gestiftet wird. Dabei geht es ihm nicht um einen äußerlichen alltagspraktischen Situationsbezug, sondern vielmehr um das Gespür für die kommunikative Situation. Dazu gehören für Spinner ein Raum- und Klangempfinden, die Fähigkeit, sich in die Hörer hineinversetzen zu können, und ein Bewusstsein dafür, wie in einer Redesituation auf angemessene Weise Verstand und Gefühl der Hörenden angesprochen werden können (SPINNER, 1997). Das Entwickeln einer solchen Sensibilität ist Spinner viel wichtiger als „das Herumfeilen an Formulierungen oder gar das bemühte Suchen nach rhetorischen Figuren" (SPINNER, 1997, S. 21).

Auch Schuster misst der direkten mündlichen Kommunikation im Deutschunterricht ein besonderes Gewicht zu (SCHUSTER, 2001). Er gibt zu bedenken, dass sich jeder Schüler heute im Laufe seiner Schullaufbahn immer wieder rhetorisch präsentieren muss, indem er Unterrichtsbeiträge einbringt bzw. (Kurz-) Referate vor der Klasse hält. Daher, so Schuster, sollte der Lehrer Wert auf eine gezielte Schulung entsprechender Fertigkeiten legen.

Büttner hat die wesentlichen Zielsetzungen der praktischen Rhetorik im Deutschunterricht beispielhaft zusammengefasst (BÜTTNER, 1999):

- Den Schülerinnen und Schülern sollte bewusst werden, dass sie nicht nur über ein gut vorbereitetes Thema zu anderen sprechen sollen, sondern immer auch für sich reden, und dass damit ihr Selbstwertgefühl beeinflusst wird.
- Sie verbessern ihre Fähigkeit, sich auch in Konkurrenzsituationen besser behaupten zu können.
- Ihre Sprachkompetenz sollte erhöht werden.
- Sie können mit ihren Ängsten, sich vor anderen sprachlich zu präsentieren, produktiv(er) umgehen.
- Sie sind bereit zu einer offenen, symmetrischen, sich demokratisch verstehenden Kommunikation und akzeptieren dies als wichtige Voraussetzung des sozialen Miteinanders.

Berufsschule. In der Deutschdidaktik für den Berufsschulunterricht gibt es noch immer wenig Bemühungen, sich mit dem Thema rhetorische Kommunikationsfähigkeit zu befassen. „Der Deutschunterricht an Berufsbildenden Schulen ist ein Stiefkind der Deutschdidaktik, obschon in der Bundesrepublik etwa 60 % aller Jugendlichen das Berufsschulsystem durchlaufen" (JOSTING / PEYER, 2002, S. 1).

Bär, Hackl und Markwerth nennen drei Gründe für dieses Phänomen, die ihre Gültigkeit bis heute nicht verloren haben (BÄR / HACKL / MARKWERTH, 1982):

- Kein Lehrstuhl oder Institut einer Hochschule oder Universität in der Bundesrepublik befasst sich ausschließlich mit dem Deutschunterricht an berufsbildenden Schulen.
- Die Differenzierungen im berufsbildenden Schulwesen führen dazu, dass erheblich voneinander abweichende Funktionszuschreibungen für den Deutschunterricht existieren.
- Der Streit um die Frage, ob das Fach Deutsch an berufsbildenden Schulen Eigenständigkeit gegenüber dem Fach an allgemeinbildenden Schulen besitzen müsse oder nicht, hat lange Zeit den Blick auf didaktische Prämissen versperrt.

Dabei wird von allen Seiten her die Förderung kommunikativer und rhetorischer Fähigkeiten gerade von Berufsschülern als Vorbereitung auf ihr späteres Leben in der Gesellschaft und der Arbeitswelt gefordert, gerade weil viele Auszubildende heutzutage große Schwierigkeiten haben, sich mündlich auszudrücken, und sich dessen oft gar nicht bewusst sind (SCHWEGER, 2000).

Besonders von Seiten der Wirtschaft werden immer wieder die mangelhaften Deutschkenntnisse und das schlechte Ausdrucksvermögen der Berufsschulabgänger beklagt. Und das, obwohl die Forderung nach einer hohen Kommunikationskompetenz bei Berufseinsteigern immer ganz oben beim Anforderungsprofil der Arbeitgeber rangiert (KASCHEL, 2000). So „verlangt die moderne Dienstleistungs- und Informationsgesellschaft [...] immer weniger den individuellen Spezialisten für ein eng umgrenztes Tätigkeitsfeld, sondern braucht Fachkräfte, die umfassende Probleme im Team lösen können. Dementsprechend finden sich in jedem Anforderungsprofil Schlüsselqualifikationen wie z.B. Team-, Kommunikations- und Konfliktfähigkeit" (KASCHEL, 2000, S. 9).

Auch im Rahmen der Schulentwicklung an beruflichen Schulen wird die Förderung der kommunikativen Kompetenz der Schüler als ein vorrangiges Ziel angesehen (SCHWEGER, 2000).

Dem entgegen steht, dass der Deutschunterricht an berufsbegleitenden Schulen, im Gegensatz zum Deutschunterricht an allgemein bildenden Schulen, der sogar noch aufgewertet wurde, indem er als Pflichtfach nicht mehr abgewählt werden kann, unter starkem Legitimationsdruck steht. So dient er inzwischen häufig nur noch als Hilfsmittel für den beruflichen Fachunterricht. Grundmann beklagt schon seit einigen Jahren diese Entwicklung, dass auf die berufsbildenden Schulen „massiver Druck" ausgeübt wird, „wenn eben möglich, ganz auf den Deutschunterricht zu verzichten, oder wenn nicht möglich, den Unterricht in diesem Fach ausschließlich auf die Förderung solcher Fertigkeiten und Fähigkeiten zu beschränken, die unmittelbar im Produktionsprozess des Ausbildungsbetriebs verwertet werden können" (GRUNDMANN, 2000, S. 5). Dabei stellt die Kommunikationsfähigkeit eine „übergeordnete soziale und reflexive Kompetenz" (SCHWEGER, 2000, S. 97) dar, deren Erwerb die „Fähigkeit zur Selbst- und Mitbestimmung, zur Solidarität und Sozialität" (SCHWEGER, 2000, S. 97) ermöglicht. Diese Fertigkeiten sind für Jugendliche, die ins Berufsleben starten, umso wichtiger, als „der Beruf in Arbeits- und Berufsgesellschaften wie der unsrigen nun einmal die wichtigste sinn- und identitätsstiftende Instanz für den Einzelnen überhaupt ist" (GRUNDMANN, 2000). Schweger fasst diesen Bildungsauftrag des Deutschunterrichts an Berufsschulen folgendermaßen zusammen: „Ein umfassender Deutschunterricht an der Teilzeit-Berufsschule stellt eine notwendige Voraussetzung für die Entwicklung der personalen Emanzipation der Jugendlichen im beruflichen Sozialisationsprozess dar. Wenn die berufsbildenden Schulen den Anteil der allgemein bildenden Fächer reduzieren oder völlig auf sie verzichten, verstoßen sie gegen ihren gesellschaftlichen Bildungsauftrag" (SCHWEGER, 2000, S. 98).

Schrader und Trampe halten die Förderung und Entwicklung kommunikativer Kompetenz für eine Art Richtlernziel des Deutschunterrichts, das sich „aufklärerischen und demokratischen Idealen verpflichtet fühlt" (SCHRADER / TRAMPE, 2002, S. 29). Sie haben die Gründe zusammengefasst, die die so genannte kommunikative Kompetenz[1] zu einer Schlüsselqualifikation im Deutschunterricht an berufsbildenden Schulen machen (SCHRADER / TRAMPE, 2002):

- Sie ist offen genug, um vielfältige fachliche Inhalte miteinander zu verknüpfen und um berufliche und außerberufliche Themen miteinander zu verbinden und aufeinander zu beziehen.

---

[1] Schrader und Trampe orientieren sich bei diesem Begriff an Habermas' Konzept der kommunikativen Kompetenz. Auf die Schule und den Unterricht übertragen heißt das für sie: „Die Herstellung von demokratischen Kommunikationsprozessen in der Schule ist die Voraussetzung für eine stärkere Demokratisierung der Gesellschaft" (Schrader, H. u. Trampe, W., S. 29).

- Exemplarisches Lernen wird ermöglicht, das sich aus der Situation der Lernenden ergibt, sodass die Lebenswelten der Schülerinnen und Schüler zum Ausgangspunkt des Reflektierens und Lernens werden.
- Weil sie einen Berufsbezug ermöglicht und gleichzeitig eine Reduktion auf berufsbezogene Inhalte vermeiden hilft und somit als integratives Konzept zur Überwindung der Trennung zwischen Allgemein- und Berufsbildung betrachtet werden kann.
- Weil sie individuelle und soziale Orientierungen in einer zunehmend unübersichtlich werdenden Gesellschaft vermitteln hilft.

Zudem diene sie (SCHRADER / TRAMPE, 2002):

- der Förderung der sprachlichen Ausdrucksfähigkeit (lexikalische, grammatische und pragmatische Kompetenz),
- der Aufklärung über Sprachhandlungen (Arten, Präsuppositionen, Strukturen, Funktionen, Konsequenzen des kommunikativen Handelns usw.),
- der Vermittlung kommunikationsethischer Orientierungen: Wahrheit, Wahrhaftigkeit, Richtigkeit, Offenheit, Kritikfähigkeit, Wohlwollen, Kooperationsbereitschaft,
- der Befähigung zum zwangfreien, logischen Argumentieren,
- der Förderung der Artikulation eigener Emotionen, Gedanken, Einstellungen, Interessen, Bedürfnisse.

3.2 Methoden zur Schulung rhetorischer Fähigkeiten

Kommunikative Kompetenz ist also als Schlüsselqualifikation allgemein anerkannt. Deshalb besteht in der fachdidaktischen Literatur auch Einigkeit darüber, dass in der Schule immer wieder Möglichkeiten geschaffen werden müssen, in denen die Schüler Fertigkeiten wie Diskutieren, Kooperieren, Präsentieren und Visualisieren erproben und üben können.

„Dass die Kommunikation gefördert werden muss, ist unbestritten, aber wie ist das in der alltäglichen Unterrichtsarbeit zu leisten?" (MÜLLER, 2004, S. 12). Dieser zentralen Frage wird bislang nicht intensiv genug nachgegangen. So geben Beisbart und Marenbach in ihrer Deutschdidaktik zu bedenken, dass die Arbeitstechniken wegen ihrer untergeordneten Rolle häufig in ihrer Bedeutung für die Lernprozesse unterschätzt würden (BEISBART / MARENBACH, 1997).

Zu dieser Einschätzung kommt auch Oomen-Welke aufgrund ihrer Studie, die in dem Buch mit dem vielsagenden Titel „--- ich kann da nix!" (OOMEN-WELKE, 1998) veröffentlicht wurde. Darin thematisiert sie die Zufriedenheit von Lehrern und Schülern mit dem Deutschunterricht. Die Datensammlung erfolgte in einem Zeitraum von ca. zwanzig Jahren unsystematisch in Gesprächen, Fragebogen, Fortbildungsveranstaltungen und im Unterricht an Hauptschulen, Realschulen und Gymnasien vorwiegend im süddeutschen Raum. Beteiligt daran waren mehrere hundert Lehrer, die Schülerzahlen sind nicht bekannt (OOMEN-WELKE, 1998).

Die Zusammenfassung der Ergebnisse macht deutlich, dass der Deutschunterricht allgemein nicht besonders beliebt ist und sich die Wünsche der Schüler hauptsächlich auf die methodische Vorgehensweise beziehen (OOMEN-WELKE, 1998).

Oomen-Welke zieht daraus den Schluss, dass die Unterrichtsmethodik nicht nur in der deutschdidaktischen Diskussion, sondern auch in der Unterrichtsplanung zu nebensächlich behandelt würde. Sie fordert daher die Deutschdidaktik dazu auf, die methodischen Probleme der Sekundarstufe ernster zu nehmen (OOMEN-WELKE, 1998).

Mittlerweile gibt es dennoch zahlreiche Veröffentlichungen von Methoden für den Unterricht, die zur Verbesserung der rhetorischen Fähigkeiten führen sollen. Die Methoden, die in der vorliegenden Arbeit als relevant für die Förderung der rhetorisch-kommunikativen Fertigkeiten vorgestellt werden, werden unter den drei Begriffen „handlungsorientierter Unterricht", „Lernen durch Lehren" und „Rhetorikübungen" zusammengefasst.

Handlungsorientierter Unterricht. Bereits zu Beginn des 20. Jahrhunderts wurde der handlungsorientierte Unterricht als Alternative zum Frontalunterricht entwickelt. Der Begriff „handlungsorientierter Unterricht" ist, nach Gudjons, ein Sammelbegriff für verschiedene methodische Praktiken, die folgende Merkmale aufweisen sollten (DÖRIG, 2003):

1. Aktivierung vieler Sinne
2. Selbstverantwortung und methodische Kompetenz der Schüler
3. Produktorientierung
4. Kooperatives Handeln
5. Lebensbezug

Diese Unterrichtsform ist deshalb für die Förderung der rhetorischen Fähigkeiten interessant, weil die Sprachkompetenz die Schlüsselqualifikation im handlungsorientierten Unterricht darstellt. Diese ergibt sich aufgrund der notwendigen mündlichen Ausdrucksfähigkeit, die für den Umgang mit handlungsorientierten Unterrichtsmethoden nötig sind, wie z.B. beim Kreisgespräch, bei der Diskussion oder beim Schülervortrag. „Das ständige Bemühen um Sprachkompetenz muss daher im Zentrum handlungsorientierten Unterrichts stehen" (BAUER, 1996, S. 113).

Als die beste Methode, Handlungsorientierung in den Unterricht einzubauen, gilt das Projekt. Grünwaldt hält die Projektmethode für die „brauchbarste Methode" (GRÜNWALDT, 1984, S. 12) für mündliche Kommunikationsübungen, weil die Schüler hier in realen Situationen lernen. Ergänzend zum Projekt empfiehlt Grünwaldt das Rollenspiel, in dem reale Situationen zumindest simuliert werden können (GRÜNWALDT, 1984).

Klippert (2002) hat zur Einarbeitung handlungsorientierter Unterrichtskonzepte in den Unterricht ein eigenes Methodentraining entwickelt. Dabei konzentriert er sich auf den Prozess der Organisation von Lernhandlungen: Es wird Material gesammelt, gesichtet und geordnet, wobei sich zwischen den beteiligten Schülern eine intensive Kommunikation entwickeln soll (KLIPPERT, 2002).

Auch für den Berufsschulunterricht ist der handlungsorientierte Unterricht gegenwärtig die populärste Methode zur Förderung der kommunikativen Kompetenzen (SCHWEGER, 2000). Allerdings mangelt es für den Deutschunterricht an Berufsschulen an fachspezifischer Literatur zur Methodik.

Lernen durch Lehren. Lernen durch Lehren, kurz LdL genannt, ist ein Grundprinzip des Unterrichtens. Dieses Unterrichtsprinzip wurde Anfang der 80er-Jahre von Martin (2002) für den Fremdsprachenunterricht entwickelt. Inzwischen wird LdL allerdings auch in anderen Fächern durchgeführt (FISCHER / GRAEF, 1994).

Lernen durch Lehren versteht sich als eine handlungsorientierte Methode, die den Unterricht sozusagen durchgängig zum Projekt macht. Es beruht auf dem Prinzip, dass der Unterricht weitgehend von den Schülern übernommen wird (MARTIN, 2002).

Für die Förderung der rhetorisch-kommunikativen Fähigkeiten ist diese Methode deshalb relevant, weil die Schüler den Stoff vor der Klasse präsentieren müssen. „Die Schüler wissen, dass ihre Beschäftigung mit den Inhalten zu einer anspruchsvollen und kompetenten Präsentation führen muss" (MARTIN, 2002, S. 6 f.). Martin sieht darin den Vorteil gegenüber allen anderen offenen Methoden, bei denen die Schülerpräsentation keine zentrale Rolle spielt (MARTIN, 2002).

Die Schüler lernen eine Präsentationsstrategie zu entwickeln und sich in die anderen Schüler hineinzudenken, um eine motivierende Präsentation zu leisten. Christel geht deshalb davon aus, dass, wenn LdL auch nur ansatzweise in einer Klasse funktioniert, es auch automatisch den mündlichen Sprachgebrauch fördere (CHRISTEL, 1994). Er behauptet sogar, dass im Deutschunterricht mit LdL der mündliche Sprachgebrauch ergiebiger und komplexer geschult werde als z.b. im vom Lehrer gelenkten Unterrichtsgespräch oder im traditionellen Schülerreferat (CHRISTEL, 1994).

Rhetorikübungen. Während die vorangegangenen methodischen Konzepte die rhetorisch-kommunikativen Fähigkeiten eher implizit vermitteln, dienen die Rhetorikübungen der expliziten Vermittlung rhetorischer Fertigkeiten.

„Wenn die Bereiche Literatur, Schreiben und Sprachbetrachtung [...] isoliert, d.h. ohne Querverbindungen und ohne Einbau von rhetorischen Übungen, unterrichtet und die ‚Ausbildung' im Bereich der mündlichen Sprachkompetenz sich auf das gelegentliche Halten von zuvor schriftlich ausformulierten Fachreferaten beschränkt, kann das Redevermögen der Schülerinnen und Schüler nicht gezielt entwickelt werden" (LÜDIN, 1996, S. 35 f.).

Lüdins Empfehlung lautet die theoretischen Aspekte der Rhetorik mit praktischen Übungen zu verbinden, die anhand von Videoaufnahmen analysiert werden sollen (LÜDIN, 1996).

Dass das Üben von rhetorischen Fähigkeiten nicht auf eine Unterrichtseinheit zu „Rhetorik" beschränkt sein muss bzw. sollte, zeigen andere Veröffentlichungen mit Vorschlägen zur praktischen Rhetorikschulung. Hier geht es darum, einzelne Aspekte der angewandten Rhetorik wie z.B. Artikulation, Sprechtempo, Körperhaltung, Gestik usw. mit speziellen Übungen gezielt zu verbessern. Dabei folgen alle Methoden dem Grundsatz: „Praktische Rhetorik sollte in der heutigen Schule bevorzugt mit spielerischen Methoden vermittelt werden" (KOPFERMANN, 1998, S. 66).

Dieser Grundsatz hat zunächst einmal die Funktion, den Spaß am Sprechen zu steigern (KREMPELMANN, 2001). Zudem fördert das „spielerisch-experimentelle Vorgehen die Flexibilität, die Fähigkeit, sich auf verschiedene Situationen einstellen und sie kreativ nutzen zu können" (SPINNER, 1997, S. 21).

Es gibt noch einen weiteren wesentlichen Punkt, der die spielerischen Lernmethoden gerade für den Schulalltag so bedeutsam macht: „Dass ausgerechnet Schule einen angstfreien Raum darstellen soll zur Beförderung rhetorisch-kritischer Mündigkeit, klingt weltfremd oder idealistisch. Aber gerade dies muss Erziehung zum Reden ermöglichen: Angstfreiheit. Das methodische Repertoire dazu ist spielpädagogischer Natur" (KOPFERMANN, 1998, S. 65).

Beispiele für solche Übungen findet man u.a. bei Spinner (1997), Berthold (1997), Büttner (1999), Klippert (2001) und Gora (2001), um nur einige zu nennen. Gemeinsam ist diesen Konzepten, dass die vorgeschlagenen Übungen immer wieder im Unterricht eingesetzt werden können, da sie unabhängig von der aktuellen Unterrichtseinheit durchgeführt werden können. Dem Problem, welches u.a. Klippert (2001) darstellt, dass die Schüler im Unterricht zu wenig Möglichkeiten hätten, ihre Kommunikationsfähigkeiten zu trainieren, weil der Redeanteil von Lehrerseite her zu hoch sei, können diese Übungen entgegenwirken.

Will man rhetorische Übungen in den Unterricht integrieren, ist es wichtig sich klarzumachen, dass es nicht darum geht, den Schülern reale Kommunikationssituationen anzutrainieren, wie z.b. durch das Einüben von Verkaufsgesprächen. „Das Sprachpotential und die rhetorischen Vorgänge sind aber die Grundlagen der innersten Erfahrung eines Menschen und lassen sich nicht durch einfache Übungen konditionieren" (UEDING, 1995, S. 86). Dies würde nur die Fähigkeit zur Reproduktion fördern, nicht aber die Kommunikationsfähigkeit, die auch eine soziale und reflexive Kompetenz beinhaltet. Grundmann drückt sich noch viel drastischer aus, indem er sagt: „Und wer meint, man könne die Kommunikationsfähigkeit der VerkäuferInnen am besten dadurch fördern, dass man ihnen bestimmte Verkaufsgesprächstechniken antrainiere, der erreicht genau das Gegenteil. Dies deswegen, weil die Reduzierung des Sprachunterrichts bzw. die Förderung der Kommunikationsfähigkeit auf das Einüben in ganz bestimmte Gesprächstechniken, um die bei entsprechenden Gelegenheiten abrufen zu können, nur dazu führt, dass die Kommunikationsfähigkeit insgesamt zurückgebildet wird" (GRUNDMANN, 2002, S. 11).

Dies ist eine Gefahr, die möglicherweise in der Berufsschule noch stärker zum Tragen kommt als in anderen Schulformen, die nicht direkt auf den Berufsalltag vorbereiten sollen. Aus diesem Grund verlangt der Rhetorikunterricht in der Berufsschule besondere methodische Überlegungen, zumal es noch weitere Spezifika gibt, die es in Berufsschulklassen zu berücksichtigen gibt.

3.3 Spezifische Probleme des Deutschunterrichts an Berufsschulen[2]

„Gerade die besondere Situation an berufsbildenden Schulen zwingt uns zur Auseinandersetzung mit grundlegenden Fragen nach den Aufgaben eines zeitgemäßen Deutschunterrichts" (JOSTING / PEYER, 2002, S. 1). Die beiden gängigen Unterrichtsformen der Berufsschule, die Tagesteilzeitschule und der Blockunterricht, stellen den Lehrer bei der Planung und Durchführung des Deutschunterrichts vor spezielle Probleme. In einer Studie stellt Hummelsberger die Probleme in Bezug auf den Literaturunterricht dar, die auf den Sprachunterricht weitgehend übertragbar sind (HUMMELSBERGER, 2002). „So ist etwa bei einem Tagesteilzeitunterricht mit Fachlehrersystem der Deutschunterricht fast ausschließlich in Einzelstunden möglich, der Abstand von einer Deutschstunde auf die nächste beträgt mindestens eine Woche, oft sehr viel länger" (HUMMELSBERGER, 2002, S. 63). Beim Blockunterricht „sind die Berufsschulzeiten teils regelmäßig, teils sehr unregelmäßig über das Schuljahr verteilt, sodass durchaus mehrere Monate zwischen den einzelnen Blöcken liegen können" (HUMMELSBERGER, 2002, S. 62). Hinzu kommt, dass nicht nur die Zeitspanne zwischen den Blöcken stark variiert, sondern auch die Länge der jeweiligen Blockabschnitte. So wird ein im besten Fall 12-wöchiger, im schlechtesten Fall 8-wöchiger Block zumeist in zwei bis drei Blockteile zerlegt, von denen einer manchmal nur zwei Wochen beträgt.

Die Schwierigkeiten, die Hummelsberger bei diesen Formen der Stundenverteilung in Bezug auf die Lektüre einer Ganzschrift festgestellt hat (HUMMELSBERGER, 2002), gelten in gleichem Maße bei dem Versuch, die mündliche Kommunikationsfähigkeit der Schüler zu fördern. Besonders erschwert wird bei diesen Formen der Unterrichtsorganisation die Vorbereitung und Durchführung von Referaten oder anderen Präsentationen.

Ein weiteres spezifisches Problem der Berufsschule ist die große Heterogenität der Schülergruppen. Hummelsberger fasst dieses Phänomen treffend zusammen: „Die Schülerpopulation umfasst alle denkbaren Eingangsvoraussetzungen, vom Fehlen jeglichen Schulabschlusses bis hin zum abgebrochenen oder abgeschlossenen Hochschulstudium, und hier nun wiederum der jeweiligen Berufsausbildung nahestehend oder völlig fremd. Die Altersspanne der Schüler setzt bei den 15-Jährigen (in Ländern mit neun Jahren Schulpflicht an allgemeinbildenden Schulen) ein und reicht bis über 40 Jahre hinaus (etwa bei Umschülern)" (HUMMELSBERGER, 2002, S. 63). Diese Heterogenität der Lerngruppen bereitet im Hinblick auf die rhetorischen Fähigkeiten der Schüler besonderes Konfliktpotenzial. Den jüngeren Schülern, die sich mit 15 oder 16 Jahren noch in der Phase der Adoleszenz befinden, die nach Erikson einen Höhepunkt innerhalb der Identitätsfindung darstellt (ERIKSON, 1973), fällt es zumeist besonders schwer, sich

---

[2] Der Begriff ‚Berufsschule' bezieht sich in dieser Arbeit ausschließlich auf die im dualen Ausbildungssystem üblichen Tagesteilzeitschulen mit ein bis zwei festen Schultagen in der Woche bzw. dem so genannten Blockunterricht, bei dem sich Berufsschulunterricht und betriebliche Ausbildung, gebündelt in ein- bis mehrwöchigen Zeitblöcken, abwechseln.

vor anderen, und dann auch noch vor älteren Mitschülern, zu präsentieren. Aber auch die älteren Schüler haben, wenn sie womöglich noch nicht viele oder nur negative Sprecherfahrungen im Leben gesammelt haben, starke Hemmungen, vor einer Gruppe zu sprechen. Verstärkt werden diese Sprechblockaden zusätzlich dadurch, dass es in den meisten Klassen einige wenige Schüler gibt, die bedingt durch ihr Naturell und / oder ihre Vorbildung gerne und gut vor anderen reden können und die Hemmungen der Sprechängstlichen durch ihr souveränes Auftreten zusätzlich verstärken.

Diese Problematik erfordert von der Deutschlehrkraft an einer Berufsschule noch mehr didaktisches und methodisches Geschick sowie menschliches Einfühlungsvermögen bei der Schulung der rhetorisch-kommunikativen Fähigkeiten ihrer Schüler als in den anderen Schulformen. Damit tritt jedoch zugleich ein weiteres spezifisches Problem des Deutschunterrichts an der Berufsschule ins Blickfeld, nämlich die mangelhafte fachliche Qualifikation der Lehrkräfte. „Die Ausbildung für Deutschlehrer an beruflichen Schulen stellt an den Universitäten oft nur einen Randbereich dar, insbesondere fehlt es vielerorts an Wissenschaftlern mit spezifischen Fachkenntnissen und einschlägiger Unterrichtserfahrung" (HUMMELSBERGER, 2002, S. 63). Weiterhin reiche in den meisten Bundesländern die Anzahl der einschlägig ausgebildeten Deutschlehrer bei weitem nicht aus, sodass zum einen viele Lehrkräfte gezwungen seien, den Deutschunterricht fachfremd zu erteilen, oder es werde darauf ausgewichen, Lehrkräfte, die für den Deutschunterricht an allgemeinbildenden Schulen ausgebildet sind, im beruflichen Schulsystem einzusetzen (HUMMELSBERGER, 2002).

Die bereits dargestellten Schwierigkeiten, die der Deutschunterricht an der Berufsschule für die Deutschlehrer mit sich bringt, betreffen die fachfremd unterrichtenden Lehrkräfte in besonderem Maße. Im Hinblick auf die Schulung der kommunikativ-rhetorischen Fähigkeiten wird das Problem besonders deutlich. So wurde bereits darauf hingewiesen, dass in der Ausbildung der Deutschlehrer keine obligatorische Sprecherziehung stattfindet, was eine Weitergabe dieses Könnens erschwert. Für Lehrer, deren Ausbildung sich wenig mit Sprache und Rhetorik befasst hat, ist dies somit besonders schwer. Zumal sich rhetorische Fertigkeiten, auch für die Lehrkräfte, nicht durch intensives Anlesen der Fakten erlernen lassen, wie zum Beispiel für das fachfremde Unterrichten von Gemeinschaftskunde, sondern langfristig gelernt und immer wieder geübt werden müssen.

3.4 Stellenwert der rhetorischen Kommunikation im Bildungsplan für berufliche Schulen in Baden-Württemberg

„Lehrpläne sind eine Schnittstelle zwischen den Lernbedürfnissen von einzelnen Schülerinnen und Schülern, Unterrichtskonzepten von Lehrpersonen, Entwürfen der Fachdidaktik, Strukturen des Fachwissens und gesellschaftlichen Gegebenheiten und Werten" (PEYER, 2003, S. 629). Betrachtet man unter diesem Aspekt die Lehrpläne der vergangenen Jahrzehnte für das Fach Deutsch an den beruflichen Schulen, kann man die Entwicklung der wachsenden Bedeutung der kommunikativen Fähigkeiten von Berufsschülern deutlich nachvollziehen.

So beziehen sich die Lernziele des Lehrplans von 1979 fast ausschließlich auf schriftliche Fertigkeiten. Als Lernziele für die mündliche Ausdrucksfähigkeit werden lediglich folgende Ziele formuliert (MINISTERIUM FÜR KULTUS UND SPORT UND MINISTERIUM FÜR WISSENSCHAFT UND KUNST, 1979):

- den treffenden Ausdruck wählen
- einen Sachverhalt darlegen, beurteilen und begründen
- sich an einer Diskussion beteiligen, eine Diskussion leiten
- einen Sachverhalt inhaltlich erarbeiten, beurteilen und ansprechend vortragen oder schriftlich gegliedert darstellen

Die methodischen Hinweise zum Erreichen dieser Lernziele sind sehr kurz und offen gehalten. Auch beim letztgenannten Lernziel, das in Form eines Kurzvortrags überprüft werden könnte, beziehen sich die Hinweise ausschließlich auf die Vorbereitung der schriftlichen Ausarbeitung. Als mündliche Anforderung an die Schüler wird lediglich der „freie Vortrag" (MINISTERIUM FÜR KULTUS UND SPORT UND MINISTERIUM FÜR WISSENSCHAFT UND KUNST, 1979, S. 24) gefordert, ob und wie dieser vorbereitet werden soll, bleibt offen.

Im Lehrplan von 1989 wird bereits ausdrücklich zwischen mündlichen und schriftlichen Lernzielen unterschieden. Die mündlichen Lernziele der drei Ausbildungsjahre sind „Sprechen im Beruf", die „Diskussion" und die „Stellungnahme" (MINISTERIUM FÜR KULTUS UND SPORT, 1989). Die Stellungnahme zu einem aktuellen Problem soll, wie bereits im Lehrplan zuvor, in Form eines Kurzreferats durchgeführt werden. Ein Hinweis für die Lehrkräfte darauf, in welcher Form das Kurzreferat vorbereitet und gehalten werden soll, erfolgt auch hier nicht. Dennoch enthält dieser Lehrplan bereits deutlich konkretere Hinweise darauf, wie die mündliche Ausdrucksfähigkeit der Schüler verbessert werden könnte. Es wird eine Reihe von Rhetorikübungen vorgeschlagen, die die Lehrer in den Unterricht integrieren können, wie Rollenspiele, Diskussionen und das Kurzreferat.

Der aktuelle Lehr- oder Bildungsplan für die Berufsschulen in Baden-Württemberg erschien 1998. Ein neuer Lehrplan ist zurzeit nicht vorgesehen.

Die Inhalte des Lehrplans werden wie bisher den drei Schuljahren bzw. Fachstufen zugeteilt. Das Stundenkontingent beläuft sich weiterhin auf 30 Stunden pro Schuljahr, das heißt eine Stunde pro Woche. Innerhalb der drei Fachstufen werden die zu erlangenden Lernziele verschiedenen Lernbereichen zugeordnet (MINISTERIUM FÜR KULTUS, JUGEND UND SPORT, 1998):

- Sprachliche Übungen und berufsorientierte Kommunikation I bis III
- Sprachlehre und Sprachbetrachtung I bis III
- Literatur und Medien I bis III

Die drei Bereiche stehen in jeder Fachstufe unter einem bestimmten thematischen Schwerpunkt (MINISTERIUM FÜR KULTUS, JUGEND UND SPORT, 1998):

- Grundstufe: Einstieg in den Beruf durch Sprache und Medien
- Fachstufe I: Sprachliches Handeln im Beruf und im privaten Bereich
- Fachstufe II: Teilnahme am betrieblichen und gesellschaftlichen Leben

In der Grundstufe, in der es um den Einstieg in das Berufsleben geht, ist ein Lernziel im Bereich „Sprachliche Übungen und berufsorientierte Kommunikation" das „freie Reden". Zur Erlangung dieser Fähigkeit wird für den Unterricht empfohlen, „z.b. sich und andere vorstellen, Ergebnisse einer Gruppenarbeit vortragen, Vorstellen eines Produkts, Begrüßung einer Besuchergruppe im Betrieb" (MINISTERIUM FÜR KULTUS, JUGEND UND SPORT, 1998, S. 13). Im Bereich „Sprachlehre und Sprachbetrachtung" werden mit den Schülern Stilübungen durchgeführt, „u.a. an Textproduktionen und Kurzvorträgen der Schüler", die „Situations-, Sach- und Adressatenbezug" aufweisen sollen sowie die Beschäftigung mit „Fachsprachen" (MINISTERIUM FÜR KULTUS, JUGEND UND SPORT, 1998, S. 13). Weiterhin werden die „Bedingungen der Kommunikation" erlernt, wie „Inhalts- und Beziehungsebene, nonverbale Kommunikation und Kommunikationsstörungen" (MINISTERIUM FÜR KULTUS, JUGEND UND SPORT, 1998, S. 13). Hier wird empfohlen, „die Übungen nach Möglichkeit im Zusammenhang mit anderen Unterrichtseinheiten zu behandeln. Die Übungen sollten auch mündliche und schriftliche Beiträge der Klasse aufgreifen" (MINISTERIUM FÜR KULTUS, JUGEND UND SPORT, 1998, S. 13).

In der Fachstufe I sollen die Schüler das freie Reden erlernen, indem sie „anhand eines Stichwortzettels, z.b. Werbung für den eigenen Beruf, Aufruf zur Teilnahme an den Wahlen: Jugendvertretung, SMV" (MINISTERIUM FÜR KULTUS, JUGEND UND SPORT, 1998) machen. In den Stilübungen geht es um „Einfachheit, Struktur, Prägnanz, Stimulanz, Situations-, Sach- und Adressatenbezug" (MINISTERIUM FÜR KULTUS, JUGEND UND SPORT, 1998, S. 15).

In der Fachstufe II lernen die Schüler „einen Sachverhalt zu erarbeiten und darzustellen" sowie „die eigene Meinung begründet zu vertreten" (MINISTERIUM FÜR KULTUS, JUGEND UND SPORT, 1998, S. 17). Das erste Lernziel wird überprüft anhand einer Sacherklärung, eines Kurzvortrags, eines Fachberichts, einer Facharbeit oder eines Referats. Um die eigene Meinung begründet vertreten zu können, wird für den Unterricht Folgendes vorgeschlagen: „Diskussion, Argumentationstechnik, Verbesserungsvorschlag, Leserbrief, Flugblatt, Stellungnahme" (MINISTERIUM FÜR KULTUS, JUGEND UND SPORT, 1998, S. 17). Ein weiteres Lernziel im Bereich „Sprachliche Übungen und berufsorientierte Kommunikation" ist es, Arbeitsergebnisse wirkungsvoll präsentieren zu können. Zu diesem Zweck wird die sprachliche und visuelle Aufarbeitung, „z.b. PC-Programme, Schaubilder" (MINISTERIUM FÜR KULTUS, JUGEND UND SPORT, 1998, S. 17), mit den Schülern trainiert.

Im Bereich „Sprachlehre und Sprachbetrachtung" werden weiterhin die Übungen der ersten beiden Fachstufen vertieft.

In diesem Lehrplan ist die Rhetorikschulung von Berufsschülern in alle drei Fachstufen eingebunden. Der aktuelle Lehrplan gibt durchaus konkrete und umsetzbare Vorschläge, wie die jeweiligen Lernziele erreicht werden können, z.b. Vorstellen eines Produkts, Begrüßung einer Besuchergruppe im Betrieb usw. Der Aufbau innerhalb der drei Fachstufen erscheint sinnvoll, da die rhetorischen Fähigkeiten langsam durch immer anspruchsvollere Übungen aufgebaut und vertieft werden. Dennoch beinhaltet dieser Aufbau m.E. eine Schwierigkeit, die die

Umsetzung des Lehrplans in die Praxis erschwert. Da am Ende des dritten Aus- bildungsjahres die ausschließlich schriftliche Abschlussprüfung stattfindet und der Deutschunterricht sich auf eine Unterrichtsstunde pro Woche beläuft, ist es für die Lehrer schwierig, Referate vorbereiten und halten zu lassen, und die Schüler zudem noch ausreichend auf die Abschlussprüfung vorzubereiten. Mit diesem Einwand möchte ich keineswegs die Wichtigkeit der Rhetorikschulung einschränken und als überflüssig für die Fachstufe II (drittes Ausbildungsjahr) erklären. Vielmehr gilt es zu überlegen, ob es nicht sinnvoller wäre, wenn schon die Schulung der mündlichen Ausdruckfähigkeit zu Recht verstärkt unterrichtet werden soll, diese auch in den Abschlussprüfungen abzuprüfen und zu bewerten. Natürlich können und werden Lehrpläne immer wieder verändert, fraglich ist jedoch, inwieweit das Auswirkungen auf den realen Unterricht hat. Was sicher vielen Lehrkräften aus eigener Erfahrung bekannt ist, belegen auch empirische Studien: Die Inhalte des Lehrplans spielen für die konkrete Unterrichtsplanung nur eine marginale Rolle. Vollstädt u.a. (1999) haben in einer Studie herausge- funden, dass Lehrpläne wohl zur langfristigen Vorbereitung von Unterrichtsein- heiten oder zur Entwicklung von Stoffverteilungsplänen herangezogen werden. Für die alltägliche Unterrichtsplanung werden sie jedoch nur selten zur Hand genommen (VOLLSTÄDT u.a., 1999). Diese Untersuchung zeigt weiterhin, dass an vielen Schulen schulinterne Vereinbarungen bestehen, die die direkte Funkti- on von Lehrplänen ersetzen. Diese schulinternen Pläne lassen, laut der Untersu- chung, verschiedene Funktionen erkennen. Zum einen sollen sie abstrakte oder offene Planungsvorgaben im Hinblick auf die Bedingungen der Einzelschule konkretisieren. Zum anderen stellen sie wohl Arbeitshilfen dar, indem sie Lehr- planvorgaben auf das jeweils eingeführte Lehrbuch oder andere Materialien be- ziehen. Und zum Dritten sollen sie hin und wieder sogar den gültigen Lehrplan unterlaufen (VOLLSTÄDT u.a., 1999). Diese Erkenntnisse machen deutlich, dass es nicht ausreicht, Rhetorikschulung in den Lehrplan aufzunehmen, selbst wenn gute und hilfreiche Hinweise dazu gegeben werden. Zu diesem Ergebnis kommt auch Kutter mit einer entsprechenden Untersuchung für die Sekundarstufe I an Gymnasien in Baden-Württemberg (KUTTER, 2000). Auch sie stellt fest, dass „der Mangel an Rede- bzw. Vortragssituationen nicht durch etwaig fehlende In- halte im Bildungsplan entsteht" (KUTTER, 2000, S. 23). Sie sieht das Problem vielmehr in der Möglichkeit dessen einseitiger Auslegung, da der Lehrplan häu- fig die Wahl einer sowohl schriftlichen als auch mündlichen Umsetzung enthält. Die geringe Anzahl an Referaten, die laut ihrer Studie von Schülern im Fach Deutsch gehalten wurden, legen für Kutter die Vermutung nahe, dass die Lehr- kräfte anscheinend über das vom Bildungsplan geforderte Maß an Schriftsprach- lichkeit hinaus die schriftliche Lernzielkontrolle bevorzugten und darüber die Förderung der mündlichen und rhetorischen Kompetenzen ihrer Schüler ver- nachlässigten (KUTTER, 2000). Diese Annahme lässt sich auch auf die berufli- chen Schulen übertragen, in denen die Schriftsprachlichkeit viel stärker als das Mündliche bewertet wird.

Zu einem ähnlichen Ergebnis führt auch die Untersuchung der baden- württembergischen Bildungspläne von Wagner (1997). Bei der Analyse der Bil-

dungspläne für Grund-, Haupt-, Realschulen und Gymnasien stellt er fest, dass „der erste Eindruck der Lehrplanlage aus sprechpädagogischer Perspektive ziemlich positiv ist" (WAGNER, 1997, S. 111). Letztendlich kommt er jedoch zu dem Resümee, dass „das vorhandene Zeitbudget für den Sektor ,Mündliche Kommunikation' entweder eine gezielte Beschränkung auf wenige Schwerpunkte oder eine nur kursorische Behandlung aller geforderten Bildungsplaninhalte erzwingt" (WAGNER, 1997, S. 111). Interessant ist auch seine Beobachtung, dass „ein grundsätzliches Problem leider nur im Grundschul-Bildungsplan explizit berücksichtigt wurde, nämlich dass mit zunehmender Schulerfahrung erwartungsgemäß die Bereitschaft zum spontanen mündlichen Sprachgebrauch sinkt, bis hin zu ausgeprägten Formen von Sprachängstlichkeit" (WAGNER, 1997, S. 111). Dieser Aspekt erscheint mir gerade für den berufsschulischen Bereich von besonderer Bedeutung, da hier die Sprachängstlichkeit, zum Teil zusätzlich bedingt durch eine mangelhafte Lese- und Schreibfähigkeit, sehr stark ausgeprägt ist und aufgrund des fortgeschrittenen Alters der Schüler besonders schwer abzubauen ist. Ein wesentlicher Aspekt, der im aktuellen Bildungsplan unberücksichtigt bleibt, an dem jedoch, verbunden mit chronischem Zeitmangel, viele mündliche Unterrichtselemente wie kleine Kurzvorträge scheitern, weil sich kein Schüler spontan dazu bereit erklärt.
Die Umsetzung der Bildungsplanziele hänge jedoch nicht zuletzt, so Wagner, davon ab, wie gut die Lehrkräfte ausgebildet seien. Gymnasial- bzw. Berufsschullehrer in Baden-Württemberg erhalten jedoch während der Lehrerausbildung keine obligatorische Sprecherziehung. Deshalb bleibt den Deutsch-Lehrkräften, laut Wagner, nicht erspart, sich durch individuelle Lektüre bzw. durch den Besuch von Fortbildungsveranstaltungen besser zu qualifizieren (WAGNER, 1997).
Die erste und teilweise wohl auch einzige Lektüre der Lehrer zur Vorbereitung ihres Unterrichts ist das Schulbuch. Das ist durchaus sinnvoll, da die Schulbücher auf der Grundlage der Bildungspläne entstehen. Nach der Studie von Vollstädt u.a. orientierten sich die Lehrkräfte bei ihrer Unterrichtsplanung am Schulbuch sogar stärker als am Bildungsplan (VOLLSTÄDT u.a., 1999).

3.5 Die Bedeutung des Sprachbuchs für die Förderung der rhetorischen Kommunikation im Deutschunterricht an beruflichen Schulen

„Schulbücher sind nicht Produkte freischwebender Kreativität eines Autors oder eines Autorenkollektivs" (RAUSCH / WURSTER, 1997, S. 25), sondern entstehen in aller Regel auf der Grundlage von Lehrplänen. Ist ein Lernziel erst einmal im Bildungsplan verankert, werden Schulbücher entwickelt, die Lehrer und Schüler beim Erreichen dieses Lehrziels mit didaktischen und methodischen Hinweisen und Hilfsmitteln unterstützen sollen.
In der Schulbuchforschung gibt es verschiedene Ausgangspunkte, von denen aus der Verwendungszweck von Schulbüchern betrachtet werden kann. In dieser Arbeit wird ausschließlich vom Lehrer, seinem Rezeptions-, Planungs- und Unter-

richtsverhalten ausgegangen (BAURMANN / HACKER, 1990). Ein Grund dafür ist, dass gerade dem Sprachbuch für die Unterrichtsplanung in mündlicher Kommunikation eine besondere Bedeutung zukommt. Da die Lehreraus- und -fortbildung in diesem Bereich noch immer gegen null läuft, wird das Sprachbuch zu einem wichtigen Medium für die Unterrichtsgestaltung im Bereich der mündlichen Kommunikation (DEBYE-GÖCKLER, 2001). Ein weiterer Grund ist, dass in der Berufsschule das Schulbuch als Arbeitsmittel für den Schüler weniger wichtig ist als das Schulbuch als Werkzeug des Lehrers. Dieses Phänomen lässt sich dadurch erklären, dass es Praxis an vielen Berufsschulen ist (besonders in den allgemeinbildenden Fächern), dass nicht jeder Schüler ein Schulbuch besitzt, sondern dass es nur einen oder mehrere Klassensätze an der gesamten Schule gibt, die nicht allen Klassen für jede Deutschstunde zur Verfügung stehen. Die Schulbücher dienen somit vielmehr den Lehrkräften als Materialsammlungen oder sogar als „Grundlage" (BAUER, 1995, S. 231) für die Unterrichtsplanung. Bauer fasst weitere Gründe für dieses Phänomen in ihrem Artikel „Zur Adressatenbezogenheit des Schulbuches – Für wen werden die Schulbücher eigentlich wirklich geschrieben?" (BAUER, 1995) sehr überzeugend zusammen. Zum einen sind es „die Sachautorität und Unterrichtsnähe, die das Schulbuch von allen dem Lehrer zur Verfügung stehenden Materialien hervorheben" (BAUER, 1995, S. 232). Zum anderen ist „das Schulbuch ein von einer vorgesetzten Dienstbehörde genehmigtes Lernmittel, wodurch es eine Verlässlichkeit aufweist, die bei anderen Materialien erst geprüft werden müsste" (BAUER, 1995, S. 232). Als weiteres Motiv nennt Bauer auch die Zeitersparnis für den Lehrer bei der Unterrichtsplanung. Dabei kritisiert sie jedoch, dass das Bedürfnis nach Zeitersparnis häufig so weit ginge, dass die im Schulbuch festgelegten Inhalte und Ziele einfach nur eins zu eins übernommen würden, um sich eine methodisch-didaktische Aufbereitung des Unterrichts zu ersparen (BAUER, 1995).

Die Feststellung, dass Schulbücher von Lehrern als hauptsächliche Planungshilfe verwendet werden, macht ihre Betrachtung für die Studie dieser Arbeit relevant, besonders, wenn man die Probleme betrachtet, die durch dieses Phänomen entstehen können. So könnte ein Problem darin bestehen, dass die didaktisch-methodischen Vorgaben in den Schulbüchern die methodische Entwicklungsfreiheit des Lehrers einschränken, weil sie dazu verleiten, einmal ausgewählte Lehrverfahren auf der Basis des verwendeten Schulbuches über lange Zeiträume hinweg unverändert beizubehalten. Der Unterricht ist somit zwar lehrplangerecht, enthält jedoch wenig Individualität und Kreativität (BAUER, 1995). Die Kritik am Schulbuch, dass es aufgrund seiner „inhaltlichen und formalen Strukturierung die Lehrer in die Versuchung führt den Unterricht fast ausschließlich mit Hilfe von Schulbüchern vorzubereiten" (BAUER, 1995, S. 233), macht es für diese Studie so wichtig, die Qualität der Sprachbücher im Hinblick auf den Untersuchungsgegenstand hin zu untersuchen.

Dazu habe ich die folgenden, zurzeit in Baden-Württemberg für den Deutschunterricht an Berufsschulen zugelassenen Sprachbücher, einer kritischen Analyse unterzogen: „Ein Deutschbuch" (HAHLWEG u.a., 1996), „Sprachpraxis" (HUFNAGEL u.a., 2000), „Komm.de" (BENZING u.a., 2001), „Spracherfahrungen"

(BOMMER u.a., 2001), „Durchstarten!" (JAHN u.a., 2001), „Unsere Sprache im Beruf" (KROHNE / RICHTER, 2003), „Sprachvermögen" (BISSINGER u.a., 2004), „Deutsch heute" (CHRISTMANN / GEMMI, 2004), „Deutsch für berufliche Schulen" (BISSINGER / MAURER, 2005), „deutsch.kompetent" (MAIER, 2005).

Die Bücher werden unter dem Blickwinkel betrachtet, inwieweit sie den Lehrkräften sinnvolles Material sowie geeignete Hilfsmittel zur Schulung der für diese Studie relevanten rhetorischen Fähigkeiten bieten. Das sind zum einen sprachliche Aspekte wie Aussprache, Sprechtempo und -pausen, Modulation der Stimme sowie die Ausdrucksweise. Weiterhin betrachtet wird die Behandlung der nonverbalen Kommunikationsmittel wie Körperhaltung, Proxemik, Mimik, Gestik und Blickkontakt. Hinzu kommt die Gestaltung einer Präsentation im Hinblick auf Visualisierung und Medieneinsatz, der Aufbau des Vortrags mit Einleitung und Schluss sowie der freie Vortrag mit Hilfe eines Stichwortzettels.

Die optische Gestaltung der Sprachbücher wird nicht thematisiert, ebenso wenig die Themenauswahl der Übungsaufgaben oder die Formulierung der Aufgabenstellungen.

In allen untersuchten Sprachbüchern erscheint das Thema Referate bzw. Präsentation. Die eigene Analyse der Sprachbücher führt somit zu einem anderen Ergebnis als die Untersuchung der Sprachbücher für die gymnasiale Sekundarstufe I in Baden-Württemberg, die Kutter (2000) durchgeführt hat. Ihre Analyse ergab, dass „Übungen und Anleitungen, die gezielt Mündlichkeit schulen und auf Rede- und Präsentationssituationen vor einer Gruppe vorbereiten" (KUTTER, 2000, S. 23), in diesen Büchern selten oder gar nicht zu finden sind. Ihr Fazit daraus lautet, dass die Lehrbücher keine große Unterstützung in dem Bemühen bieten würden, bei den Schülern mündliche und rhetorische Fertigkeiten zu entwickeln und zu trainieren (KUTTER, 2000). Das Ergebnis dieser Studie kann hier nicht so pauschal bestätigt werden. Die Lernziele des aktuell gültigen Lehrplans werden in allen genannten Schulbüchern didaktisch und methodisch aufbereitet und somit Lehrern und Schülern zugänglich gemacht. Man kann sogar die wachsende Bedeutung dieses Themas anhand der Schulbücher verfolgen, da einige explizit in ihrem Vorwort auf die besonders ausführliche Behandlung dieses Themas hinweisen (vgl. „Unsere Sprache im Beruf", S. 3 und „Deutsch heute", S. 3). Kritisch muss man jedoch die unterschiedliche Quantität und Qualität betrachten, mit denen die einzelnen Aspekte eines Vortrags behandelt werden. Alle Bücher enthalten so etwas wie eine „Checkliste", auf der die wichtigsten Merkmale eines guten Vortrags zusammengefasst sind. Diese Listen enthalten weitgehend die wesentlichen Punkte für einen guten Vortrag, stellen jedoch die verschiedenen Aspekte wie Sprache, Körperhaltung oder freien Vortrag so verkürzt und statisch dar, dass die Schüler anhand dieser Listen wohl kaum in der Lage sind, ein gutes Referat zu halten.

Lediglich ein Buch („Spracherfahrungen") macht den Vorschlag, die Schülerpräsentationen anhand von Videoaufnahmen zu analysieren. Der Vorschlag für einen Beurteilungsbogen der Schülerbeiträge taucht nur in zwei Lehrwerken („Deutsch heute" und „Sprachvermögen") auf. Einer davon („Deutsch heute" und „Sprachvermögen") ist jedoch so umfangreich gestaltet, dass er sich in der dargestellten Form sicher nur schwer in der Praxis umsetzen lässt, der andere („Sprachvermögen") formuliert die Bewertungskriterien zu allgemein, um den Schülern eine Bewertungshilfe zu sein. Sinnvoller wäre vielleicht ein Hinweis in den Schulbüchern, wie man mit den Schülern gemeinsam einen für die Klasse angemessenen Bewertungsbogen erstellen könnte.

3.5.1 Sprachliche Mittel

Die Bedeutung sprachlicher Aspekte wird in allen Büchern angesprochen, dies geschieht jedoch zumeist nur in den bereits erwähnten „Checklisten" für einen guten Vortrag. Konkrete Übungen zum Ausdruck und zur Sprechweise werden nicht angeboten. In den meisten Büchern beschränken sich die Übungen zur Sprache darauf, durch entsprechende Markierungen im Text die richtige Betonung und sinnvolle Sprechpausen einzuüben. Bei dieser Art der Vorbereitung besteht meiner Ansicht nach die Gefahr, dass sich die Schüler zu sehr an dem so vorbereiteten Text orientieren und während des Vortrags nicht mehr spontan und frei agieren können.

3.5.2 Nicht-sprachliche Mittel

Noch weniger als die Sprache findet der Aspekt der nonverbalen Kommunikation Beachtung in den Sprachbüchern. Zu diesem Ergebnis kommt auch Berkemeier (1999) in ihrem Artikel zur nonverbalen Kommunikation. Eine Untersuchung von 51 Sprachbüchern für die Sekundarstufen I und II inklusive Lehrwerken für die beruflichen Schulen hat ergeben, dass die nonverbale Kommunikation oft gar nicht oder nur am Rande angesprochen werde. Nur sehr selten werde sie ausführlicher dargestellt (BERKEMEIER, 1999). Berkemeier kritisiert, dass die Lehrwerke insgesamt eher eine oberflächliche Reflexion über nonverbale Kommunikation meist ohne Bezug zu verbalen Elementen anregen würden (BERKE-MEIER, 1999). Die oft nahegelegte 1:1-Zuordnung von Ausdruck und Bedeutung werde nicht problematisiert (BERKEMEIER, 1999). Nonverbale Kommunikationsmittel würden zwar relativ häufig als wichtig für Rollenspiel und Vortrag dargestellt, es gebe jedoch nahezu keine konkreten Hinweise für ihre Verwendung (BERKEMEIER, 1999). Diese Feststellung gilt ebenso für die hier dargestellten Lehrwerke. In einigen Büchern finden sich nur kurze und sehr schematische Hinweise zu Blickkontakt, Gestik und Körperhaltung. So empfiehlt z.B. ein Buch („Ein Deutschbuch") Gestik bewusst einzusetzen, z.B. die Betonung von Zahlen mit den Fingern, und geht auf die Körperhaltung überhaupt nicht ein. Ein anderes Buch empfiehlt in einer „Checkliste" zu diesem Aspekt „Kontrollieren Sie Ihre Körperhaltung, Ihre Gesten und Ihre Mimik" („Deutsch für berufliche Schulen", S 21). Dieser Hinweis ist wohl selbst für einen geübten Redner kaum umsetzbar und während eines Vortrags auch wenig hilfreich.

3.5.3 Präsentationshilfen

Auffällig ist, dass alle Bücher ein besonderes Gewicht auf die Visualisierung und den Medieneinsatz legen. Das liegt sicherlich zum einen daran, dass das Thema Visualisierung auch ein schriftliches Prüfungsthema ist. Aus diesem Grund wird die Visualisierung in vielen Büchern auch zusätzlich in einem eigenen Kapitel behandelt und im Zusammenhang mit dem Referat bzw. der Präsentation nur noch kurz erwähnt. Zum anderen könnte auch eine Rolle spielen, dass sich Visualisierungsmöglichkeiten und der Einsatz verschiedener Medien gut schematisch darstellen lassen, häufig in tabellarischer Form. Zudem sind die dazugehörigen Übungen einfach im Unterricht durchzuführen und gut zu kontrollieren bzw. zu bewerten.

Verhältnismäßig ausführlich werden in den meisten Büchern auch die Erstellung eines Stichwortzettels und die Gliederung mit besonderem Schwerpunkt auf Einleitung und Schluss, die für den freien Vortrag wichtig sind, dargestellt.

Große Defizite weisen die Bücher auf, wenn es um das Thema Lampenfieber bzw. souveräner Vortrag geht. Lediglich ein Buch („Deutsch heute") spricht diese Problematik überhaupt an und bietet dazu Hilfestellungen.

3.5.4 Fazit

Folgt man den Untersuchungsergebnissen, die laut Bauer (1995) besagen, dass Lehrer ihren Unterricht weitgehend anhand von Schulbüchern vorbereiten und gestalten würden, kann man nicht davon ausgehen, dass die Schüler im Unterricht ausreichend auf Vortragssituationen vorbereitet werden können. Da genügt es auch nicht, die Bedeutung des Übens zu betonen – „Es lohnt sich, in der Schule die Vorbereitung und die Präsentation eines Referats zu üben. Diese Kenntnisse können bestimmt früher oder später im Beruf angewendet werden" („Deutsch heute", S. 79) – wenn hilfreiche Übungshinweise fehlen.

Keines der untersuchten Sprachbücher liefert die Grundlage für eine umfassende Vorbereitung der Schüler auf einen längeren mündlichen Redebeitrag. Die Defizite der Sprachbücher in den verschiedenen Bereichen sind zu groß, als dass es sinnvoll wäre, den Unterricht zur Schulung der rhetorischen Fähigkeiten allein darauf aufzubauen.

Zu einem ähnlichen Ergebnis kommt auch Kutter in ihrer bereits mehrfach erwähnten Studie (KUTTER, 2000). Hier kommt sie für die gymnasiale Sekundarstufe I zum gleichen Ergebnis wie diese Untersuchung für die beruflichen Schulen. Übungen und Anleitungen, die gezielt Mündlichkeit schulen und auf Rede- und Präsentationssituationen vor einer Gruppe vorbereiten, seien in diesen Büchern ebenfalls selten oder sogar gar nicht zu finden. Somit kommt Kutter zu dem Ergebnis, dass „die Lehrbücher keine große Unterstützung bieten in dem Bemühen, bei den SchülerInnen mündliche und rhetorische Fertigkeiten zu entwickeln und zu trainieren" (KUTTER, 2000, S. 24). Auch Debye-Göckler kommt in ihrer Untersuchung der Sprachbücher für die Sekundarstufe I in NRW zu einem ähnlichen Ergebnis (DEBYE-GÖCKLER, 2001). Auch sie stellt fest, dass gerade im Bereich der rhetorischen Kommunikation viele Themen aus den Lehrplänen in den Sprachbüchern aufgegriffen würden, dass es jedoch an der Ausführung der Themen mangele (DEBYE-GÖCKLER, 2001). Das soll nicht heißen, dass die Bücher nicht einige gute Übungen und Arbeitsmaterialien enthalten. Es gilt bei ihrer Nutzung jedoch zu berücksichtigen, dass kein Buch alle Aspekte des Vortrages beinhaltet und somit einzelne leicht vom Lehrer übersehen werden könnten bzw. in der Vortragsvorbereitung zu kurz kommen. Ebenso muss der Lehrer besonders darauf achten, dass er nicht durch die Auswahl des Schulbuchs dazu verleitet wird, die Themen, die dort besonders ausführlich dargestellt sind, auch ebenso zu behandeln, sondern sein Augenmerk auch auf die Themen richtet, die nur kurz angeschnitten werden, da die Schüler in diesen möglicherweise viel größere Defizite aufweisen.

3.6 Schulungsmöglichkeiten der rhetorischen Kommunikation im Deutschunterricht aus der Sicht der Lehrkräfte

„Das Redenlernen ergibt sich für einzelne Schülerinnen und Schüler nebenbei, für viele nur teilweise, für andere bleibt das freie Reden ein Horror, den es möglichst zu vermeiden gilt. Dieser Befund lässt es sinnvoll erscheinen, einen Unterricht anzubieten, der gezielt und kontinuierlich zu Präsentationen hinführt" (FRITZ, 1997, S. 19).
Die bisherigen Ausführungen haben gezeigt, dass ein solcher Unterricht in der Theorie durchaus vorgesehen ist und es auch diverse Anregungen gibt, wie er in die Tat umgesetzt werden könnte. Es bleibt die Frage, inwieweit diese Theorie in die Praxis umgesetzt wird und ein solcher Unterricht auch angeboten wird. Umfassend kann diese Frage hier nicht beantwortet werden, aber einige Lehrermeinungen aus der Praxis sollen einen kleinen und dennoch aufschlussreichen Einblick in den Unterrichtsalltag verschaffen.

3.6.1 Aufbau und Durchführung der Lehrerbefragung

Das Anliegen der Lehrerbefragung ist es, einige Aspekte zur Unterrichtspraxis von Referaten bzw. jeglicher Schülerpräsentationen zu klären. Die Befragung soll darüber Aufschluss geben, ob und wie die Lehrkräfte die Unterrichtseinheit Referate in ihren Unterricht einbetten und inwiefern sie darüber hinaus den Schülern die Möglichkeit geben, ihre Präsentationsfähigkeiten zu erweitern. Auch die subjektive Zufriedenheit der Lehrer mit den Ergebnissen ihres Unterrichts soll hier thematisiert werden, da diese im Hinblick auf das gesamte Unterrichtsgeschehen eine nicht zu unterschätzende Rolle spielt. Da, wie bereits mehrfach erwähnt wurde, die mündlichen Kommunikationsfähigkeiten in der Abschlussprüfung im Fach Deutsch an der Berufsschule nicht überprüft werden, liegt es, trotz der Vorgaben im Bildungsplan, weitgehend im Ermessen des Lehrers, inwieweit er diesem Themenbereich Raum in seinem zeitlich stark begrenzten Unterricht einräumt.

Die Befragung soll jedoch nicht nur ein Stimmungsbild in den Lehrerkollegien zum Thema Schulung der rhetorischen Kommunikation einfangen, sondern zu den Ergebnissen der Videoanalyse in Bezug gesetzt werden und diese möglicherweise unterstützen bzw. relativieren.

Zu diesem Zweck habe ich einen Fragebogen (siehe Anhang I) erstellt, der sechs Fragen zum Thema „Referate im Deutschunterricht" enthält. Die Fragen sind offen formuliert und ihnen liegen keine gerichteten Hypothesen zugrunde. Das qualitative Datenmaterial wurde für die Auswertung kategorisiert, anschließend wurden die Häufigkeiten bestimmt (BORTZ / DÖRING, 1995). Die Antworten wurden pro Frage ausgewertet, Mehrfachkategorisierungen pro Frage waren möglich und wurden in die Auswertung einbezogen.

Durchgeführt wurde die Umfrage im Schuljahr 2002/03 an zwanzig gewerblichen Schulen in Baden-Württemberg, genauer im Großraum Stuttgart und im Nordschwarzwald. Diese Auswahl ergab sich aus rein praktischen Gründen. Um die Rücklaufquote der Fragebögen zu erhöhen, habe ich Schulen ausgewählt, zu denen ich persönlich Kontakt aufnehmen konnte. Dafür habe ich in Kauf genommen, dass die Ergebnisse dieser Umfrage nur begrenzt repräsentativ sind, da die Versuchspersonen nach diesen durchführungspraktischen Erwägungen und nicht nach dem Zufallsprinzip ausgewählt wurden. Von 200 Fragebogen habe ich auf diese Weise Antworten von 100 Lehrkräften (49 Frauen und 51 Männer) erhalten.

Die ersten vier Fragen des Fragebogens beziehen sich speziell auf die Durchführung von Schülerreferaten im Deutschunterricht:

1. Lassen Sie die Schülerinnen und Schüler im Deutschunterricht Referate halten? Wenn nein, warum nicht?
2. Bereiten Sie die Schülerinnen und Schüler auf den Vortrag vor? Wenn ja, wie?
3. Sind Sie insgesamt mit der Qualität der Schülervorträge zufrieden?
4. Glauben Sie, dass das Halten von Referaten bei den Schülerinnen und Schülern einen Lernerfolg erzielt? Wenn ja, welchen?

Die beiden letzten Fragen beziehen sich auf weitere Möglichkeiten zur Förderung der rhetorischen Kommunikation und deren generelle Bedeutung für Berufsschüler:

5. Geben Sie den Schülerinnen und Schülern neben dem Referat weitere Möglichkeiten ihre Ausdrucks- und Präsentationsfähigkeiten im Unterricht zu erproben? Wenn ja, in welcher Form?
6. Wie wichtig finden Sie das Erlernen von Ausdrucks- und Präsentationsfähigkeiten an Berufsschulen – auch im Vergleich zu anderen Schulformen?

3.6.2 Ergebnisse der Lehrerbefragung

Die erste Frage sollte Aufschluss darüber geben, ob überhaupt Referate im Deutschunterricht gehalten werden und, wenn nein, welche Motive Lehrkräfte haben, keine Referate in ihren Unterricht einzubauen, obwohl das Halten von Referaten laut Lehrplan im Deutschunterricht an der Berufsschule vorgeschrieben ist. Bei der Beantwortung der zweiten Teilfrage wurden Mehrfachnennungen in die Auswertung mit einbezogen.

Frage 1: Lassen Sie die Schülerinnen und Schüler im Deutschunterricht Referate halten? Wenn nein, warum nicht?

Lehrerantworten	Anzahl	Prozent
Ja	82	82
Nein	18	18
Gesamtzahl der Antworten	100	100

Tabelle 1: Verteilung der Lehrkräfte, die im Deutschunterricht Referate halten lassen / keine halten lassen

Lehrerantworten	Anzahl	Prozent
Zeitmangel	12	55
Ergebnisse zu unbefriedigend	2	9
Betrugsversuche	2	9
Trauen es sich nicht zu	2	9
Überfordert die Schüler / Nicht mehr zeitgemäß	2	9
Keine Begründung	2	9
Gesamtzahl der Antworten	22	100

Tabelle 2: Gründe, warum Lehrkräfte keine Referate im Deutschunterricht halten lassen

18 % der Befragten gaben an, keine Referate halten zu lassen. Die Begründungen der Lehrkräfte für ihr Verhalten konnten in fünf Kategorien unterschieden werden. Als Hauptgrund nannten die meisten (zwölf Personen) den Zeitmangel, der entweder auf die geringe Stundenzahl („… ich unterrichte nur eine Stunde

Deutsch pro Woche in einer ersten Berufsschulklasse und dafür bleibt vom zu vermittelnden Stoff keine Zeit"; „... Zeitrahmen in Deutsch mit zwei Wochenstunden so eng, dass ich nur Themen, die auch in der Abschlussprüfung geprüft werden, behandele") oder Blockunterricht („... weil das den zeitlichen Rahmen beim Blockunterricht sprengen würde, sowohl von der Vorbereitung als auch was den Vortrag betrifft ...") zurückgeführt wurde. Zwei Lehrkräfte gaben an, keine Referate mehr halten zu lassen, weil ihnen die Ergebnisse zu unbefriedigend waren. Zwei andere nannten Betrugsversuche von Schülern bei der schriftlichen Ausarbeitung als Grund („... da ich in der Vergangenheit mehrere Betrugsfälle hatte, in denen Schüler Referate aus dem Internet bzw. Büchern original übernommen hatten ..."). Zwei weitere Befragte schrieben, dass sie sich das Unterrichten von Referaten nicht zutrauen würden, da sie Deutsch fachfremd unterrichten würden („... da ich fachfremd unterrichte, fühle ich mich zu unsicher"). Als weitere Begründung wurde in einem Fall die Überforderung der Schüler genannt, ein anderer gab an, dass er das Halten von Referaten schlichtweg nicht mehr für zeitgemäß halte („andere Vortragsformen sind zeitgemäßer und ansprechender, z.B. freie Meinungsrede, Statement und Präsentation ..."). Zwei Probanden machten über ihre Gründe keine Angaben.

Die zweite Frage galt der Vorbereitung der Schülervorträge innerhalb des Unterrichts. Bereiten die Lehrkräfte die Schülerinnen und Schüler auf den Vortrag vor, wenn ja, welche Methoden setzen sie dabei ein?
Bei der zweiten Teilfrage wurden Mehrfachantworten berücksichtigt.

Frage 2: Bereiten Sie die Schülerinnen und Schüler auf den Vortrag vor? Wenn ja, wie?

Lehrerantworten	Anzahl	Prozent
Ja	98	98
Nein	1	1
Keine Angabe	1	1
Gesamtzahl der Antworten	100	100

Tabelle 3: Verteilung der Lehrkräfte, die ihre Schüler auf Referate vorbereiten / nicht vorbereiten

Lehrerantworten	Anzahl	Prozent
Praktische Rhetorikübungen	36	40
Theoretische Vorbereitung	29	33
Halten / zeigen von Beispielreferaten	13	15
Bewertungskriterien	10	11
Korrekturvorschläge nach jedem Referat	1	1
Gesamtzahl der Antworten	89	100

Tabelle 4: Vorbereitungsmethoden der Lehrkräfte für die Schülerreferate

Von den Lehrkräften, die Schülerreferate halten ließen, gab nur eine Lehrkraft an, die Schüler nicht darauf vorzubereiten. Von einer anderen Person lag diesbezüglich keine Angabe vor. Alle anderen gaben an, die Schüler mehr oder weniger intensiv auf die Vortragssituation vorzubereiten. Die genannten Vorbereitungsmethoden ließen sich in fünf Gruppen unterteilen.

Fast die Hälfte der Befragten, die Referate halten lassen (36 von 82 Personen), gaben an, mit den Schülern praktische Rhetorikübungen durchzuführen. 29 mal führten Lehrkräfte eine theoretische Vorbereitung der Schüler auf den Vortrag an, z.B. mit mündlichen Ratschlägen zur Präsentation, Infoblättern oder Material zum Thema. 13 Lehrkräfte notierten, dass sie selbst ein oder mehrere Probereferate hielten oder Beispielreferate auf Video zeigen würden, die anschließend gemeinsam mit den Schülern besprochen würden. Die Schüler Kriterienkataloge zur Bewertung der Referate erarbeiten zu lassen, oder ihnen diese vorzugeben und zu besprechen, gaben zehn der Befragten an. Ein Proband schließlich schrieb, dass er nach jedem Referat Korrekturvorschläge für die folgenden Referate geben würde.

Die dritte Frage galt der Zufriedenheit der Lehrkräfte mit der Qualität der Schülervorträge. Die Antworten zu dieser Frage wurden zur Auswertung in die folgenden fünf Kategorien unterteilt: „ja", „eher zufrieden", „teils teils", „eher unzufrieden" und „nein".

Frage 3: Sind Sie insgesamt mit der Qualität der Schülervorträge zufrieden?

Lehrerantworten	Anzahl	Prozent
Ja	25	25
Eher zufrieden	14	14
Teils teils	29	29
Eher unzufrieden	7	7
Nein	7	7
Keine Angabe	18	18
Gesamtzahl der Antworten	100	100

Tabelle 5: Zufriedenheit der Lehrkräfte mit der Qualität der Schülervorträge

Fast die Hälfte der befragten Lehrkräfte, die Referate im Unterricht halten lassen (39 von 82 Personen), gab an, mit den Schülervorträgen „eher zufrieden" bis „ja" zufrieden zu sein. Ganz unterschiedlich („teils teils") empfanden 29 Personen die Qualität der Präsentationen. Dabei wurde die Qualität der Schülerbeiträge auch mit bestimmten Voraussetzungen der Schüler oder der Stärke der Motivation in Verbindung gebracht („Die Qualität ist stark abhängig von der jeweiligen schulischen Vorbildung. Real- und Gymnasialausbildung bringt gute Ergebnisse. Hauptschulausbildung korreliert oft mit ‚sprachlosen' Vorträgen"; „sehr verschieden, wenn es um Noten geht, meist gut, bei einzeln benoteten Kurzvorträgen oft lustlos"). „Eher unzufrieden" bis unzufrieden („nein") waren die übrigen 14 Probanden mit den Vorträgen ihrer Schüler („Wer ist das schon! Die Tatsache eines zu halten, ist für viele schon Leistung").

Frage vier sollte Aufschluss darüber geben, ob das Halten von Referaten bei den Schülern für die Lehrer erkennbare Lernerfolge erzielt. Bei den Antworten zur zweiten Teilfrage der vierten Frage wurden Mehrfachnennungen berücksichtigt.

Frage 4: Glauben Sie, dass das Halten von Referaten bei den Schülerinnen und Schülern einen Lernerfolg erzielt? Wenn ja, welchen?

Lehrerantworten	Anzahl	Prozent
Ja	80	80
Nein	2	2
Keine Angabe	18	18
Gesamtzahl der Antworten	100	100

Tabelle 6: Verteilung der Lehrkräfte hinsichtlich ihres Glaubens an den Lernerfolg von Referaten bei Schülern

Lehrerantworten	Anzahl	Prozent
Sicherheit im Vortrag	55	33
Selbstständiges Arbeiten	31	19
Mehr Interesse	19	12
Mehr Selbstvertrauen	16	10
Besser strukturieren können	14	9
Sprachkompetenz	13	8
Selbsterfahrung	12	7
Erfolgserlebnis	2	1
Teamgeist	2	1
Gesamtzahl der Antworten	164	100

Tabelle 7: Lernerfolge bei Schülern durch das Halten von Referaten aus Sicht der Lehrkräfte

Vom Lernerfolg der Schüler durch das Halten von Referaten waren alle Befragten, die Referate halten lassen, bis auf zwei („das Vorbereiten ja ..., das Halten nein"; „Lernerfolg nicht im Hinblick auf das Auftreten vor Gruppen ...") überzeugt.

Die Antworten auf die Frage nach der Art der Lernerfolge fielen sehr vielfältig aus. Daher wurden sie in neun verschiedene Kategorien unterteilt. Über die Hälfte (55 Personen) sahen eine erhöhte Sicherheit im Vortragen, Präsentieren bzw. Sichdarstellen. 31 der Befragten meinten, dass das Erstellen und Halten von Referaten das selbstständige Arbeiten fördere. Die intensivere Auseinandersetzung mit einem bestimmten Thema, verstärktes Interesse für eine Sache und erhöhte Motivation, sowohl beim Vortragenden als auch bei den Zuhörern, nannten 19 Personen. 16 Befragte gaben an, dass das Halten von Referaten das Selbstvertrauen der Referierenden stärkt. In eine ähnliche Richtung gingen die Äußerungen von zwei Probanden, die als Lernerfolg speziell die Anerkennung bzw. das Erfolgserlebnis eines gehaltenen Referats sahen. In der Reihenfolge der Nennungen (14, 13 und 12 Personen) wurden als weitere Lernziele folgende genannt: Schüler lernen Inhalte zu strukturieren, Wichtiges von Unwichtigem zu unterscheiden bzw. zielgerichtet zu arbeiten. Weiterhin wurden die Verbesserung der Ausdrucksfähigkeit, der Kommunikationsfähigkeit und der Sprachkompetenz genannt. Schließlich meinten zwölf der Befragten sogar, dass das Halten von Referaten zur Bildung der Persönlichkeit beitrage bzw. eine wichtige Selbsterfahrung darstelle. Zweimal wurde auch die Förderung des Teamgeistes als Lernziel genannt, wobei nicht klar ist, ob damit das Einzelreferat oder vielleicht eher Gruppenpräsentationen gemeint waren.

Die fünfte Frage sollte klären, ob die Lehrkräfte den Schülern auch über das Referat hinaus weitere Möglichkeiten zur gezielten Schulung ihrer kommunikativ-rhetorischen Fähigkeiten bieten. Bei der zweiten Teilfrage, in welcher Form sie das tun, wurden Mehrfachangaben in die Ergebnisbeschreibung einbezogen. Die Antworten dieser Frage waren sehr vielfältig. Letztendlich konnten die Lehrerantworten zu dieser Frage in neun Antwortkategorien zusammengefasst werden.

Frage 5: Geben Sie den Schülerinnen und Schülern neben dem Referat weitere Möglichkeiten, ihre Ausdrucks- und Präsentationsfähigkeiten im Unterricht zu erproben? Wenn ja, in welcher Form?

Lehrerantworten	Anzahl	Prozent
Ja	83	83
Keine Angabe	17	17
Gesamtzahl der Antworten	100	100

Tabelle 8: Verteilung der Lehrkräfte, die ihren Schülern weitere Möglichkeiten zur Erprobung ihrer Ausdrucks- und Präsentationsfähigkeiten geben

Lehrerantworten	Anzahl	Prozent
Präsentation von Gruppen- und Einzelarbeitsergebnissen	47	40
Andere Kurzpräsentationen	23	20
Rollen- bzw. Planspiele / szenisches Spiel	15	13
Diskussionen	10	9
Vorlesen lassen	7	6
Verbalisierung / Visualisierung	5	4
Mündliche Mitarbeit	4	3
Gedichtvorträge	3	3
Rede- bzw. Kommunikationsübungen	2	2
Gesamtzahl der Antworten	116	100

Tabelle 9: Weitere Möglichkeiten zur Erprobung der Ausdrucks- und Präsentationsfähigkeiten

Fast die Hälfte (47 von 82 Personen) aller Befragten gab an, ihre Schüler Einzelarbeits- bzw. Gruppenarbeitsergebnisse vor der Klasse präsentieren zu lassen. Andere Kurzpräsentationen, auch mit Power-Point, fanden bei 23 Personen der Befragten nach eigenen Angaben im Unterricht statt. Fünfmal wurde auch die Unterrichtseinheit zur Verbalisierung und Visualisierung[3] als Möglichkeit zu kleinen Präsentationen aufgeführt. Die mündliche Mitarbeit im Unterricht wurde explizit von vier Befragten als Möglichkeit der Förderung der Ausdrucksfähigkeit genannt. Fünfzehnmal wurden Rollen- bzw. Planspiele und das szenische Spiel angegeben. Diskussionen erschienen auf zehn Fragebögen. Vorlesen lassen wiederum nannten sieben der Befragten. Immerhin drei der Befragten gaben an, ihre Schüler Gedichte vortragen zu lassen, was an der Berufsschule eher ungewöhnlich ist. Zweimal tauchten jeweils die Rede und Kommunikationsübungen auf. Vereinzelt gab es noch Nennungen, die sich nicht einfach in die genannten Kategorien einordnen lassen, wie offener Unterricht, Argumentationstraining oder ganz schlicht „in ganzen Sätzen antworten".

---

[3] Visualisierung und Verbalisierung sind im Lehrplan von Baden-Württemberg Themen in Fachstufe 2.

Die sechste und letzte Frage sollte zeigen, für wie wichtig die Lehrer das Erlernen von Präsentationsfähigkeiten, gerade bei Berufsschülern, erachten, da diese Frage Aufschluss für ihren Umgang mit dem Thema im Unterricht liefern könnte.

Frage 6: Wie wichtig finden Sie das Erlernen von Ausdrucks- und Präsentationsfähigkeiten an Berufsschulen – auch im Vergleich zu anderen Schulformen?

Lehrerantworten	Anzahl	Prozent
Sehr wichtig	48	48
Eher wichtig	34	34
Kann ich nicht beurteilen	1	1
Keine Angabe	17	17
Gesamtzahl der Antworten	100	100

Tabelle 10: Verteilung der Lehrkräfte hinsichtlich ihrer Ansicht über die Wichtigkeit des Erlernens von Ausdrucks- und Präsentationsfähigkeiten an Berufsschulen

Die Antworten auf diese letzte Frage fielen vergleichsweise homogen aus.
Fast die Hälfte aller Befragten (48 Personen) hielt nach eigenen Angaben das Erlernen von Ausdrucks- und Präsentationsfähigkeiten an der Berufsschule für sehr wichtig ("finde ich sehr wichtig, da es im Berufsleben eine große Rolle spielt"; "elementar wichtig, die Ausdrucksfähigkeit oft kläglich gering, allerdings meist nicht nach Ansicht der betroffenen Schüler"). Als wichtig kennzeichneten es, bis auf eine Person ("kann ich aufgrund meiner noch recht kurzen Unterrichtspraxis noch nicht beurteilen"), weitere 34 Befragte ("wichtig, vor allem für Berufsrichtungen, die mit Publikum zu tun haben"; "wichtig, da besonders in fortgeschrittener beruflicher Laufbahn solche Kenntnisse in vielen Betrieben verlangt werden, besonders in Großbetrieben der Industrie"). Allerdings wurden hier durchaus auch Einschränkungen hinsichtlich der Bedeutung der Präsentationsfähigkeit für Berufsschüler gemacht ("ist generell wichtig, weniger natürlich als bei Schulformen mit höherwertigen Abschlüssen"; "auch für Berufsschüler erscheint mir eine angemessene Ausdrucks- und Präsentationsfähigkeit wichtig, steht aber für mich nicht so im Vordergrund, wie in der Oberstufe, die auf eine Hochschulreife hin arbeitet"), ebenso hinsichtlich der praktischen Durchführung im Unterrichtsalltag ("wichtig, jedoch wegen Zeitdruck und Rahmenbedingungen nur begrenzt möglich"; "... trotzdem bleibt wenig Zeit, zumal die in Tests und Klassenarbeiten abfragbare u.v.a. benotbare Wissensvermittlung an der Berufsschule Vorrang hat ..."; "sollte auch in Berufsschulen praktiziert werden, häufig aber ein Zeitproblem"). Keiner der Befragten

gab an, das Erlernen von Ausdrucks- und Präsentationsfähigkeiten an Berufsschulen für unwichtig zu halten.

3.6.3 Zusammenfassung der Ergebnisse

Hier sind die wichtigsten Ergebnisse der Lehrerbefragung noch einmal thesenartig zusammengefasst:

- Die meisten Lehrer lassen die Schüler Referate im Deutschunterricht halten und bereiten sie auch im Unterricht darauf vor.
- Zeitmangel ist der Hauptgrund, warum manche der Befragten keine Referate im Deutschunterricht halten lassen.
- Die Vorbereitung findet bei den einzelnen Lehrern sehr unterschiedlich statt, sowohl vom zeitlichen als auch vom methodischen Rahmen her.
- Erfolg oder Misserfolg bei den Schülervorträgen wird häufig nicht auf den vorangegangenen Unterricht bezogen, sondern auf Motivation und Vorbildung der Schüler im rhetorischen Bereich.
- Die Lernerfolge der Vorträge werden von den Befragten sehr vielfältig gesehen, Schwerpunkte liegen auf der Verbesserung der Vortrags- bzw. der Präsentationsfähigkeit und der Persönlichkeitsentwicklung.
- Die Lehrkräfte setzen viele verschiedene Methoden ein, um die Ausdrucks- und Präsentationsfähigkeit der Schüler zu verbessern, allerdings in sehr unterschiedlichem Maß.
- Fast alle halten das Erlernen von Ausdrucks- und Präsentationsfähigkeiten an Berufsschulen für wichtig, auch im Vergleich zu anderen Schulformen.

3.6.4 Interpretation der Ergebnisse

Welche Erkenntnisse kann man nun aus den vorangegangenen, sehr vielfältigen Antworten für die folgende Untersuchung gewinnen? Zunächst einmal gilt es festzustellen, dass immerhin rund 20 % der Befragten überhaupt keine Referate halten lassen, obwohl dies im Lehrplan vorgesehen ist. Dabei lassen die Begründungen auf die Frage, warum die Lehrkräfte keine Referate halten lassen, den Rückschluss zu, dass die Tatsache weniger darauf zurückzuführen ist, dass die entsprechenden Lehrkräfte dies nicht für wichtig hielten. Vielmehr entsteht der Eindruck, dass sie sich mit dieser Unterrichtseinheit entweder zeitlich oder inhaltlich überfordert fühlen. Es gilt also die Frage zu klären, ob es nicht auch im zeitlich begrenzten Rahmen des Deutschunterrichts an Berufsschulen möglich ist, dieses Unterrichtselement sinnvoll zu unterrichten. Wichtig wäre es in diesem Zusammenhang wohl auch, den Lehrkräften konkretere Hinweise, sowohl zeitliche als auch inhaltliche, für das Schulen von Redefähigkeiten zu geben, um sie zu ermutigen, dies verstärkt in ihrem Unterricht zu etablieren. Eine Notwendigkeit, die durch die Tatsache verstärkt wird, dass immer wieder Lehrkräfte fachfremd unterrichten müssen. Dies ist eine zusätzliche Schwierigkeit, die kennzeichnend für den Alltag an Berufsschulen ist und die besonders berücksichtigt werden muss.

Die Antworten zu den Fragen zwei und drei unterstützen diese Erkenntnis ebenfalls. So zeigen die Antworten zur zweiten Frage, dass sich fast alle Lehrkräfte bemühen, ihren Schülern Rüstzeug für Darstellungs- und Präsentationssituationen an die Hand zu geben. Die Fülle und die Zusammenstellung der Antworten zeigt allerdings, dass es hier offenbar keine einheitlichen Vorstellungen über die richtigen Unterrichtsmethoden zum Erlernen dieser Qualifikationen gibt. Anders als im Grammatik- oder Aufsatzunterricht, fehlt es im Rhetorikunterricht anscheinend an klaren Vorgaben, wie diese Fähigkeiten am besten gefördert werden können. Zum einen gibt es in der Fachliteratur zwar Hinweise zum Lehren von Präsentations- und Kommunikationsfähigkeiten (siehe Kapitel 3.2), aber diese haben bislang wenig Eingang in die Schulbücher gefunden (siehe Kapitel 3.5) und sind so vielen Lehrern nicht wirklich präsent. Zum anderen gibt es keine Studien darüber, inwiefern sich die jeweiligen Unterrichtsmethoden in der Praxis bewährt haben, sodass jeder Lehrer hier auf seine eigenen Versuche mit den jeweiligen Unterrichtsmethoden angewiesen ist. Das spiegeln auch die Antworten im Fragebogen wider, die zeigen, wie unterschiedlich die Befragten das Thema im Unterricht angehen und wie verschiedene Methoden ganz unterschiedlich miteinander kombiniert werden.

Bemerkenswert ist es auch, dass einige der Befragten die Qualität der Vorträge eher mit den Voraussetzungen der Schüler, wie ihrem Schulabschluss, in Verbindung bringen als mit dem durchgeführten Unterricht. Das zeigt, dass viele Lehrer nicht den Eindruck haben die Leistung ihrer Schüler wirklich beeinflussen zu können.

Von den vielfältigen Lernerfolgen, die durch das Halten von Referaten erzielt werden können, sind jedoch, wie die Umfrage zeigt, die meisten Befragten dennoch überzeugt. Unabhängig davon, wie die Referate im Unterricht vorbereitet wurden, scheint, aus der Sicht der Lehrkräfte, allein das Halten eines Referats für die Schüler eine ganz wichtige Erfahrung zu sein. Diese Vermutung wird dadurch bestätigt, dass viele Lehrkräfte den Lernerfolg weniger im Bereich der kognitiven Lernziele sehen, sondern vielmehr im Bereich der sozialen. Dieser engen Verknüpfung von Persönlichkeit und Präsentation muss daher auch in der Vorbereitung der Schülervorträge besonders Rechnung getragen werden. Für rund 33 % der Befragten steht dennoch das Lernziel der sicheren Präsentation bzw. Darstellung im Vordergrund, was eine Leitlinie zur sinnvollen und gezielten Vorbereitung von Vortragssituationen wiederum besonders bedeutend macht.

Das zeigt sich bei der Beantwortung der Frage nach den weiteren Möglichkeiten der Ausdrucks- und Präsentationsschulung innerhalb des Unterrichts. Hier werden von den Lehrkräften wieder viele verschiedene Möglichkeiten angeboten. Diese wirken teilweise eher ungezielt eingesetzt, da man aus ihnen keine Förderung spezieller rhetorischer Fähigkeiten erkennen kann. Auch hier scheint ein Leitfaden zu fehlen. Unterstützt wird dieser Eindruck durch die sehr unterschiedliche Häufung solcher Schulungsmöglichkeiten. So bieten einige Lehrer eine ganze Palette von Unterrichtsmethoden an, während andere sich mit der bloßen mündlichen Mitarbeit ihrer Schüler zufrieden geben. Das macht deutlich, dass sich viele Lehrkräfte nicht darüber mit Klaren sind, wie sie die Schüler auch unabhängig von der Unterrichtseinheit Referat sinnvoll in ihren mündlichen Sprachkompetenzen fördern könnten und sollten.

Dass aber gerade diese Förderung ein Anliegen der Befragten ist, wird aus den Antworten zur letzten Frage deutlich. Wenn die Präsentationsfähigkeiten der Schüler unzureichend gefördert werden, dann liegt das nicht daran, dass es die Lehrer nicht als wichtig ansehen würden. Schließlich sind alle der Befragten (sogar eine der Personen, die keine Referate im Unterricht halten lässt) von der Wichtigkeit der Förderung dieser sprachlichen Qualitäten überzeugt. Vielmehr unterstützen diese Umfrageergebnisse die Feststellungen einiger Autoren, die schon seit geraumer Zeit die mangelnde Lehreraus- und -fortbildung im Bereich rhetorischer Kommunikation für die mangelhaften Schülerleistungen verantwortlich machen. So stellt Wagner bereits 1997 fest, dass die Umsetzung der Bildungsplanziele nicht zuletzt davon abhinge, wie gut die Lehrkräfte ausgebildet seien (WAGNER, 1997). Zu diesem Zweck sei jedoch das Angebot im Bereich Sprecherziehung für Lehramtskandidaten viel zu gering (WAGNER, 1997), woran sich in den vergangenen zehn Jahren nicht viel geändert hat. Auch kritisiert Büttner, „dass die meisten – um nicht zu sagen: fast alle – Lehrerinnen und Lehrer keine Ausbildung erhalten haben in Sprechtechnik, Schauspiel und Rhetorik. Praxisbezogene Fort- und Weiterbildungen zu diesem Bereich werden spärlich angeboten, obgleich die Nachfrage bei Lehrkräften, die Akzeptanz rhetorischer Übungen im Unterricht bei Eltern, Schülerinnen und Schülern sehr groß ist" (BÜTTNER, 1999, S. 351). Wagners Aufforderung an die Deutsch-Lehrkräfte lautet daher, „sich durch individuelle Lektüre bzw. durch den Besuch von Fortbildungsveranstaltungen besser zu qualifizieren" (WAGNER, 1997, S. 113). Bedersdorfer gibt eine bessere Anregung, die jedoch auf eine praktische Umsetzung noch wartet, nämlich die Sprechwissenschaft in die Lehrerbildung einzubeziehen (BEDERSDORFER, 2004). Die Aufgabenfelder für Sprechwissenschaftler in der Lehrerbildung sieht Bedersdorfer in folgenden Bereichen (BEDERSDORFER, 2004):

- Sprecheignungstests für Lehramtsstudierende und bei Bedarf Stimmförderung oder auch Zusammenarbeit mit entsprechenden Fachärzten
- Mitwirkung bei Ausbildungsmodulen, die der Entwicklung kommunikativer und beraterischer Kompetenzen dienen
- Fachdidaktik Deutsch in allen Phasen der Lehrerbildung

Diese Forderungen sollten so schnell wie möglich in die Praxis umgesetzt werden, denn es ist bereits seit der Antike bekannt, dass das „Lehrerverhalten im allgemeinen und Lehrervortrag (in allen seinen methodischen Varianten) im besonderen für Schüler Modelle und Vorbilder in Rede- und Gesprächsverhalten" (KOPFERMANN, 1998, S. 58) darstellen. Deshalb sollten die Lehrkräfte ihre eigene Stimme und Sprechweise kennen und sich ihre Wirkung auf die Schüler bewusst machen (PABST-WEINSCHENK, 2000).

4 Zielsetzung der Videoanalyse, Unterrichtsdesign und Hypothesenbildung

Ja, bei mir persönlich hat es [die Schulungsmöglichkeiten der Präsentationsfähigkeiten] ausgereicht, es gibt aber bestimmt einige Schulkollegen, die kommunikativ weniger begabt sind, die müssten mehr gefördert werden.
(Aline, 22 Jahre, H2 RF 1T)

Die vorangegangenen Kapitel haben gezeigt, warum empirische Untersuchungen der Unterrichtsmethoden zur Rhetorikschulung so wichtig sind. Dennoch kritisiert Ueding zu Recht, dass „man von einer Evaluation, die diesen Namen verdient, also von einer wirklich fach- und sachgerechten Bewertung der Unterrichtsprogramme und des Erfolges rhetorischer Trainingskurse noch nichts gehört hat" (UEDING, 1995, S. 86).

Die folgende Untersuchung möchte mit ihren Ergebnissen erste Lösungsansätze für die Probleme aus der Unterrichtspraxis aufzeigen, indem sie drei verschiedene Unterrichtsmodelle auf ihre Tauglichkeit für das Erlernen von Ausdrucks- und Präsentationsfähigkeiten hin untersucht. Dabei soll im Einzelnen geklärt werden, mit welchen Unterrichtsmethoden die Rhetorikfähigkeiten von Schülern am effektivsten gefördert werden können. Wichtig ist auch die Frage, ob und wie man trotz Zeitmangels effektiven Rhetorikunterricht durchführen kann. Auch dafür soll die Studie hilfreich sein.

Zur Beantwortung dieser Fragen wurde folgendes Untersuchungsdesign entwickelt: In drei Unterrichtsreihen werden verschiedene Methoden zur Rhetorikschulung eingesetzt und ihre Wirksamkeit anhand von Videoaufzeichnungen miteinander verglichen. Dabei werden verschiedene Aspekte, die einen rhetorisch guten Vortrag ausmachen, untersucht, um festzustellen, welche Aspekte mit welchen Unterrichtsmethoden am besten gefördert werden können.

Die Unterrichtskonzepte sind für den Einsatz an der Berufsschule entwickelt worden. Dabei sind sie so konzipiert, dass sie grundsätzlich auch in allen allgemeinbildenden Schularten durchführbar sind.

Die erste Unterrichtsreihe soll den „klassischen" Referatunterricht an Berufsschulen repräsentieren. Grundlage für die Entwicklung dieser Reihe sind die Auswertungsergebnisse der Lehrerumfrage sowie eigene Erfahrungswerte aus der Berufspraxis. In einer weiteren Unterrichtsreihe wird das Unterrichtskonzept der ersten Reihe durch gezielte Rhetorikübungen ergänzt.

Die dritte Unterrichtsreihe basiert auf dem Unterrichtsprinzip „Lernen durch Lehren".

In den weiteren Ausführungen werden die zu untersuchenden Unterrichtskonzepte folgendermaßen bezeichnet:

1. Referatunterricht
2. Referatunterricht mit Rhetorikübungen
3. Referatunterricht mit Lernen durch Lehren (LdL)

Im Rahmen dieser drei Unterrichtsreihen halten die Schüler jeweils zu Beginn der Reihe einen Kurzvortrag von knapp fünf Minuten und am Ende der Reihe

ein etwa zehnminütiges Referat. Diese Schülervorträge werden mit der Videokamera aufgezeichnet und anhand eines dafür entwickelten Kriterienkatalogs
ausgewertet.

4.1 Bewertungskriterien für die Schülervorträge

„Es gibt nicht den guten Redner, sondern jeder hat seine eigenen Stärken und
Schwächen, die er im Laufe seines Lebens erworben hat. Das Reden ist Teil der
Persönlichkeit. Deshalb ist das Ziel jeder rhetorischen Bildung: natürliche, si-
chere Selbstdarstellung, um mit anderen in den verschiedenen Rede- und Ge-
sprächsformen gemeinsam handeln zu können" (PABST-WEINSCHENK, 1995,
S. 10).
Die Wirkung eines Vortrags kann sehr unterschiedlich sein. Je nachdem, worauf
der Zuhörer persönlich besonderen Wert legt, fällt es ihm beim Vortragenden
auf. Daher gibt es bekanntermaßen keine rhetorischen Patentrezepte für einen
gelungenen Vortrag. Da das Reden eine sehr komplexe Tätigkeit ist, gibt es sehr
viele Aspekte, die einen guten Vortrag ausmachen.
Für diese Studie wurden folgende Aspekte zur Untersuchung ausgewählt:
Sprache
      Artikulation
      Modulation
      Ausdrucksweise
      Sprechtempo / Pausen
      Sprechfluss
Körper
      Blickkontakt
      Körperhaltung
      Bewegung im Raum
      Gestik
Präsentation
      Medieneinsatz vorhanden / Medieneinsatz sinnvoll
      Mediengestaltung
      Moderation
      Freier Vortrag
Souveränität des Vortrags

4.1.1 Sprache

Die Sprache ist eines der wichtigsten Kommunikationsmittel zwischen Menschen, besonders wenn es um die Vermittlung von komplexeren Gedanken geht,
wie das bei der Rede oder dem Referat der Fall ist. Werden im Hinblick auf die
Sprache bestimmte Kriterien beachtet, kann das die sprachliche Kommunikation
erleichtern.

4.1.1.1 Artikulation

Damit das Publikum eine Rede verstehen kann, muss der Sprecher deutlich sprechen. Eine besonders auffällige Aussprache sollte das Publikum nicht vom Inhalt des Vortrags ablenken. Pabst-Weinschenk stellt verschiedene Formen von Aussprachestörungen mit bildhaften Namen vor: „Flüster-Libellchen, Endungsschlucker-Karpfen, Lispel-Schlangen, Zappel-Oktopusse, Nuschel-Dromedare, Kau-Büffel, Nasen-Bärchen, Zementzahn-Krokodile und Spuck-Lamas" (PABST-WEINSCHENK, 1995, S. 94). Da, wie Pabst-Weinschenk feststellt, diese schlechten Sprechweisen zumeist nicht angeboren seien, könnten sie wieder abgewöhnt werden (PABST-WEINSCHENK, 1995). Die Untersuchung einer Veränderung der Artikulation bzw. der Aussprache bei Schülern vor und nach einer Unterrichtsreihe zur kommunikativen Rhetorik ist somit sehr aufschlussreich. Sprechauffälligkeiten, wie sie hier genannt wurden, sind nicht mit Dialektanklängen gleichzusetzen. Pabst-Weinschenk macht deutlich, „ob ein Redner mehr oder weniger mundartlich oder umgangssprachlich redet, ist Ausdruck seiner Persönlichkeit. Versucht jemand, der sonst immer mehr mundartlich gefärbt spricht, in einer Rede alles korrekt hochdeutsch zu artikulieren, wirkt es künstlich, unecht und nicht mehr glaubwürdig" (PABST-WEINSCHENK, 1995, S. 94). Dennoch gilt die Regel, „je offizieller die Rede und je größer der Zuhörerkreis ist, um so mehr wird man sich automatisch der allgemein üblichen Standardaussprache annähern" (PABST-WEINSCHENK, 1995, S. 94). Das gilt auch für einen Kurzvortrag in der Schule und wird somit in dieser Studie in angemessenem Rahmen mitberücksichtigt. „Fremde Akzente, d.h. die Aussprache des Deutschen mit Merkmalen einer anderen Muttersprache, fallen dagegen bei der Bewertung nicht negativ ins Gewicht, da diese meist nur mit erheblichem Aufwand abzuschwächen sind" (DIELING / HIRSCHFELD, 2000).

4.1.1.2 Modulation

Der Begriff Modulation umfasst in diesem Zusammenhang die Lautstärke und die Betonung beim Sprechen. Wichtig ist, dass der Sprecher nicht ständig in der selben Lautstärke spricht. So wirkt ein Wechsel zu leiserem Sprechen besonders eindringlich und erhöht die Aufmerksamkeit der Zuhörer, kurzfristiges Lauterwerden kann die Bedeutung bestimmter Inhalte wirkungsvoll hervorheben, da im Deutschen mit der Lautstärke betont wird (PABST-WEINSCHENK, 1995). Inhalte, die dem Redner besonders wichtig sind, muss er deutlich betonen. Dabei gilt: Wichtig ist immer das, was neu oder anders ist als bisher. Die richtige Betonung entsteht somit immer aus dem Satzzusammenhang heraus. Häufige Betonungsfehler sind nach Pabst-Weinschenk insbesondere immer gleichförmig das letzte Wort einer Äußerung zu betonen oder alles zu stark zu betonen. In beiden Fällen können die Zuhörer nicht mehr zwischen Wesentlichem und Unwesentlichem unterscheiden und werden irgendwann innerlich abschalten, wenn ein Vortrag in immer gleicher Weise auf sie einwirkt (PABST-WEINSCHENK, 1995).

4.1.1.3 Ausdrucksweise

Der Begriff „Ausdrucksweise" muss erweitert werden zu „der Situation angemessener Ausdrucksweise". Bewertet wird hier, inwieweit der Referent in der Lage ist, seine Ausdrucksweise der Situation, dem Thema und dem Publikum anzupassen. Dabei wird nicht auf rhetorische Figuren im klassischen Sinne geachtet, sondern lediglich auf die allgemeine Verständlichkeit. Das bedeutet u.a. kurze Sätze, wenige Fremdwörter und diese erklären können, wenige Floskeln und Füllwörter, sich auf das Wesentliche beschränken.

4.1.1.4 Sprechtempo / Pausen

Meistens sprechen Redner zu schnell, weil sie die Vortragssituation möglichst schnell hinter sich bringen möchten. Das spürt auch der Zuhörer, der zudem Mühe hat, bei dem hohen Tempo alles mitzubekommen, und deshalb abschaltet. Das Sprechtempo ist eng mit der Aussprache verbunden. Bemüht sich der Redner alles deutlich auszusprechen, wird er meistens nicht zu schnell. Pabst-Weinschenk empfiehlt dazu Folgendes: „Besonders wichtige oder auch feierliche Gedanken werden langsamer gesprochen; Nebensächliches kann schneller gesprochen werden. Immer wenn ein neuer Abschnitt beginnt, legt man eine längere Pause ein. Grundsätzlich gilt: Je langsamer gesprochen wird, desto mehr kleine Pausen entstehen in einem Satz" (PABST-WEINSCHENK, 1995, S. 96).

4.1.1.5 Sprechfluss

Das jeweilige Sprechtempo eines Redners hängt mit der individuellen Geschwindigkeit beim Sprechdenken zusammen. Manche Menschen können schneller (sprech-)denken als andere, dementsprechend sind die Pausen, die den Sprechfluss gliedern länger oder kürzer. Diese individuellen Unterschiede sind für den Vortrag kein Problem, es sei denn, die Pausen werden vom Redner mit Füllwörtern vollgestopft. Das wird von Zuhörern generell als störend empfunden, da auch diese die Pausen brauchen, um das Gesagte zu verarbeiten (PABST-WEINSCHENK, 1995).

4.1.2 Körper

Nach wie vor spielt die nonverbale Kommunikation als Thema im Deutschunterricht keine große Rolle. Dabei wurde die elementare Bedeutung der nichtsprachlichen Kommunikationsmittel bereits erläutert. Ihre Beachtung und Schulung ist somit für einen umfassenden Unterricht in rhetorischer Kommunikation unerlässlich.

4.1.2.1 Blickkontakt

Der Blickkontakt spielt beim Sprechen eine große Rolle, besonders am Anfang und am Ende einer Kommunikation. Während einer Unterhaltung bzw. eines Vortrags besteht eine regelmäßige Verbindung zwischen Reden und Schauen (ARGYLE, 2005). Das Schauen, so Argyle, diene dazu, an wichtigen Punkten ein Feedback aufzunehmen, außerdem diene es als synchronisierendes Signal und als ein Signal, das das Sprechen begleite und kommentiere (ARGYLE 2005). Man hat herausgefunden, dass man beim Zuhören doppelt so viel schaut wie beim Sprechen. Den Grund dafür sieht Argyle darin, dass der Sprechende nicht ständig abgelenkt werden wolle und deshalb nur bei bestimmten wichtigen Punkten seiner Äußerungen nach Feedbacksignalen schaue (ARGYLE, 2005). Weitere Phänomene zum Blickkontakt wurden festgestellt: Am Ende seiner Äußerungen blickt man auf, um ein Feedback zu erhalten und den anderen zugleich zu zeigen, dass man aufhören will zu sprechen. Bei grammatischen Zäsuren schaut man kurz auf, wobei der Zuhörer andere begleitende Signale gibt, um seine Bereitschaft weiter zuzuhören anzuzeigen. Wenn man zögert oder ins Stocken gerät, sieht man weg, vermutlich um den Einfluss ablenkender Informationen zu vermeiden. Wenn man kurze Fragen stellt, Aufmerksamkeitssignale sendet oder lacht, schaut man dagegen auf. Bei versuchten Unterbrechungen besteht wiederum gegenseitiger Augenkontakt (ARGYLE, 2005).
Die Fähigkeit zum situationsgemäßen Blickkontakt ist in erster Linie eine Frage des emotionalen Zustands. Eine Vermeidung des Blicks, so Argyle, begleite negative Gefühle wie Angst, Scham und Verlegenheit (ARGYLE, 2005), ein Phänomen, das bei ungeübten Rednern häufig zu beobachten ist und von den Zuhörern negativ wahrgenommen wird. Daher ist es für einen gelungenen Vortrag wichtig, dass der Redner seine Zuhörer im Blick behält. Der Blickkontakt ist mit das wichtigste Mittel, den Kontakt zu den Zuhörern aufrecht erhalten und auf ihre Reaktionen eingehen zu können. Daher empfiehlt Pabst-Weinschenk, weder ständig nach unten auf das Manuskript noch nach oben in eine Raumecke zu sehen, sondern den Blick ruhig zwischen den Zuhörern hin und her wandern zu lassen, damit sich jeder angesprochen fühlt (PABST-WEINSCHENK, 1995). So ist auch eine kurze Pause mit intensivem Blickkontakt oft wirkungsvoller gegen Unruhe im Publikum als lauteres Sprechen.

4.1.2.2 Körperhaltung

Die Körperhaltung beim Sprechen bezeichnet Argyle als eine Art Verlängerung der Gesten, die aus größeren und langsameren körperlichen Bewegungen bestehen (ARGYLE, 2005). Argyle ordnet die Körperhaltung in ihrem Gewicht und in ihrer Funktion beim Sprechen zwischen den Gesten und dem räumlichen Verhalten ein. „Die Körperhaltung rahmt und definiert einen Interaktionsabschnitt, der länger ist als bei einer Geste und kürzer als bei einer räumlichen Stellung"

(ARGYLE, 2005, S. 264). In der Körperhaltung sieht Argyle nicht so sehr eine Form der Kommunikation, sondern sie drücke vielmehr die Beziehung zu den anderen aus. Auch Gesten können zu einer Veränderung der Körperhaltung führen, indem sie Veranschaulichungen geben, synchronisieren, Äußerungen kommentieren und ein Feedback zu den Äußerungen anderer geben (ARGYLE, 2005). Wie alle nonverbalen Kommunikationsmittel steht auch die Körperhaltung im Zusammenhang mit dem jeweiligen Gefühlszustand. Allerdings gebe es für die Körperhaltung, so Argyle, mächtige soziale Konventionen (ARGYLE, 2005). So sollte ein Vortrag im Stehen gehalten werden. Dabei sollte der Redner auf einen festen Stand und eine offene Haltung achten (PABST-WEINSCHENK, 1995). Da die Körpersprache nicht eindeutig ist, ist es schwierig, darüber hinaus Hinweise zur Körperhaltung zu geben. Wichtig ist es in erster Linie, Verkrampfungen abzubauen und Sicherheit aufzubauen.

4.1.2.3 Bewegung im Raum

Der Begriff „Bewegung" steht für das räumliche Verhalten des Redners, in diesem Fall seine Körperorientierung und die Distanz zum Publikum. Unter der Orientierung versteht man den Winkel, in dem jemand einem oder mehreren gegenübersteht. Besteht eine individuelle Wahlmöglichkeit des Standorts, kann diese durchaus als nonverbale Kommunikation angesehen werden (ARGYLE, 2005). Die so genannte öffentliche Zone, in der öffentliche Reden gehalten werden (somit auch Referate), beträgt einen Abstand von 3,5 Meter und mehr (ARGYLE, 2005).
Bewegungen im Raum dienen, nach Argyle, als Bewegungen der sozialen Interaktion (ARGYLE, 2005). Argyle hat festgestellt, dass sie sich von anderen nonverbalen Signalen dadurch unterscheiden, dass sie hauptsächlich Anfang und Ende von Interaktionsfolgen anzeigen und innerhalb von Interaktionsabschnitten normalerweise nicht geschehen (ARGYLE, 2005). Räumliches Verhalten gehöre, so Argyle, zu den sozialen Fertigkeiten (ARGYLE, 2005). Es geht darum, in Beziehung zu anderen Personen situationsgemäß die richtige räumliche Stellung einzunehmen. Für den Vortrag gilt dabei generell: Der Referent sollte sich einen oder mehrere Plätze suchen, zu denen möglichst alle eine gute Sicht haben. Inwieweit der Referent in der Lage ist, seine Rednerposition zu verändern oder auf die Zuhörer zuzugehen, ist, wie in den anderen Bereichen, auch eine Frage der Persönlichkeit. So benötigen psychisch labilere Menschen einen größeren persönlichen Raum als andere. Weiterhin hat man festgestellt, dass dominantere Menschen zentralere Plätze bevorzugen (ARGYLE, 2005).

4.1.2.4 Gestik

Die Gestik umfasst alle Gebärden der Arme und Hände sowie ihre Handlungen. Von allen nonverbalen Kommunikationssignalen ist die Gestik am engsten mit der Sprache verknüpft und am besten kontrollierbar (SCHUSTER, 2001). Vokales und gestisches Handeln kann unterschiedlich aufeinander bezogen sein. Die Gesten können das verbale Handeln unterstützen und verstärken, sie können ihm aber auch genau widersprechen oder sie sind völlig unabhängig von der verbalen Mitteilung (ARGYLE, 2005). Obwohl die Hände nicht so deutlich Gefühle transportieren können wie das Gesicht, können auch sie in gewissem Maße Gefühle zeigen. Eine der wichtigsten emotionalen Mitteilungen durch die Hände ist wahrscheinlich der Grad der Aufregung beim Sprechen. Angst kann zum Beispiel durch angespannte, verkrampfte Hände zum Ausdruck kommen (ARGYLE, 2005). Dies ist ein Problem für viele Redner, die sich damit eine natürliche Gestik blockieren. Ideal beim Vortrag wären Hände, die sich passend zum Inhalt bewegen. Obwohl die Gestik trainiert werden kann, sollte man sie nicht genau planen und kontrollieren. Da einstudierte Gesten einen Bruchteil später als spontane Gesten kommen, wirken sie unecht und übertrieben. Pabst-Weinschenk empfiehlt daher nicht bewusst zu gestikulieren, sondern nur auf eine offene Haltung zu achten, dann stelle sich die passende Gestik von selbst ein (PABST-WEINSCHENK, 1995).

4.1.3   Präsentation

Der Begriff „Präsentation" steht dafür, wie etwas, in diesem Fall ein Kurzvortrag bzw. Referat, dargeboten wird. Daher kann man erst von einem gelungenen Vortrag sprechen, wenn dieser zuhörergerecht gestaltet wurde. Dazu gehören, neben der Einbindung der Zuhörer in das Vortragsgeschehen, häufig auch die angemessenen Hilfsmittel, um den Vortrag anschaulich zu gestalten.

4.1.3.1 Medieneinsatz

Um die Aufmerksamkeit des Publikums aufrecht zu erhalten, sollten bei einem Vortrag möglichst viele Sinne angesprochen werden. Der Einsatz verschiedener Medien kann dafür hilfreich sein. Die Auswahl beim Medieneinsatz ist groß, umso schwieriger ist es, das geeignete Medium zur Unterstützung des Gesagten herauszufinden. Eine Gefahr besteht ebenfalls darin, zu viele Medien einzusetzen. Pabst-Weinschenk hat für den Medieneinsatz die wichtigsten Regeln zusammengestellt: „Weniger ist oft mehr! Optisch präsentieren muss man: Zahlenbeispiele, technische Aufbauten, Erklärungen, die die Zuhörer sich ohne die Anschauung nur schwer vorstellen können. Einfache Inhalte, die die Zuhörer mit ihrer Alltagserfahrung nachvollziehen können, können bei der visuellen Darstellung ausgespart werden" (PABST-WEINSCHENK, 1995, S. 86).

4.1.3.2 Mediengestaltung

Für die erwünschte Wirkung der Medien ist neben ihrer Auswahl ihre Gestaltung ebenso entscheidend. Das beginnt schon damit, dass die Medien für das Publikum gut wahrnehmbar sein müssen. Das heißt, der Referent muss auf die technische Qualität seiner Medien achten. Sinnvoll können auch unfertige Medien sein, die während des Vortrags gemeinsam mit den Zuhörern fertiggestellt werden, wie z.b. unvollendete Folien oder praktische Versuche. Dabei sind der Fantasie des Referenten keine Grenzen gesetzt, solange es dem besseren Verständnis des Inhalts dient.

4.1.3.3 Moderation

Der Begriff „Moderation" bedeutet „ausgleichende, mäßigende, harmonisierende Gesprächsleitung" (DUDENREDAKTION, 2000, S. 72). Für eine erfolgreiche Moderation benötigt der Moderator „methodische, psychosoziale und kommunikative Kompetenzen" (DUDENREDAKTION, 2000, S. 73). Auch ein Referat bzw. Kurzvortrag erfordert vom Referenten ein gewisses Maß an Moderationsfähigkeiten, wenn er nicht über die Köpfe der Zuhörer hinweg referieren will. Die wichtigsten Aspekte der Moderation sind die Gesprächsorganisation, die Beziehungsarbeit und das inhaltliche Geschehen (LÜSCHOW u.a., 2004). Für die Beurteilung der Schülerreferate bedeutet die Gesprächsorganisation eine ansprechende Begrüßung und Einführung in das Thema, eine klare Gliederung des Vortrags, den Umgang mit Zwischenfragen sowie ein deutlicher Abschluss des Referats. Die Beziehungsarbeit besteht für den Referenten darin, ein angenehmes Klima herzustellen, Übereinkünfte über Verfahrensfragen zu treffen und evtl. auch einmal persönlich Teilnehmer anzusprechen. Thematisch sollte der Vortragende so vorbereitet sein, dass er auch auf Rückfragen eingehen kann bzw. bei Bedarf Inhalte noch einmal darstellen und zusammenfassen kann. Je nach Medieneinsatz sind auch hier Moderationstechniken gefragt, wie z.B. beim gemeinsamen Erarbeiten von bestimmten Vortragsinhalten (LÜSCHOW u.a., 2004).
Besondere Schwierigkeiten haben viele Schüler bei der Begrüßung und beim Schluss ihres Referats. Deshalb werden diese beiden Aspekte bei der Beurteilung der Schülerreferate getrennt von der Moderation bewertet. Die Einleitung hat zwei Funktionen: den Kontakt mit den Zuhörern herzustellen und in das Thema einzuführen. Um das Interesse und die Aufmerksamkeit zu wecken, gibt es verschiedene Möglichkeiten. Wichtig ist dabei den Zuhörer dort abzuholen, wo er steht, ihn aus seinem Umfeld, aus der Situation heraus auf sich selbst und auf das Referatsthema zu lenken. Wird er im ersten Satz in seiner Situation angesprochen, fühlt er sich einbezogen (PABST-WEINSCHENK, 1995).
„Ein guter Schluss ist pointiert, [...] damit er wie ein Pfeil in das Gedächtnis dringt und dort nachwirkt" (PABST-WEINSCHENK, 1995, S. 80). Das wäre der Idealfall, den man von einem Schülerreferat wohl nicht verlangen kann. Dennoch sollten die Schüler darauf achten, dass der Schluss den Themenkreis

schließt und die Möglichkeit zur Verarbeitung des Gesagten bietet. Der Schluss sollte durchaus wörtlich angekündigt werden, damit die Zuhörer sich darauf einstellen können. Meistens erhöht die Ankündigung des baldigen Endes die Aufmerksamkeit der Zuhörer noch einmal, welche der Redner für einen akzentuierten Schluss ausnutzen sollte. Ein guter Schluss kann beim Zuhörer den Eindruck vom gesamten Vortrag verbessern, ebenso wie ein schlechter Abgang den Eindruck eines durchaus gelungenen Vortrags zu guter Letzt noch zerstören kann.

4.1.3.4 Freier Vortrag

Schüler machen immer wieder den Fehler ein Referat einfach vorzulesen, ohne Kontakt zu den Zuhörern aufzunehmen. Dabei ist es für das Verständnis der Zuhörer wichtig, keine ausformulierten Sätze vorgelesen zu bekommen, sondern am Sprechprozess beteiligt zu sein. Das gelingt am besten, wenn der Vortrag frei anhand eines Stichwortzettels dargeboten wird. Bei dem so genannten Sprechdenken entstehen nämlich nicht nur nach jedem Satz Pausen, sondern auch innerhalb eines längeren Satzes, um die Formulierung richtig fortsetzen zu können. Diese Pausen sind wichtig, da sie den Sprechfluss abwechslungsreicher gestalten und der Verarbeitungszeit entsprechen, die der Hörer beim Verstehen braucht (PABST-WEINSCHENK, 1995).

4.1.4 Souveränität des Vortrags

Das letzte Bewertungskriterium, die Souveränität des Vortrags, ist so etwas wie die Summe aller zuvor genannten Kriterien. Es ist aber noch mehr, denn auch wenn eines oder mehrere der anderen Kriterien nicht erfüllt wurden, kann der Eindruck des Redners auf das Publikum dennoch souverän gewirkt haben. So können z.b. gute Redner fehlenden Medieneinsatz durch eine besonders plastische Ausdrucksweise ausgleichen. Die Souveränität des Vortrags hängt somit sehr stark mit der jeweiligen Rednerpersönlichkeit zusammen. Deshalb gilt es hier besonders, die einzelne Persönlichkeit des Vortragenden zu berücksichtigen und nicht an einem bestimmten Rednerideal zu messen.
Entscheidend für die souveräne Wirkung ist die Fähigkeit des Referenten mit Lampenfieber umzugehen. Jeder Redner empfindet eine gewisse Anspannung vor seinem Auftritt. Das erfüllt den Zweck, die Konzentration besonders zu stärken. Empfindet der Referent die Stresssituation jedoch zu stark, beeinträchtigt das die Souveränität seines Vortrags. Der ängstliche Referent vermeidet jeden Blickkontakt, verliert den Faden, spricht stockend und hastig und vermittelt zudem häufig den Eindruck, seinen Stoff nicht zu beherrschen (FINKENZELLER u.a., 1995).
Auf eine Bewertung der inhaltlichen Qualität der Schülervorträge wird in dieser Studie verzichtet, da die inhaltliche Vorbereitung der Schüler auf ihre jeweiligen Vorträge nicht Untersuchungsgegenstand ist.

4.2   Unterrichtsdesign und Hypothesenbildung

In diesem Kapitel wird zunächst gezeigt, nach welchen Kriterien die drei Unterrichtsreihen ausgewählt und aufgebaut wurden. An die Beschreibung jeder Unterrichtsreihe schließen sich Hypothesen an, die sich für die Untersuchung aus der jeweiligen Unterrichtsreihe ergeben und die es anhand der Untersuchungsergebnisse zu überprüfen gilt.

Alle drei Unterrichtsreihen wurden im Blockunterricht an einer gewerblichen Schule in der Fachstufe 1 (zweites Ausbildungsjahr) durchgeführt, dementsprechend waren die Stundenthemen identisch. Die Blocklänge umfasste zwischen acht und zehn Wochen pro Block. Der Unterricht der Reihen umfasste neben dem Deutschunterricht mit drei Wochenstunden auch die Fächer Gemeinschaftskunde mit drei Wochenstunden sowie Wirtschaftskunde mit vier Wochenstunden, um mehr Unterrichtsstunden zur Verfügung zu haben. Alle Klassen erhielten folgende Themenliste für die Schülerreferate, aus der sich jeder Schüler ein Thema frei auswählen konnte:

---

1. **Deutsch**
   - Ein literarisches Werk (oder mehrere im Vergleich)
   - Eine literarische Epoche (z.B. Sturm und Drang, Klassik, Realismus)
   - Eine literarische Gattung (z.B. Epik, Dramatik, Lyrik)
   - Ein Autor (oder mehrere im Vergleich)
   - Medienanalyse (z.B. Zeitung, Fernsehen)
   - Sprachgeschichte (z.B. Herkunft und Entwicklung bestimmter Wörter oder Sprachen)

2. **Gemeinschaftskunde**
   - Das Potsdamer Abkommen
   - Die Teilung Deutschlands
   - Das Leben in der DDR
   - Epoche des Kalten Krieges von 1949 bis 1969
   - Entspannungspolitik und Annäherung
   - Die Wiedervereinigung Deutschlands

3. **Wirtschaftskunde**
   - Der Arbeitsvertrag
   - Beendigung von Arbeitsverhältnissen
   - Der Tarifvertrag
   - Der Betriebsrat
   - Die Mitbestimmung der Arbeitnehmer im Aufsichtsrat
   - Das Arbeitsgericht

Die Referate wurden in allen drei Unterrichtsreihen am Ende des Schulblocks gehalten. Die Schüler der drei Klassen wurden mit unterschiedlichen Methoden auf ihre Vorträge vorbereitet.

4.2.1 Referatunterricht

Der so genannte Referatunterricht stellt den „klassischen" Deutschunterricht an Gewerblichen Schulen dar, in dem benotete Referate gehalten werden. Charakteristisch für diesen Unterricht ist es, dass handlungsorientierte Unterrichtsmethoden eingesetzt werden, es jedoch an gezielter Anleitung auf die Vortragssituation fehlt. Das bedeutet, dass die Schüler im Unterricht nicht vermittelt bekommen, wie man sich bzw. einen Vortrag präsentieren sollte. Sie erhalten zwar innerhalb des Unterrichtsgeschehens immer wieder Gelegenheit Sachverhalte vor der Klasse darzustellen, erhalten aber keine bzw. kaum Hilfestellung für das „Wie" der Präsentation.

Gerade weil dies den „Normalfall" im Deutschunterricht an Gewerblichen Schulen darstellt, ist es notwendig, die Qualität dieser Unterrichtsform empirisch auf ihre Bedeutung für die Rhetorikschulung hin zu untersuchen. Gleichzeitig erfüllt diese Unterrichtsreihe die Funktion einer Kontrollgruppe für die zwei weiteren, speziell für diese Studie entwickelten, Unterrichtsreihen.

Der Untersuchungsaufbau beinhaltet eine Erweiterung des im Regelfall durchgeführten Unterrichts, da zu Beginn des Unterrichts die Schülervorträge zur späteren Analyse aufgezeichnet und mit den Schülern besprochen wurden. Diese Präsentationsübung mit Videoaufzeichnung und anschließender Rückmeldung ging bereits über den häufig durchgeführten Referatunterricht ohne eine derartige Rückmeldung und Selbstreflexion hinaus.

Ansonsten zeichnete sich der so genannte Referatunterricht jedoch dadurch aus, dass die Schüler im weiteren Verlauf des Unterrichts verschiedene Gelegenheiten zur Präsentation bekamen, aber keine explizite Anleitung dafür erhielten (Stoffverteilungspläne siehe Anhang II).

Zu Beginn der Reihe mussten die Schüler in einer Doppelstunde einen fünfminütigen Kurzvortrag über sich selbst oder ihre Ausbildung erarbeiten, wobei ihnen Material wie Plakate und Folien zur Verfügung gestellt wurden. Der Einsatz von Medien war ihnen freigestellt. Zudem fanden sie auf dem ausgegebenen Aufgabenblatt zehn Regeln für einen guten Vortrag als Hilfestellung (Arbeitsblatt siehe Anhang II).

In den nächsten Stunden führte jeder Schüler seine Kurzpräsentation durch, die mit der Videokamera aufgenommen wurde. Nach jedem Vortrag folgte eine kurze Besprechung des Vortrags im Plenum, in der jeder, insbesondere auch der Vortragende, seine Eindrücke vom Vortrag schildern konnte.

Nachdem alle Schülervorträge aufgenommen waren, folgte die Analyse der Videoaufnahmen. Um die Aufnahmen gezielter betrachten und auswerten zu können, erhielten die Schüler einen Kriterienkatalog mit den wichtigsten Bewertungskriterien (Kriterienkatalog siehe Anhang II).

Anhand dieser Bewertungskriterien wurden die Schülerpräsentationen noch einmal ausführlich besprochen und jeder Schüler konnte seine persönlichen Schwachpunkte auf dem Kriterienkatalog kennzeichnen und im späteren Referat besonders berücksichtigen.

Im Anschluss an diese erste Unterrichtseinheit erhielten die Schüler die Themen für die Referate, aus denen sie ein Thema auswählen konnten. Ein Thema konnte auch von mehreren Schülern bearbeitet werden. Die Deutsch-Themen konnten die Schülern frei wählen, wie z.B. Buchvorstellung, Medienanalyse, ein Autor oder eine Epoche. Die Themen zu den Fächern Gemeinschaftskunde und Wirtschaftskunde mussten sich auf die Lehrplaninhalte der Fachstufe I beziehen und wurden daher zur Auswahl vorgegeben. Alle Referate umfassten eine schriftliche Ausarbeitung von mindestens fünf Seiten und einen mündlichen Vortrag von mindestens zehn Minuten.

Die Referate wurden bis zum vereinbarten Präsentationstermin am Ende der Unterrichtsreihe von den Schülern selbstständig vorbereitet. Im Unterricht wurden die Referate nicht weiter thematisiert. Der folgende Unterricht bereitete die Schüler lediglich insofern auf die Vortragssituation vor, als er ihnen viele Gelegenheiten zu kurzen Präsentationssituationen bot. Dies wurde durch handlungsorientierte Aufgabenstellungen erreicht, die in allen allgemeinbildenden Fächern (Deutsch, Gemeinschaftskunde, Wirtschaftskunde) durchgeführt wurden.

Die Stunden sind im Folgenden nach Aufgabenstellung geordnet aufgeführt:

- Vorlesen
- Präsentation von Einzel- oder Gruppenarbeitsergebnissen
- Diskussion
- Rollenspiel

Diese vier schülerorientierten Aufgabenstellungen entsprechen den, laut Lehrerumfrage, am häufigsten verwendeten Unterrichtsmethoden, bei denen die Schüler ihre Rhetorikfähigkeiten erproben können.

Das Vorlesen

Lautes Lesen als Lernkontrolle findet im Allgemeinen nach der Grundschule nicht mehr statt. Dabei zeigen zahlreiche Einzelerfahrungen, dass das Vorlesen infolge dessen mit zunehmendem Alter immer mehr als peinlich empfunden wird und man versucht, sich dieser Situation so schnell wie möglich zu entziehen (OCKEL, 2004).

Besonders an Gewerblichen Schulen stellt das Vorlesen für einige Schüler eine besondere Schwierigkeit dar, da sie nicht richtig lesen können. Den Schülern fällt es teilweise sehr schwer, Texte mündlich so vorzutragen, dass sie selbst und die Zuhörer den Inhalt erfassen können. Daher gehört das Vorlesen zu einer wichtigen Übung für diese Schüler, die leider zu häufig vernachlässigt wird. Schon bald nach Schuleintritt wird zwischen guten und schlechten Lesern unterschieden, wobei die guten Leser positiv verstärkt werden, während die noch schwächeren Leser eher entmutigt werden (OCKEL, 1987). Dabei erlernen die Schüler beim Vorlesen wichtige rhetorische Fertigkeiten, die auch für eine freie Rede benötigt werden. Zum einen „die Fähigkeit nämlich, ebenso sensibel wie lautrein zu artikulieren, um sowohl Klangmalerei zu verwirklichen als auch dem Basisanspruch nach akustischer Verständlichkeit zu genügen. Auf einer untersten Ebene wird die Sprech- und Artikulationsmotorik geschult" (OCKEL, 1987, S. 162). Auch muss der Vorleser, ebenso wie der Redner, während der Textwiedergabe immer wieder auf die Anforderungen des Textes sowie die der Zuhörer Rücksicht nehmen. Die Fähigkeiten, die er dabei entwickelt, „wirken sich auch langfristig auf seine spontane Sprechsprache und deren Ausdrucks- und Sprachdifferenzierung aus" (OCKEL, 1987, S. 163). Auch körpersprachliche Merkmale wirken bei einem vorgelesenen Text ebenso mit wie bei einem freien Vortrag.

Der Unterricht wurde in allen drei Fächern daher so gestaltet, dass die Schüler ihre schriftlichen Arbeitsergebnisse möglichst häufig anschließend laut vorlesen mussten.

So mussten die Schüler in der Unterrichtseinheit zum privaten Geschäftsbrief stets ihre schriftlichen Formulierungen vorlesen. Das galt für die einzelne Betreffzeile ebenso wie für den gesamten Geschäftsbrief (Arbeitsblätter siehe Anhang II).

Wichtig war mir dabei darauf zu achten, dass immer möglichst viele Schüler die Möglichkeit zum Vorlesen bekamen.

Das Vorlesen wurde dabei gleichzeitig mit dem Präsentieren von Folien verbunden, indem einige Schüler ihre Briefe jeweils auf Folie schrieben und anschließend der Klasse am Overheadprojektor präsentierten und gemeinsam mit dem Plenum korrigierten.

Die Präsentation von Einzel- und Gruppenarbeitsergebnissen

Handelt es sich um eine Unterrichtsaufgabe, die in viele kleine Teilaspekte gegliedert werden kann, kann jeder Schüler einen Teil davon übernehmen, ausarbeiten und der Klasse anschließend kurz präsentieren. Auch wenn die Präsentation nur aus wenigen Sätzen besteht, kostet sie viele Schüler bereits große Überwindung. Um den Schülern die Scheu vor solchen Unterrichtssituationen zu nehmen, sollte man die Schüler so oft wie möglich damit konfrontieren.

Gruppenarbeiten und deren Ergebnispräsentation bietet sich immer dann an, wenn es gilt, den Schülern komplexere Sachverhalte nahe zu bringen, die für einen Schüler allein schwer zu erarbeiten sind bzw., wenn es sich um verschiedene Gesichtspunkte zu einem Thema handelt, die dann aus Gründen der Zeitersparnis von verschiedenen Gruppen erarbeitet werden. Das Ziel solcher Gruppenarbeiten ist es, die erarbeiteten Inhalte den anderen Mitschülern zu vermitteln. Daher ist die Präsentation der Gruppenarbeitsergebnisse ebenso wichtig wie die Gruppenarbeit selbst. Dabei lernen die Schüler Grundlagen des Präsentierens, die auch für einen guten Vortrag wichtig sind, kennen, wie den Einsatz verschiedener Medien und die Bedeutung der Körperhaltung.

Die Unterrichtseinheit „Parlamentarische Demokratie" bot verschiedene Möglichkeiten für Gruppenarbeit und deren anschließende Präsentation.

Zu Beginn entwickelten die Schüler in Gruppen anhand von Grundgesetzauszügen ein Verfassungsschema der Bundesrepublik Deutschland (Arbeitsblatt siehe Anhang II). Das Schema wurde auf Folie festgehalten und anschließend von den Gruppen präsentiert. Das beste Schema wurde für alle kopiert.

Anschließend informierten sich die Schüler selbstständig in der Bibliothek in Gruppen über die einzelnen Verfassungsorgane, indem sie ihre jeweilige Zusammensetzung, Aufgaben und Besonderheiten herausfanden. Ihre Ergebnisse fassten sie auf Folien zusammen, mit deren Hilfe sie anschließend ihre Gruppenarbeitsergebnisse präsentierten.

Das Gleiche absolvierten die Schüler im Hinblick auf die Möglichkeiten der Bürgermitbestimmung innerhalb des Grundgesetzes, in Form von Vereinen, Parteien und Bürgerinitiativen. Die Ergebnisse wurden ebenfalls in der Klasse besprochen und die wichtigsten Informationen an der Tafel gesammelt.

Eine arbeitsteilige Einzelarbeit bot sich auch in Wirtschaftskunde zum Thema „Sparformen" an.

Hier erhielt jeder Schüler schriftliche Informationen aus dem Lehrbuch über eine bestimmte Sparform. Er arbeitete den Text hinsichtlich des Ertrags, der Sicherheit und der Verfügbarkeit der jeweiligen Sparform durch. Anschließend trug jeder Schüler seine neu gewonnenen Kenntnisse, unterstützt von einer Folie, vor.

Die Diskussion

Die Unterrichtsmethode der Diskussion bietet sich immer dort an, wo Themen kontrovers betrachtet werden können bzw. müssen (KLIPPERT, 2001). Diskussionen werden in der Regel gerne von Schülern durchgeführt, wobei man darauf achten muss, dass diese wirklich auf Argumenten beruhen und nicht unsachlich oder zu einseitig werden. Diskussionen dienen insofern zur Vorbereitung auf Vorträge, als die Schüler hier das freie Sprechen vor der Klasse üben können (GORA, 2004). Weiterhin lernen sie hier zusätzlich besonders auf die Strukturierung ihrer Inhalte zu achten.

Dafür bot sich in Gemeinschaftskunde besonders das Thema „Volksentscheid" an. Nachdem die Schüler allgemeine Informationen zum Thema Volksentscheid erhalten hatten, überlegten sie sich die Vor- und Nachteile von Volksentscheiden. Anschließend fand in der Klasse eine Podiumsdiskussion zum Thema „Volksentscheid in Deutschland – ja oder nein?" mit einigen freiwilligen Schülern statt. Die Schüler, die nur zusahen, bewerteten anschließend das Diskussionsverhalten der Teilnehmer.

Das Rollenspiel

Rollenspiele lassen sich im Unterricht dann sinnvoll einsetzen, wenn es um Sachverhalte geht, die so einfach sind, dass die Schüler sie schnell erfassen können, und die sich durch das Rollenspiel besser festigen können als durch reines Auswendiglernen. Für die Rhetorikschulung sind Rollenspiele besonders gut, um verschiedene Ausdrucksformen auszuprobieren und, je nach Rollenspiel, auch die Körperhaltung als rhetorisches Mittel kennen zu lernen und einzusetzen. Der Vorteil des Rollenspiels ist der, dass sich die Schüler in einer anderen Rolle eher trauen aus sich herauszugehen als bei einem darlegenden Vortrag, wie der Präsentation von Einzel- oder Gruppenarbeitsergebnissen (KOPFERMANN, 1998).

So lernten die Schüler in Gemeinschaftskunde das Prinzip des Pluralismus besonders anschaulich anhand eines Rollenspiels kennen (Arbeitsblatt siehe Anhang II): In einer Gemeinderatssitzung wird über eine gefährliche Bergstrecke verhandelt. Beteiligt sind verschiedene Personen, die ganz unterschiedliche Interessen vertreten, wie z.B. Umweltschützer, Politiker, der Tankstellenbesitzer usw.

Anhand von Stichwortzetteln zu den einzelnen Charakteren versetzten sich die Schüler in die ihnen vorgegebenen Personen und deren Anliegen. Anschließend wurde die Gemeinderatssitzung durchgeführt, wobei der zuvor ausgewählte Gemeinderat am Ende der Sitzung seine Entscheidung fällen und bekannt geben musste. Die Entscheidung des Gemeinderats wurde in der Klasse besprochen und das Prinzip des Pluralismus erörtert.

Besonders beliebt bei den Schülern sind Rollenspiele, die der Fernsehunterhaltung nachempfunden sind.

So spielten die Schüler zur Wiederholung der erlernten Unterrichtsinhalte in Gemeinschaftskunde die Quizshow „Wer wird Millionär" mit Fragen zur Politik nach. Ein Schüler war der Moderator, die anderen konnten sich als Kandidat qualifizieren. Ansonsten verlief das Spiel entsprechend seines Fernsehvorbildes. Anstelle des Telefonjokers durfte ein Mitschüler aus der Klasse befragt werden.

Die Konzeption dieser Unterrichtsstunden trägt dem zu Beginn des Kapitels bereits erwähnten Kontrollgruppencharakter dieser Unterrichtsreihe Rechnung, die dem gängigen Referatunterricht an Gewerblichen Schulen von allen drei Reihen am meisten entspricht.

In diesem Unterrichtsmodell erhielten die Schüler viele Möglichkeiten sich in unterschiedlichen Situationen zu präsentieren. Allerdings erhielten sie, abgesehen von der Besprechung ihrer ersten Kurzpräsentation, bei den einzelnen Aufgaben wenig Anleitung, wie sie bei diesen Präsentationen auftreten sollten. Auch nach den Präsentationen erhielten sie mehr Rückmeldung zu den inhaltlichen Aspekten der Aufgabe als zu ihrem Auftreten. Daraus ergibt sich für die Untersuchung folgende Hypothese:

Unterricht, in dem viele verschiedene Redesituationen für die Schüler geschaffen werden, reicht nicht aus, um die rhetorischen Fähigkeiten der Schüler signifikant zu verbessern.

4.2.2 Referatunterricht mit Rhetorikübungen

Die Unterrichtsreihe Referatunterricht mit Rhetorikübungen entstand auf der Grundlage des „klassischen" Referatunterrichts und wurde durch gezielte Rhetorikübungen ergänzt. Hier sollten die Vorteile des schüleraktiven Unterrichts für die Rhetorikschulung durch gezielte Übungen unterstützt werden. Diese Form der Vortragsschulung hat sich im Deutschunterricht an Gewerblichen Schulen, wie auch bereits in der Lehrerumfrage zu sehen war, noch nicht ausreichend durchgesetzt. Es geht darum, dass die Schüler in spielerischer Art und Weise einzelne Elemente eines guten Vortrags, wie Blickkontakt, Körperhaltung, Artikulation usw., ausprobieren und üben können.

Die Unterrichtsreihe ist thematisch und methodisch identisch mit dem Referatunterricht, mit dem einen Unterschied, dass jede Woche eine Stunde oder eine Doppelstunde für Rhetorikübungen in den Fachunterricht integriert ist (Stoffverteilungsplan siehe Anhang III). In diesen fünf Stunden, die im Folgenden dargestellt sind, beschäftigten sich die Schüler mit grundlegenden Problemen der Vortragstechnik wie Redeangst, verständlichem Sprechen, Körperhaltung und Blickkontakt, Medieneinsatz, Aussprache und ausdrucksvollem Sprechen.

1. Stunde: Redeangst

Die erste Rhetorikstunde behandelte ein großes Problem vieler Schüler, besonders an gewerblichen Schulen: die Redeangst. Das Hauptziel dieser Stunde war es, die Redeangst zu thematisieren und den Schülern die Bedeutung von Lampenfieber zu verdeutlichen. Ein weiteres Ziel war es, den Schülern zu zeigen, wie man mit der Angst vor dem Reden vor Publikum umgehen kann, und sie selbst individuelle Lösungswege finden zu lassen und sich darüber im Plenum auszutauschen.

Die Stunde begann mit einer Übung zur Autosuggestion (nach einer Anregung von K. H. Spinner):

Schüler stehen, Hände hinter Rücken verschränkt, Augen zu.

Lehrer spricht: Ich habe Angst – ich blamiere mich, ich kann mir schon vorstellen, wie sie alle lachen oder es einfach langweilig finden – und wenn ich dann nicht mehr weiter weiß und einfach so dumm dastehe – wenn das alles nur schon vorbei wäre ...

Schüler ändern die Haltung: Hände vorne, aufrecht, halber Schritt nach vorne.

Lehrer: Endlich kann ich mal vor den anderen stehen – das ist eine richtige Chance – ich kann die anderen interessieren für das, womit ich mich beschäftige – das leichte Kribbeln, das ich im Bauch spüre, macht es richtig spannend – mal im Mittelpunkt stehen – braucht ja auch nicht perfekt zu sein – die anderen wissen ja, wie das ist – Hauptsache man traut sich – ein bisschen Abenteuer tut ganz gut – und Abenteuergeschichten gehen gut aus ...

Darauf folgte eine kurze Einzelarbeit. Die Schüler schrieben auf Moderationskarten, wovor sie bei einem Vortrag Angst haben, und klebten die Zettel an die Tafel. Diese wurden anschließend gemeinsam nach Themen sortiert und besprochen.

Anschließend entwickelten die Schüler in Gruppenarbeit Strategien zum Umgang mit Redeangst und hielten diese auf Folie fest, die sie der Klasse präsentierten. Anhand der Schülervorschläge wurde abschließend ein Plakat mit den besten Tipps erstellt und im Klassenzimmer aufgehängt. Dieses Plakat blieb bis zu den Referaten im Klassenzimmer hängen, damit sich die Schüler die Ergebnisse immer wieder ins Gedächtnis rufen konnten.

2. Stunde: Verständliches Reden

Ziel dieser Stunde war es, dass die Schüler lernen, wie sie in einem Referat sprechen müssen, um den Zuhörern den Inhalt ihres Vortrags verständlich vermitteln zu können.

Zunächst wurde den Schülern der Text von Kurt Tucholsky „Ratschläge für einen schlechten Redner" ausgeteilt und vorgelesen (Arbeitsblatt siehe Anhang III). Nachdem der Text inhaltlich besprochen worden war, erstellten die Schüler ausgehend von dem Text in Gruppen „Ratschläge für einen guten Redner". Die Ratschläge wurden auf Folien präsentiert und anschließend für alle kopiert.

In der verbleibenden Zeit beschäftigten sich die Schüler mit der Einleitung und dem Schluss eines Vortrags, die dafür sorgen sollen, dass ein Vortrag abgerundet ist. Sie formulierten eine Einleitung und einen Schluss zu einem Thema ihrer Wahl und präsentierten diese der Klasse, um gemeinsam Ideen für gute Einführungen und Schlüsse sammeln zu können.

3. Stunde: Körperhaltung und Blickkontakt

Körperhaltung und Blickkontakt waren die Themen der dritten Rhetorikstunde. „Für das Präsentieren und Referieren ist deren Bedeutung offensichtlich. Wer hört gerne Vortragenden zu, die auf das Skript blickend ihren Text ablesen?" (BERKEMEIER, 1999, S. 336). Zum Einstieg in das Thema diente eine Folie mit einem Comic zur Körperhaltung, die den Schülern den Zusammenhang zwischen innerer Verfassung und Körperhaltung bewusst machen sollte.

Abbildung 3: Zusammenhang von äußerer Körperhaltung und innerer Befindlichkeit (aus: Pabst-Weinschenk, 2000, S. 15)

Anschließend untersuchten die Schüler die unterschiedliche Wirkung der Körperhaltungen von verschiedenen Personen, die auf einer Folie präsentiert wurden.

Abbildung 4: Darstellung verschiedener Körperhaltungen (aus: Benzing u.a., 2001, S. 168)

Danach erhielten sie das Bild eines Vortragenden, dessen Wirkung sie anhand seiner Körperhaltung und seines Blickkontakts zunächst beschreiben sollten. Weiterhin sollten sich die Schüler überlegen, wie er durch Veränderungen der Körperhaltung und des Blickkontakts seine Wirkung verbessern könnte (Arbeitsblatt siehe Anhang III).
Anhand dieser Analyse wurden allgemeine Ratschläge für die Körperhaltung und den Blickkontakt formuliert. Abschließend konnten die Schüler selbst ihre Körperhaltung und ihr Blickverhalten testen. Sie erhielten zu diesem Zweck einen Text, den sie sich zunächst alleine durchlasen und dann der Klasse auf Anweisung des Lehrers hin unterschiedlich präsentierten, z.B. gelangweilt oder mahnend (Arbeitsblatt siehe Anhang III).

4. Stunde: Medieneinsatz

In dieser Stunde ging es um den sinnvollen Einsatz von Medien und das Kennenlernen verschiedener Medien und ihrer spezifischen Qualitäten.

„Denn obwohl Schüler zwar tagtäglich bei ihren Lehrern sehen, wie man Medien beim Vortragen einsetzen kann, heißt das noch lange nicht, dass sie selbst entsprechende Hilfsmittel, insbesondere Tafel, Overheadprojektor, Thesenpapiere, sinnvoll verwenden" (SPINNER, 1997, S. 21).

Als Einstieg in das Thema diente eine Karikatur zum übertriebenen Medieneinsatz. Die Karikatur sollte die Schüler zum Nachdenken über den Einsatz von Medien anregen und für deren sinnvollen Einsatz sensibilisieren.

Abbildung 5: Karikatur zum Medieneinsatz (aus: Pabst-Weinschenk, 1995, S. 86)

Anschließend erhielten die Schüler zwei Folien zum Text, mit dem sie bereits in der vorangegangenen Unterrichtsstunde Körperhaltung und Blickkontakt geübt hatten. Diese mussten sie selbstständig sinnvoll in den Text einfügen und den Text zusammen mit den Folien präsentieren.

Nach dieser Übung bekamen die Schüler ein Merkblatt mit verschiedenen Medien und ihren Einsatzmöglichkeiten. Abschließend erhielten die Schüler die Aufgabe, sich geeigneten Medieneinsatz für ihr Referat zu überlegen und diesen im Plenum zur Diskussion zu stellen (Arbeitsblatt siehe Anhang III).

5. Stunde: Aussprache und Ausdruck

In der letzten Übungsstunde vor den Referaten wurde an der Aussprache und dem Ausdruck der Schüler gearbeitet. Die Unfähigkeit vieler Schüler, sich laut und verständlich genug in einem Klassenzimmer ausdrücken zu können, sieht Spinner als ein Defizit, das durch fehlende Sprech- und Ausspracheübungen entstanden ist (SPINNER, 1997).

Den Einstieg bildete eine Karikatur zu speziellen sprachlichen Auffälligkeiten. Sie sollte die Schüler auf typische Sprachfehler aufmerksam machen und zum Gespräch über ihre Beseitigung anregen.

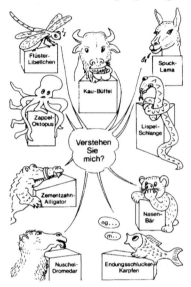

Abbildung 6: Häufig vorkommende Sprachfehler (aus: Pabst-Weinschenk, 1995, S. 93)

Anschließend sollten Zungenbrecher die Schüler auflockern und ihre Aussprache trainieren (Arbeitsblatt siehe Anhang III). Jeder Schüler übte für sich einen Zungenbrecher seiner Wahl und trug diesen anschließend so lange vor, bis er einigermaßen mit dem Ergebnis zufrieden war. Danach erhielten die Schüler verschiedene Texte mit unterschiedlichen Aufgabenstellungen zur Ausdrucksschulung (Arbeitsblätter siehe Anhang III):

1. Einen Text mit unterschiedlicher Betonung vorlesen.
2. Einen Text ohne Satzzeichen strukturieren und mit sinnvoller Betonung vortragen.
3. Einen Dialog mit verteilten Rollen ausdrucksvoll vortragen.

Diese fünf Stunden zur Rhetorikschulung, die zusätzlich zum geläufigen Referatunterricht durchgeführt wurden, sollten mögliche Defizite der ersten Unterrichtsreihe ausgleichen, indem die Schüler sich aktiv auf die Vortragssituation vorbereiteten und Gelegenheit bekamen, Vortragstechniken einzuüben.

Daraus ergibt sich die erste Hypothese für den Referatunterricht mit Rhetorik-übungen:

Eine Verbesserung der Präsentationsfähigkeit wird durch ergänzende Rhetorikübungen messbar in den Bereichen Sprache, Körper, Medieneinsatz und Moderation erreicht.

Keine Verbesserung wird für die Bewertungskriterien „Freier Vortrag" und „Souveränität des Vortrags" erwartet. Das Kriterium „Freier Vortrag" setzt eine gute Kenntnis des vorzutragenden Inhalts voraus. In dieser Unterrichtsreihe wurde dieser Sachverhalt weder intensiv thematisiert noch geübt. Daher lautet die zweite Hypothese für den Referatunterricht mit Rhetorikübungen:

Das Kriterium „Freier Vortrag" ist stark an die inhaltliche Sicherheit des Vortragenden gebunden und nicht durch rhetorische Übungen positiv zu beeinflussen.

Die Souveränität eines Vortrags wird von vielen Faktoren bedingt. Werden diese Faktoren positiv beeinflusst, könnte dies somit auch zu einer Verbesserung der Souveränität führen. Somit würden die Rhetorikübungen durchaus dazu beitragen, die Souveränität des Vortragenden zu stärken. Da jedoch u.a. auch die inhaltliche Sicherheit für die Souveränität eine Rolle spielt und diese in dieser Studie nicht durch den Unterricht beeinflusst wird, gilt für die Untersuchung folgende weitere Hypothese für diese Unterrichtsreihe:

Die Souveränität ist u.a. stark an die inhaltliche Sicherheit des Vortragenden gebunden und daher nicht messbar durch Rhetorik-übungen positiv zu beeinflussen.

4.2.3 Referatunterricht mit LdL

Die dritte Unterrichtsreihe folgte dem Unterrichtsprinzip „Lernen durch Lehren". Wie bereits dargestellt wurde, beruht dieses Unterrichtsprinzip darauf, dass die Gestaltung und Durchführung des Unterrichts weitgehend von den Schülern übernommen wird. Das bedeutet, dass der Lehrer keine schülerorientierten Elemente in den Unterricht einbauen muss, sondern dass die Grundstruktur des Unterrichts schülerzentriert ist. Das wird in der Praxis folgendermaßen umgesetzt:
Der Lehrer teilt den Unterrichtsstoff in kleinere Abschnitte ein und verteilt diese auf die Klasse. Bei den Präsentationen handelt es sich nicht um klassische Referate, sondern die Schüler moderieren den Unterrichtsablauf, wobei sie durch Wechsel der Arbeits- und Sozialformen für einen motivierenden Unterricht sorgen sollen. Wichtig ist, dass die Schüler den Stoff nicht nur vorstellen, sondern sich während der Präsentation immer wieder vergewissern, dass ihre Erläuterun-

gen von den Mitschülern verstanden werden und der Stoff durch Übungen eingeübt und gefestigt wird. Während der Vorbereitung der Unterrichtssequenzen steht der Lehrer den Schülern unterstützend zur Verfügung. Während der Präsentationen fungiert der Lehrer in erster Linie als Beobachter und interveniert nur bei fachlichen Unklarheiten und Kommunikationsstörungen (MARTIN, 2002).

Dieses Unterrichtskonzept wurde nicht zuletzt deshalb in die Untersuchung aufgenommen, weil es gerade jetzt in Baden-Württemberg, wie zuvor schon in Bayern, mehr und mehr an Bedeutung gewinnt. In der Lehrerumfrage wurde dieses Unterrichtsprinzip als Schulungsmöglichkeit der rhetorischen Fähigkeiten von Schülern überhaupt nicht erwähnt. Diese Unterrichtsform wird an Gewerblichen Schulen kaum oder gar nicht angewandt. Daraus kann man schließen, dass seine Qualitäten für das Erlernen von Präsentationsfähigkeiten von den Befragten noch nicht erkannt wurden bzw. das Unterrichtsprinzip generell noch nicht bekannt ist.

Die Unterrichtsreihe „Referatunterricht mit LdL" wurde thematisch genauso konzipiert wie die beiden vorangegangenen Reihen (Stoffverteilungsplan siehe Anhang IV). Im Unterschied zu den beiden anderen Unterrichtsmodellen wurde hier jedoch der Unterricht zwischen den Kurzvorträgen zu Beginn der Reihe und den benoteten Referaten zum Ende der Unterrichtsreihe von den Schülern weitgehend selbst gestaltet und durchgeführt.

1. Stunde: Was ist Lernen durch Lehren?

Den Schülern wurde das Unterrichtsprinzip von LdL vorgestellt und die Vorgehensweise der folgenden Wochen erläutert. Anschließend wurden den Schülern alle Themen der folgenden Stunden in den Fächern Deutsch, Gemeinschaftskunde und Wirtschaftskunde vorgestellt und jeweils zwei Schüler wählten ein gemeinsames Thema aus.

1. **Deutsch:**
   - Der private Geschäftsbrief: Form, Betreff, Sprachstil, Übungen

2. **Gemeinschaftskunde:**
   - Wahlsystem der BRD
   - Verfassungssystem der BRD
   - Bundespräsident
   - Bundesregierung (Kanzler und Minister)
   - Bundestag
   - Bundesrat
   - Bundesverfassungsgericht
   - Volksentscheid
   - Bürgerbeteiligung (Parteien, Verbände, Bürgerinitiativen)
   - Massenmedien

3. **Wirtschaftskunde:**
   - Zahlungsformen
   - Binnenwert des Geldes
   - Außenwert des Geldes
   - Der Euro
   - Sparformen
   - Kredite

Themen, die nicht von Schülern gewählt wurden, übernahm die Lehrkraft.
In der verbleibenden Zeit dieser Stunde hatten die Schüler die Möglichkeit, sich einen ersten Überblick über ihr Thema zu verschaffen.

2.-4. Stunde: Vorbereitung der Schülerstunden
Die Aufgabe der Schüler war es, ihr gewähltes Thema so aufzubereiten, dass die Mitschüler den Unterrichtsstoff verstehen konnten und die wesentlichen Inhalte in schriftlicher Form vorlagen. Dabei sollte die Stunde für die Mitschüler interessant gestaltet werden.
In drei Unterrichtsstunden hatten die Schüler Gelegenheit, ihr Thema für eine Unterrichtsstunde vorzubereiten. Informationsmaterial sowie Folien und Arbeitsblätter bekamen die Schüler gestellt. Die Schüler konnten frei wählen, ob und welches Material sie für ihre Stunde verwenden wollten. Sie konnten auch eigenes Material einsetzen oder neue Arbeitsblätter erstellen.
Die Lehrkraft stand den Schülern in diesen Stunden bei ihrer Vorbereitung beratend zur Seite, sowohl für inhaltliche als auch für methodische Fragen.

Ab 5. Stunde: Schülerstunden
In der fünften Stunde begannen die Schüler mit „ihrem" Unterricht. Die Lehrkraft griff nur in das Unterrichtsgeschehen ein, wenn disziplinarische Maßnah-

men ergriffen werden mussten oder wenn die lehrenden Schüler gravierende fachliche Fehler machten.

Alles andere wurde erst im Anschluss an die jeweilige Schülerstunde besprochen. Die Aufbereitung der Schülerstunden verlief nach folgendem Konzept: Zunächst einmal durften die Lehrenden selbst ihre Erfahrungen mit dem Halten des Unterrichts reflektieren. Anschließend erhielten die lehrenden Schüler ein Feedback von ihren Mitschülern, wie die Stunde von ihnen erlebt wurde. Die Lehrkraft ergänzte schließlich die positiven und negativen Aspekte des Unterrichts, die von den Schülern noch nicht genannt worden waren.

In dieser Unterrichtsreihe wurden viele Fähigkeiten der Schüler ausgebildet, die eine gute Präsentation ausmachen. Daher lautet die erste Hypothese zu dieser Unterrichtsreihe folgendermaßen:

> **Die schülergerechte Aufbereitung und Präsentation von Lerninhalten nach dem Konzept „Lernen durch Lehren" fördert die Qualität der Schülerreferate messbar.**

Die Schüler lernten verschiedene Unterrichtsmethoden und ihre Einsatzmöglichkeiten kennen. Ebenso lernten sie zu moderieren und wurden sprachlich stark gefordert.

Aus diesen Aspekten ergibt sich die folgende Hypothese:

> **Speziell Sprache, Medieneinsatz und Moderation werden durch die Erfahrung, den Unterricht selbst gestaltet zu haben, verbessert.**

Eine besondere Qualität dieser Unterrichtsreihe lag in der intensiven Interaktion zwischen den Schülern, die den Lernstoff vermittelten, und den Schülern, die von ihnen lernen sollten. Diese enge Verbindung der Schüler entstand dadurch, dass die unterrichtenden Schüler nicht nur Inhalte präsentierten, sondern auch darauf achten mussten, wie diese von ihren Mitschülern aufgenommen wurden. Dieses gemeinsame Erlebnis verbunden mit der Tatsache, dass die Schüler, durch das Erlebnis, sich in der Lehrerrolle zu befinden, mehr Selbstvertrauen für eigene Präsentationen erlangten, führt zur folgenden Hypothese:

> **Eine Klasse unterrichtet zu haben, führt bei den Schülern zu einem stärkeren Selbstbewusstsein und somit zu größerer Souveränität beim Vortrag auch unabhängig von der Vertrautheit mit dem Unterrichtsgegenstand.**

Nimmt man alle positiven und negativen Aspekte der drei vorgestellten Unterrichtsreihen zusammen, ergibt sich daraus die abschließende Hypothese:

Der Referatunterricht mit Rhetorikübungen kann die Schüler im Rahmen eines Schuljahres am effektivsten auf einen Vortrag vorbereiten.

4.2.4 Zusammenfassung der Hypothesen

Abschließend sind hier noch einmal alle Hypothesen zu den drei Unterrichtsmodellen, die dieser Untersuchung zugrunde liegen, in einer Übersicht zusammengestellt:

Hypothese 1: Unterricht, in dem viele verschiedene Redesituationen für die Schüler geschaffen werden, reicht nicht aus, um die rhetorischen Fähigkeiten der Schüler signifikant zu verbessern.

Hypothese 2: Eine Verbesserung der Präsentationsfähigkeit wird durch ergänzende Rhetorikübungen messbar in den Bereichen Sprache, Körper, Medieneinsatz und Moderation erreicht.

Hypothese 3: Das Kriterium „Freier Vortrag" ist stark an die inhaltliche Sicherheit des Vortragenden gebunden und nicht durch rhetorische Übungen positiv zu beeinflussen.

Hypothese 4: Die Souveränität ist u.a. stark an die inhaltliche Sicherheit des Vortragenden gebunden und daher nicht messbar durch Rhetorikübungen positiv zu beeinflussen.

Hypothese 5: Die schülergerechte Aufbereitung und Präsentation von Lerninhalten nach dem Konzept „Lernen durch Lehren" fördert die Qualität der Schülerreferate messbar.

Hypothese 6: Speziell Sprache, Medieneinsatz und Moderation werden durch die Erfahrung, den Unterricht selbst gestaltet zu haben, verbessert.

Hypothese 7: Eine Klasse unterrichtet zu haben, führt bei den Schülern zu einem stärkeren Selbstbewusstsein und somit zu größerer Souveränität beim Vortrag auch unabhängig von der Vertrautheit mit dem Unterrichtsgegenstand.

Hypothese 8: Der Referatunterricht mit Rhetorikübungen kann die Schüler im Rahmen eines Schuljahres am effektivsten auf einen Vortrag vorbereiten.

5 Durchführung und Auswertung der Videoanalyse

Die Kamera war ganz nett, um sich selbst zu sehen.

(Benjamin, 20 Jahre, H2 RF 1T)

Die aufgestellten Hypothesen zur Rhetorikschulung im Unterricht sollen nun anhand der folgenden Untersuchung überprüft werden. Zu diesem Zweck wurden die Schülervorträge zu Beginn und am Ende der jeweiligen Unterrichtsreihe aufgezeichnet. Bedenken, dass das Schülerverhalten durch eine Kamera verändert werden könnte, sind weitgehend unbegründet. Nach einer kurzen Gewöhnungsphase nehmen die Schüler die Aufzeichnungen als etwas völlig Normales wahr und beachten die Kamera überhaupt nicht mehr.

5.1 Durchführung der Untersuchung

Die Untersuchung fand im Schuljahr 2002/2003 an der Gewerblichen Schule Calw statt. Durchgeführt habe ich den Unterricht bei Restaurantfachleuten im zweiten Ausbildungsjahr. Der Lehrplan im Fach Deutsch sieht das Thema Referate für das dritte Ausbildungsjahr vor, es wird aber an dieser Schule laut Abteilungsbeschluss um ein Jahr vorgezogen. Eine Besonderheit an dieser Schule besteht darin, dass die Restaurantfachleute an der Schule Blockunterricht haben, der insgesamt acht bis zehn Wochen umfasst. Die Blöcke finden zumeist nicht am Stück statt, sondern sind mit mehrwöchigen Unterbrechungen über das gesamte Schuljahr verteilt, so dass in einem Schuljahr vier Blöcke unterrichtet werden. Durchgeführt wurde der Unterricht in den Klassen H2 RF 1T (Referatunterricht), H2 RF 2T (Referatunterricht mit Rhetorikübungen) und H2 RF 3T (Referatunterricht mit LdL). Im Folgenden sind die demografischen Daten der Versuchspersonen im Überblick dargestellt.

Demografische Daten	Klasse 1 (22 Schüler) Altersdurchschnitt: 19,1 Jahre		Klasse 2 (19 Schüler) Altersdurchschnitt: 18,3 Jahre		Klasse 3 (30 Schüler) Altersdurchschnitt: 19,5 Jahre	
Geschlecht	Weiblich (Schüleranzahl)	Männlich (Schüleranzahl)	Weiblich (Schüleranzahl)	Männlich (Schüleranzahl)	Weiblich (Schüleranzahl)	Männlich (Schüleranzahl)
	13	9	14	5	18	12
Schulabschluss: Hauptschulabschluss	3	1	6	0	5	8
Mittlere Reife	8	6	7	5	11	4
Fachhochschulreife	1	1	0	0	0	0
Höhere Handelsschule	0	1	0	0	0	0
Abitur	1	0	1	0	2	0
Abgeschlossene Berufsausbildung: Keine	13	8	13	5	18	10
Koch	0	1	0	0	0	0
Koch + Rettungssanitäter	0	0	0	0	0	1
Hauswirtschaftliche Assistentin	0	0	1	0	0	0
Brauer + Mälzer	0	0	0	0	0	1

Tabelle 11: Demografische Schülerdaten

5.2 Auswertung der Videodaten

Um die Entwicklung der Präsentationsfähigkeit der Schüler beurteilen zu können, wurden die Kurzvorträge vor Beginn der jeweiligen Unterrichtseinheit sowie die am Ende der Unterrichtseinheit gehaltenen Referate miteinander verglichen. Dafür wurden alle Schülervorträge mit einer digitalen Videokamera aufgezeichnet. Die so entstandenen Videodaten wurden mithilfe des folgenden, für die Untersuchung entwickelten Kriterienkatalogs ausgewertet – für jedes Kriterium wurde eine Bewertungsskala von eins bis sechs festgelegt.

Sprache

Artikulation

   sehr schlecht   1_____2_____3_____4_____5_____6   sehr gut

Modulation

   keine   1_____2_____3_____4_____5_____6   stark ausgeprägt

Ausdrucksweise

   nicht angemessen   1_____2_____3_____4_____5_____6   sehr angemessen

Sprachtempo / Pausen

   nicht angemessen   1_____2_____3_____4_____5_____6   sehr angemessen

Sprachfluss

   sehr stockend   1_____2_____3_____4_____5_____6   sehr flüssig

Körper

Blickkontakt

   nicht angemessen   1_____2_____3_____4_____5_____6   sehr angemessen

Körperhaltung

   verkrampft   1_____2_____3_____4_____5_____6   natürlich / locker

Bewegung im Raum

   nicht angemessen   1_____2_____3_____4_____5_____6   sehr angemessen

Gestik

   nicht stimmig   1_____2_____3_____4_____5_____6   sehr stimmig

Präsentation

Medieneinsatz

   nicht vorhanden   1_____2_____3_____4_____5_____6   sehr viel

Medieneinsatz

   nicht sinnvoll   1_____2_____3_____4_____5_____6   sehr sinnvoll

Mediengestaltung

   sehr schlecht   1_____2_____3_____4_____5_____6   sehr gut

Moderation

   sehr schlecht   1_____2_____3_____4_____5_____6   sehr gut

Freier Vortrag

   alles abgelesen   1_____2_____3_____4_____5_____6   vollkommen frei

Souveränität des Vortrags

   sehr unsicher   1_____2_____3_____4_____5_____6   sehr sicher

Bei jeder Klasse wertete ich zuerst alle Kurzvorträge und anschließend alle Referate aus. Auf diese Weise sollte verhindert werden, dass die Bewertung der Referate durch die der Kurzvorträge beeinflusst worden wäre.

5.3 Statistische Auswertungsverfahren

Mithilfe des Statistikprogramms SPSS wurden verschiedene Berechnungen mit den ermittelten Videodaten durchgeführt. Zur Überprüfung der formulierten Hypothesen wurden folgende Berechnungen durchgeführt:

- Deskriptive Kennwerte
- Häufigkeiten für die Merkmalsausprägungen zu Messzeitpunkt 1 und Messzeitpunkt 2 anhand der beschriebenen Kriterien
- Gruppenvergleiche nach Mann und Whitney (nonparametrisches Verfahren)
- Vergleich von Messzeitpunkt 1 und Messzeitpunkt 2 für alle Skalen nach Wilcoxon

Das jeweilige Signifikanzniveau, das bei den Berechnungen der Gruppenvergleiche nach Mann und Whitney und dem Vergleich der Messzeitpunkte nach Wilcoxon ermittelt wurde, wurde von der Software automatisch errechnet. Die Klassifizierung erfolgte nach dem in empirischer Pädagogik üblichen Kriterien nach NEYMAN und PEARSON:

$\alpha < 0,05$	*Irrtumswahrscheinlichkeit unter 5 %*	*signifikant*	*
$\alpha < 0,01$	*Irrtumswahrscheinlichkeit unter 1 %*	*sehr signifikant*	**

Die statistischen Werte sind tabellarisch dargestellt.

5.4 Ergebnisse der Videoanalyse

Die im Folgenden dargestellten Ergebnisse der Videoanalyse sollen Aufschluss geben über die Leistungsverbesserung der Schüler am Ende jeder Unterrichtsreihe. Dies ermöglicht eine Beurteilung der verschiedenen Unterrichtsmodelle im Hinblick auf ihre Effektivität zur Förderung von Rhetorikfähigkeiten bei Berufsschülern.

5.4.1 Deskriptive Analyse der Videodaten

Eine deskriptive Analyse der Videodaten soll zunächst einmal die Frage klären, wie sich die Schülerleistungen im Hinblick auf die zu untersuchenden Merkmale darstellen. Die Berechnung dieser Daten lässt erste Rückschlüsse auf die Wirksamkeit der drei Unterrichtsreihen zu. Der deskriptive Kennwert ist ein Begriff aus der deskriptiven (beschreibenden) Statistik. Diese beschreibt die Daten einer empirisch untersuchten Gesamtmenge. Der Kennwert, auch Stichprobenkennwert, ist der Wert, der die beobachteten Werte einer Stichprobe zusammenfasst, um eine Aussage zur Verteilung der Werte zu machen (BORTZ, 1999). Die Werte

sind in Form von Tabellen dargestellt, die von links nach rechts folgende Angaben beinhalten:
In der linken Spalte sind die einzelnen Untersuchungsvariablen sowohl zum ersten als auch zum zweiten Messzeitpunkt aufgeführt. Die Daten zu den einzelnen Kriterien wurden in der Videoanalyse mithilfe der bereits vorgestellten Ratingskalen gewonnen. Als zweites folgt der Kennwert „n", das heißt die Stichprobengröße. In diesem Fall steht „n" für die Anzahl der Schüler pro Klasse. In der nächsten Spalte wird die Spannweite angezeigt, innerhalb derer sich die Werte innerhalb der Klasse bewegen. Die beiden folgenden Spalten, Minimum und Maximum, zeigen den geringsten und den höchsten tatsächlich vorkommenden Wert an. Darauf folgen die für die Auswertung besonders relevanten Mittelwerte. Dabei handelt es sich um die Werte, die sich ergeben, wenn die Summe aller Werte einer Verteilung durch die Gesamtzahl der Werte geteilt werden (BORTZ, 1999). Anhand der Mittelwerte zu Messzeitpunkt 1 und Messzeitpunkt 2 (im Folgenden auch abgekürzt mit MZP) kann man erkennen, in welchen Merkmalen sich die Klassen verbessert oder verschlechtert haben. Zu sehen ist schließlich die jeweilige Standardabweichung von diesem Mittelwert. Die Standardabweichung bezeichnet man auch kurz als Streuung, das heißt wie sich die Werte aller untersuchten Personen um den Mittelwert verteilen.

5.4.1.1 Deskriptive Kennwerte für Klasse 1 (Referatunterricht)

Untersuchungsvariablen	n	Spannweite	Minimum	Maximum	Mittelwert	Standard-abweichung
Artikulation 1	22	1	4	5	4,50	0,51
Modulation 1	22	1	4	5	4,73	0,46
Ausdruck 1	22	1	4	5	4,95	0,21
Sprechtempo 1	22	1	4	5	4,91	0,29
Sprechfluss 1	22	1	4	5	4,59	0,50
Blickkontakt 1	22	3	2	5	3,86	0,64
Körperhaltung 1	22	2	3	5	4,05	0,79
Bewegung im Raum 1	22	0	4	4	4,00	0,00
Gestik 1	22	2	2	4	3,68	0,57
M.-einsatz vorhanden 1	22	4	1	5	2,41	1,76
M.-einsatz sinnvoll 1	22	4	1	5	2,18	1,56
Mediengestaltung 1	22	4	1	5	2,59	1,97
Moderation 1	22	1	3	4	3,95	0,21
Freier Vortrag 1	22	5	1	6	4,86	1,17
Souveränität 1	22	2	3	5	4,59	0,67

Untersuchungsvariablen	n	Spannweite	Minimum	Maximum	Mittelwert	Standard-abweichung
Artikulation 2	22	1	4	5	4,59	0,50
Modulation 2	22	1	4	5	4,64	0,49
Ausdruck 2	22	1	4	5	4,95	0,21
Sprechtempo 2	22	1	4	5	4,68	0,48
Sprechfluss 2	22	2	3	5	4,23	0,53
Blickkontakt 2	22	4	1	5	3,36	1,09
Körperhaltung 2	22	2	3	5	4,00	0,76
Bewegung im Raum 2	22	1	3	4	3,45	0,51
Gestik 2	22	3	2	5	3,64	0,79
M.-einsatz vorhanden 2	22	5	1	6	3,55	2,04
M.-einsatz sinnvoll 2	22	5	1	6	3,27	1,83
Mediengestaltung 2	22	5	1	6	3,41	1,92
Moderation 2	22	3	2	5	3,77	0,81
Freier Vortrag 2	22	4	1	5	3,41	1,47
Souveränität 2	22	2	3	5	4,41	0,59

Tabelle 12: Deskriptive Kennwerte für Klasse 1

Die Mittelwerte, die in der Tabelle abgebildet sind, zeigen, dass sich die Klasse, in der der einfache Referatunterricht durchgeführt wurde, vom ersten zum zweiten Messzeitpunkt lediglich in vier der fünfzehn angelegten Kriterien verbessert hat. Verbessert haben sich die Schüler in den Variablen *Artikulation, Medieneinsatz vorhanden, Medieneinsatz sinnvoll* und *Mediengestaltung*. Bei den drei Merkmalen zum *Medieneinsatz* ist die Standardabweichung zum ersten Messzeitpunkt mit über 1,5 auffallend höher als bei den anderen Merkmalen. Das bedeutet, dass die Schülerleistungen innerhalb der Klasse in diesen Variablen besonders weit auseinander liegen. Das erkennt man auch an der Spannweite, die bei diesen Merkmalen vier beträgt. Das heißt, die Bewertung der Videoaufzeichnungen bewegt sich bei diesen Merkmalen von 1 (sehr schlecht) bis 5 (fast sehr gut). Eine ebenfalls große Spannweite findet sich nur noch beim *Freien Vortrag*. Hier bewegen sich die Schülerleistungen zum ersten Messzeitpunkt auf der gesamten Bewertungsskala (Minimum 1 bis Maximum 6). Zum zweiten Messzeitpunkt sind die Standardabweichungen bei den Merkmalen zum *Medieneinsatz* ebenfalls besonders hoch. Die Spannweite der Schülerleistungen bei diesen Merkmalen bewegt sich jetzt über die gesamte Skala (von 1 bis 6).

Beim *Blickkontakt* sowie beim *Freien Vortrag* sind die Standardabweichungen mit über 1,00 zum zweiten Messzeitpunkt auffällig. Beim *Freien Vortrag* war das bereits zum ersten Messzeitpunkt feststellbar, beim *Blickkontakt* ist das erst zum zweiten Messzeitpunkt der Fall. Das heißt, die Schülerleistungen sind in diesem Merkmal beim zweiten Messzeitpunkt unterschiedlicher als beim ersten.

Betrachtet man die Mittelwerte zum zweiten Messzeitpunkt, stellt man fest, dass sich ein Großteil der Schüler in zehn, also in zwei Drittel der Merkmale, verschlechtert hat. Eine Verschlechterung zeigt sich bei der *Modulation*, dem *Sprechtempo* und dem *Sprechfluss*. Das gilt auch für den *Blickkontakt*, die

Körperhaltung, die *Bewegung im Raum* und die *Gestik*, also für die gesamten körperlichen Aspekte. Auch *Moderation* und *Freier Vortrag* haben sich verschlechtert. Beim *Freien Vortrag* liegt die Standardabweichung, wie beim *Medieneinsatz*, wiederum über 1,0. Dies alles schlägt sich letztendlich in einer Verminderung der *Souveränität des Vortrags* nieder. Unverändert blieb die durchschnittliche Leistung der Schüler im *Ausdruck*. Ob die Verschlechterungen statistisch bedeutsam sind, werden die Berechnungen nach Mann und Whitney im Kapitel 5.4.3 zeigen.

5.4.1.2 Deskriptive Kennwerte für Klasse 2 (Referatunterricht mit Rhetorikübungen)

Untersuchungsvariablen	n	Spannweite	Minimum	Maximum	Mittelwert	Standard-Abweichung
Artikulation 1	19	1	4	5	4,32	0,48
Modulation 1	19	1	4	5	4,58	0,51
Ausdruck 1	19	1	4	5	4,84	0,37
Sprechtempo 1	19	1	4	5	4,63	0,50
Sprechfluss 1	19	2	3	5	4,26	0,56
Blickkontakt 1	19	3	2	5	3,79	0,63
Körperhaltung 1	19	2	3	5	3,89	0,74
Bewegung im Raum 1	19	0	4	4	4,00	0,00
Gestik 1	19	2	3	5	3,68	0,75
M.-einsatz vorhanden 1	19	4	1	5	1,63	1,38
M.-einsatz sinnvoll 1	19	3	1	4	1,53	1,12
Mediengestaltung 1	19	4	1	5	1,63	1,38
Moderation 1	19	1	3	4	3,79	0,42
Freier Vortrag 1	19	4	2	6	4,95	1,13
Souveränität 1	19	2	3	5	4,32	0,58
Artikulation 2	19	1	4	5	4,74	0,45
Modulation 2	19	1	4	5	4,68	0,48
Ausdruck 2	19	2	3	5	4,84	0,50
Sprechtempo 2	19	1	4	5	4,79	0,42
Sprechfluss 2	19	1	4	5	4,32	0,48
Blickkontakt 2	19	3	2	5	3,42	1,02
Körperhaltung 2	19	1	4	5	4,42	0,51
Bewegung im Raum 2	19	2	4	6	4,16	0,50
Gestik 2	19	2	3	5	4,05	0,62
M.-einsatz vorhanden 2	19	5	1	6	3,89	1,66
M.-einsatz sinnvoll 2	19	5	1	6	3,84	1,64
Mediengestaltung 2	19	5	1	6	3,84	1,80
Moderation 2	19	1	4	5	4,32	0,48
Freier Vortrag 2	19	4	1	5	3,21	1,44
Souveränität 2	19	2	3	5	4,32	0,67

Tabelle 13: Deskriptive Kennwerte für Klasse 2

In der Klasse mit den Rhetorikübungen zeigen sich auf deskriptiver Ebene deutlich mehr positive Veränderungen als in der Klasse mit dem einfachen Referatunterricht. Die Schüler konnten sich in elf von den fünfzehn Variablen verbessern. Das gilt im Bereich der Sprache für die *Artikulation*, die *Modulation*, das *Sprechtempo* und den *Sprechfluss*. Das Körperverhalten verbesserte sich im Hinblick auf die *Körperhaltung*, die *Bewegung im Raum* und die *Gestik*. Besonders deutlich zeigt sich die Verbesserung beim Merkmal *Medieneinsatz*. Die Schüler dieser Klasse konnten sich in allen drei Merkmalen eines erfolgreichen *Medieneinsatzes* verbessern. Auch kann man feststellen, dass beim *Medieneinsatz* die Standardabweichungen besonders hoch sind, was zum zweiten Messzeitpunkt noch auffälliger ist. Das zeigt, dass bei der Auswertung der Videoaufnahmen für die Bewertung der Schülerleistungen die gesamte Bewertungsskala ausgenutzt wurde. Die Spannweite der Schülerleistungen hat sich insgesamt in dieser Klasse zum zweiten Messzeitpunkt in der Mehrheit der Merkmale vergrößert. Vergrößert hat sich die Spannweite im *Ausdruck*, in der *Bewegung im Raum*, im *Medieneinsatz vorhanden*, im *Medieneinsatz sinnvoll* und in der *Mediengestaltung*. Angeglichen haben sich die Schülerleistungen im *Sprechfluss* und in der *Körperhaltung*.

Die *Moderation* hat sich positiv verändert. Unverändert blieben der sprachliche *Ausdruck* und die *Souveränität des Vortrags*.

Es gibt aber auch in dieser Klasse Merkmale, die sich vom ersten zum zweiten Messzeitpunkt hin verschlechtert haben, nämlich der *Blickkontakt* und der *Freie Vortrag*. Beim *Blickkontakt* ist zum zweiten Messzeitpunkt eine auffällige Standardabweichung von 1,02 festzustellen. Beim *Freien Vortrag* ist das ebenfalls zu bemerken. Hier liegt die Standardabweichung zum ersten Messzeitpunkt bereits bei 1,13, zum zweiten Messzeitpunkt sogar bei 1,44. Bei beiden Merkmalen liegen die Schülerleistungen innerhalb der Klasse also bemerkenswert weit auseinander, wobei mit Sicherheit ein Zusammenhang zwischen der Qualität des *Blickkontaktes* und dem *Freien Vortrag* besteht.

5.4.1.3 Deskriptive Kennwerte für Klasse 3 (Referatunterricht mit LdL)

Untersuchungsvariablen	n	Spannweite	Minimum	Maximum	Mittelwert	Standard-abweichung
Artikulation 1	30	2	3	5	4,47	0,57
Modulation 1	30	1	4	5	4,80	0,41
Ausdruck 1	30	1	4	5	4,97	0,18
Sprechtempo 1	30	1	4	5	4,87	0,35
Sprechfluss 1	30	2	3	5	4,67	0,55
Blickkontakt 1	30	2	2	4	3,57	0,63
Körperhaltung 1	30	2	3	5	3,80	0,61
Bewegung im Raum 1	30	0	4	4	4,00	0,00
Gestik 1	30	3	2	5	3,57	0,68
M.-einsatz vorhanden 1	30	3	1	4	1,10	0,55
M.-einsatz sinnvoll 1	30	3	1	4	1,10	0,55
Mediengestaltung 1	30	4	1	5	1,13	0,73
Moderation 1	30	1	3	4	3,80	0,41
Freier Vortrag 1	30	2	4	6	5,50	0,68
Souveränität 1	30	1	4	5	4,77	0,43
Artikulation 2	30	2	3	5	4,57	0,57
Modulation 2	30	1	4	5	4,80	0,41
Ausdruck 2	30	1	4	5	4,93	0,25
Sprechtempo 2	30	1	4	5	4,60	0,50
Sprechfluss 2	30	3	2	5	4,20	0,76
Blickkontakt 2	30	3	1	4	3,37	0,85
Körperhaltung 2	30	3	2	5	3,77	0,77
Bewegung im Raum 2	30	1	4	5	4,07	0,25
Gestik 2	30	2	3	5	3,70	0,60
M.-einsatz vorhanden 2	30	4	1	5	2,20	1,52
M.-einsatz sinnvoll 2	30	4	1	5	2,33	1,56
Mediengestaltung 2	30	4	1	5	2,57	1,81
Moderation 2	30	4	1	5	3,60	0,86
Freier Vortrag 2	30	5	1	6	3,43	1,41
Souveränität 2	30	2	3	5	4,60	0,67

Tabelle 14: Deskriptive Kennwerte für Klasse 3

Die Mittelwerte der dritten Klasse zeigen für die Unterrichtsreihe mit LdL lediglich bei sechs der fünfzehn Variablen eine Verbesserung. Das sind zwar zwei Variablen mehr als in der Klasse mit dem Referatunterricht, aber deutlich weniger als in der Klasse mit den Rhetorikübungen.

Im Bereich Sprache verbesserte sich nur die *Artikulation*. Das Körperverhalten hat sich in Bezug auf die *Bewegung im Raum* nur minimal verbessert. Deutlicher zeigen sich die Verbesserungen beim Medieneinsatz: *Medieneinsatz vorhanden*, *Medieneinsatz sinnvoll* und *Mediengestaltung*. Hier liegen auch die Standardabweichungen zum zweiten Messzeitpunkt über 1,0. nämlich zwischen 1,52 und 1,81. Die Spannweite der Schülerleistungen hat sich also in diesen Merkmalen nach der Durchführung der Unterrichtsreihe vergrößert. Achtmal haben sich die Schüler der Klasse verschlechtert. Die Sprache verschlechterte sich im Hinblick auf den *Ausdruck*, das *Sprechtempo* und den *Sprechfluss*. Beim *Sprechfluss* vergrößerten sich die Leistungsunterschiede der Schüler von der Spannweite zwei auf drei. Der *Blickkontakt* sowie die *Körperhaltung* haben sich ebenfalls verschlechtert.

Die Schüler zeigten zum zweiten Messzeitpunkt auch schlechtere Leistungen in der *Moderation*, dem *Freien Vortrag* und der *Souveränität des Vortrags*. Bei diesen drei Merkmalen hat sich auch die Spannweite der Schülerleistungen stark verändert, was auch an den hohen Standardabweichungen zu erkennen ist. Ein direkter Zusammenhang ist zwischen der deutlichen Verschlechterung im *Freien Vortrag* und der *Souveränität des Vortrags* herzustellen.

Mit acht Verschlechterungen haben sich die Schüler zwar in mehr als der Hälfte der Variablen verschlechtert, dies muss allerdings noch, ebenso wie die Verbesserungen, auf die statistische Bedeutsamkeit untersucht werden.

5.4.1.4 Zusammenfassung der Ergebnisse

Welche Rückschlüsse über die Qualitäten der drei verschiedenen Unterrichtsmodelle lassen sich aus der Berechnung der deskriptiven Kennwerte im Hinblick auf die Hypothesen ziehen?

Die größten Standardabweichungen sind in allen drei Klassen bereits zum ersten Messzeitpunkt beim *Medieneinsatz* und beim *Freien Vortrag* festzustellen. Das zeigt, dass bei diesen Bewertungsmerkmalen die größten Differenzen zwischen den Schülerleistungen bestehen. Die großen Unterschiede beim *Medieneinsatz* beruhen zum ersten Messzeitpunkt darauf, dass viele Schüler bei ihrem ersten Kurzvortrag überhaupt keine Medien eingesetzt haben. Die Unterschiede beim *Medieneinsatz* zum zweiten Messzeitpunkt beziehen sich dann mehr auf die Art und Qualität des jeweiligen *Medieneinsatzes*. Hier scheinen die Unterrichtsreihen großen Einfluss auf die Schülerleistungen gehabt zu haben.

Bemerkenswert ist die Standardabweichung bei der Klasse mit dem Referatunterricht und der Klasse mit den zusätzlichen Rhetoriübungen ebenfalls noch beim *Blickkontakt*. Das heißt, auch hier haben sich die Schülerleistungen innerhalb der Klasse stark auseinander entwickelt. Diese Spannweite hat sich besonders in der Rhetorik-Klasse zum zweiten Messzeitpunkt sogar noch vergrößert, woraus man schon jetzt schließen kann, dass sich hier einige Schüler zum zweiten Messzeitpunkt verbessert haben müssten. Wie bedeutend die Veränderungen vom ersten zum zweiten Messzeitpunkt hin zu bewerten sind, werden die folgenden Berechnungen zeigen.

Was diese ersten Ergebnisse ebenfalls bereits andeuten, ist, dass sich die Klassen mit dem Referatunterricht und dem LdL-Unterricht nicht einmal in der Hälfte der vorgegebenen Merkmale verbessern konnten. Hier zeichnet sich ab, dass sich die Klasse mit den Rhetoriübungen in den meisten Variablen von allen drei Klassen verbessert hat. Dieses Ergebnis wird dadurch unterstützt, dass es in dieser Klasse, laut der Berechnung, auch die wenigsten Verschlechterungen gab. Hierbei muss jedoch ganz deutlich gesagt werden, dass die schlechteren Werte im Referat im Vergleich zum Kurzvortrag nicht unbedingt einen Rückgang der Fähigkeiten der Schüler bedeuten. Vielmehr könnten möglicherweise besonders anspruchsvolle Referatinhalte eine Rolle gespielt haben. Auch die persönliche Tagesform der Schüler kann in diesem Zusammenhang eine Rolle spielen. Diese Phänomene gelten selbstverständlich auch für alle weiteren Analysen der Videodaten.

5.4.2 Deskriptive Analyse der Veränderungen in der Referatsqualität vor und nach dem Unterricht für alle drei Klassen

Die folgenden Berechnungen sollen zeigen, wie die drei Klassen zum zweiten Messzeitpunkt im direkten Vergleich miteinander abgeschnitten haben.

Für diese weiteren Berechnungen wurden die Einzelmerkmale zu inhaltlich sinnvollen Kategorien zusammengefasst. Die Variablen *Artikulation, Modulation, Ausdrucksweise, Sprechtempo / Pausen* und *Sprechfluss* werden in dem Merkmal *Sprache* zusammengefasst. Das Merkmal *Körper* umfasst die Variablen *Blickkontakt, Körperhaltung, Bewegung im Raum* und *Gestik*. *Medieneinsatz vorhanden / Medieneinsatz sinnvoll, Moderation* und *Freier Vortrag* wurden in dem Merkmal *Präsentation* zusammengefasst. Einzeln aufgeführt werden die Daten für das Merkmal *Souveränität des Vortrags*.

Da es einige Merkmale gibt, die bereits bei der ersten Berechnung erkennen lassen, dass es hier besonders starke Veränderungen in den Schülerleistungen gab, werden diese ebenfalls zusätzlich als Einzelmerkmale aufgeführt und berechnet. Das gilt für *Medieneinsatz* sowie *Moderation* und *Freier Vortrag*.

Die Einteilung in diese Kategorien ermöglicht eine bessere Übersicht über die Ergebnisse der Untersuchung und erleichtert somit die Überprüfung der Hypothesen.

5.4.2.1 Darstellung der Ergebnisse

Die tabellarische Darstellung gibt Aufschluss darüber, in welchen Merkmalen sich die Klassen zum zweiten Messzeitpunkt hin verbessert, verschlechtert oder gar nicht verändert haben. In der ersten Spalte werden die Häufigkeiten genannt. Sie beschreiben, wie viele Schüler sich im jeweiligen Merkmal verbessert (+) oder verschlechtert (-) haben bzw. deren Leistung gleich (=) geblieben ist. Die zweite Spalte enthält die Prozentangaben zu den Häufigkeiten, um die Vergleichbarkeit zwischen den drei Klassen mit unterschiedlicher Schülerzahl zu erleichtern.

Unter-suchungs-variablen	Klasse 1 (22) Referatunterricht		Klasse 2 (19) Referatunterricht mit Rhetorikübungen		Klasse 3 (30) Referatunterricht mit LdL	
	Häufigkeit	Prozent	Häufigkeit	Prozent	Häufigkeit	Prozent
Sprache	− 12	− 54,5	− 2	− 10,5	− 13	− 43,3
	= 7	= 31,8	= 6	= 31,6	= 16	= 53,3
	+ 3	+ 13,6	+ 11	+ 58	+ 1	+ 3,3
Körper	− 12	− 54,4	− 3	− 15,8	− 11	− 36,7
	= 6	= 27,3	= 6	= 31,6	= 10	= 33,3
	+ 4	+ 18,1	+ 10	+ 52,7	+ 9	+ 30
Präsentation	− 6	− 27,2	− 1	− 5,3	− 8	− 26,7
	= 5	= 22,7	= 3	= 15,8	= 8	= 26,7
	+ 11	+ 49,8	+ 15	+ 79,1	+ 14	+ 46,7
Medieneinsatz	− 3	− 13,5	− 1	− 5,3	− 0	− 0
	= 8	= 36,4	= 4	= 21,1	= 16	= 53,3
	+ 11	+ 49,8	+ 14	+ 73,8	+ 14	+ 46,5
Moderation	− 5	− 22,7	− 0	− 0	− 8	− 26,7
	= 14	= 63,6	= 9	= 47,4	= 18	= 60
	+ 3	+ 13,6	+ 10	+ 52,6	+ 4	+ 13,3
Freier Vortrag	− 17	− 77,2	− 14	− 73,7	− 25	− 83,4
	= 4	= 18,2	= 5	= 26,3	= 5	= 16,7
	+ 1	+ 4,5	+ 0	+ 0	+ 0	+ 0
Souveränität des Vortrags	− 5	− 22,7	− 2	− 10,5	− 5	− 16,7
	= 15	= 68,2	= 15	= 78,9	= 25	= 83,3
	+ 2	+ 9,1	+ 2	+ 10,5	+ 0	+ 0

Tabelle 15: Häufigkeiten für die Veränderungen von MZP 1 zu MZP 2

Das erste Merkmal, die *Sprache*, hat sich in der Klasse mit den Rhetorikübungen mit 58 % der Schüler am deutlichsten verbessert, im Gegensatz zur Klasse mit dem Referatunterricht mit 13,6 % und der Klasse mit dem Unterricht in LdL mit nur 3,3 %. In der Klasse mit dem Referatunterricht haben sich 54,5 % der Schüler sogar verschlechtert, in der LdL-Klasse immerhin 43,3 % in der Rhetorik-Klasse haben sich 10,5 % der Schüler verschlechtert.
Das *Körperverhalten* hat sich ebenfalls am stärksten bei den Schülern aus der Klasse mit den Rhetorikübungen mit 52,7 % verbessert. Hier kommt die Referat-Klasse nur auf 18,1 %, die LdL-Klasse immerhin auf 30 % Verbesserungen unter den Schülern. Das Körperverhalten hat sich in der Klasse mit dem Referatunterricht mit 54,4 % bei den meisten Schülern aller drei Klassen verschlechtert. In der Klasse mit dem LdL-Unterricht waren es 36,7 % und in der Klasse mit den Rhetorikübungen haben sich nur 15,8 % der Schüler verschlechtert. Die *Präsentation* hat sich in der Rhetorik-Klasse mit 79,1 % der Schüler mit Abstand am meisten verbessert. Jedoch kommt die Klasse mit dem Referatunterricht ebenfalls auf eine Verbesserungsquote von 49,8 % der Schüler und die Klasse mit dem LdL-Unterricht immerhin auf 46,7 % Verbesserungen. In der Präsentation haben sich in der Referat-Klasse 27,2 % der Schüler verschlechtert,

etwas mehr als in der LdL-Klasse mit 26,7 %. In der Klasse mit den Rhetorik-übungen haben sich hier lediglich 5,3 % der Schüler verschlechtert.

Beim *Medieneinsatz* speziell liegt diese Klasse wiederum mit 73,8 % der Schü-ler an der Spitze im Hinblick auf die Verbesserung vom ersten zum zweiten Messzeitpunkt hin. Die Klasse mit dem Referatunterricht kommt, wie bei der Präsentation insgesamt, wieder auf 49,8 %, die Klasse mit dem LdL-Unterricht auf 46,5 %. Die Schüler der Klasse mit dem Referatunterricht haben sich mit 13,5 % am stärksten im Medieneinsatz verschlechtert. Eine Verschlechterung gab es auch in der Klasse mit den Rhetorikübungen mit 5,3 % der Schüler, wäh-rend sich in der Klasse mit dem Unterricht mit LdL kein Schüler verschlechtert hat.

Das *Moderationsverhalten* hat sich in der Klasse mit den Rhetorikübungen mit 52,6 % der Schüler am meisten verbessert. In der Klasse mit dem Referatunter-richt haben sich dagegen nur 13,6 % und in der LdL-Klasse lediglich 13,3 % der Schüler in ihrem Moderationsverhalten gesteigert. Die Moderation war im Ver-gleich vom ersten zum zweiten Messzeitpunkt in der Klasse mit dem LdL-Unterricht mit 26,7 % am schlechtesten, gefolgt von der Klasse mit dem Refe-ratunterricht mit 22,7 % der Schüler. In der Klasse mit den Rhetorikübungen hat sich kein Schüler bei der Moderation verschlechtert.

Der *Freie Vortrag* hat sich nur bei den Schülern der Klasse mit dem Referatun-terricht mit 4,5 % verbessert. In der Rhetorik-Klasse und in der LdL-Klasse konnte kein Schüler seinen Freien Vortrag verbessern. Am schlechtesten waren die Schüler der Klasse mit dem LdL-Unterricht im Freien Vortrag mit 83,4 % Verschlechterungen. In der Klasse mit dem Referatunterricht haben sich 77,2 % der Schüler verschlechtert und in der Klasse mit den Rhetorikübungen 73,7 % der Schüler.

Die *Souveränität des Vortrags* hat sich am meisten in der Klasse mit den Rheto-rikübungen mit 10,5 % der Schüler verbessert, in der Klasse mit dem Referatun-terricht verbesserte sie sich bei 9,1 % der Schüler. In der Klasse, die mit LdL unterrichtet wurde, hat sich die Souveränität bei keinem Schüler gesteigert. Ver-schlechtert hat sich die Souveränität des Vortrags vom ersten zum zweiten Messzeitpunkt in der Referat-Klasse am stärksten mit 22,7 % der Schüler. In der LdL-Klasse haben sich 16,7 % der Schüler verschlechtert. Die wenigsten Ver-schlechterungen kamen auch hier wieder in der Klasse mit den Rhetorikübungen bei 10,5 % der Schüler vor.

Aus diesem Ergebnis lässt sich ableiten, dass es in der LdL-Klasse prozentual zwar die wenigsten Verbesserungen gab, aber die meisten gleichbleibenden Leistungen. Die Auswertung der Daten zeigt, dass sich die Klasse, in der der Referatunterricht mit Rhetorikübungen durchgeführt wurde, am meisten verbes-sert hat. Immerhin in sechs von sieben untersuchten Merkmale liegen die Schü-ler der Klasse mit den Rhetorikübungen vorne. Dementsprechend gab es in die-ser Klasse auch im prozentualen Vergleich mit den beiden anderen Klassen die wenigsten Verschlechterungen. Die meisten Verschlechterungen gab es in der Klasse mit dem einfachen Referatunterricht.

5.4.2.2 Zusammenfassung der Ergebnisse

Der direkte Vergleich der drei Klassen zeigt, dass die Klasse mit den Rhetorik-übungen ihre Vortragstechniken am stärksten verbessern konnte. Das kann man daran erkennen, dass die Rhetorik-Klasse in so vielen Merkmalen wie keine andere Klasse die höchsten Prozentzahlen in der Verbesserung aufweisen kann. Die Schüler der Klasse, die mit LdL unterrichtet wurden, haben sich prozentual am wenigsten verbessert, zumeist sind die Leistungen der Schüler dieser Klasse unverändert geblieben. Berücksichtigt man hierbei, dass die Referate an die Schüler höhere Anforderungen gestellt haben als die Vortragssituation zum ersten Messzeitpunkt, ist das Ergebnis nicht uneingeschränkt negativ zu bewerten. Die größere Belastung scheint sich nach einem Unterricht mit LdL nicht negativ auf die Leistungen der Schüler auszuwirken. Allerdings fehlt den Schülern offensichtlich das gezielte Training, um ihre Rhetorikfähigkeiten in dieser kurzen Zeit sichtbar zu verbessern. Eindeutig negativ ist das Ergebnis der ersten Klasse zu bewerten, die im klassischen Referatunterricht vorbereitet wurde. Mit Verschlechterungen in fast allen Variablen lässt sich feststellen, dass die Rhetorikfähigkeiten der Schüler mit diesen Unterrichtsmethoden nicht ausreichend geschult werden können. Werden die Schüler nach solch einem Unterricht mit einem inhaltlich anspruchsvollen Referat oder einer entsprechenden Vortragssituation betraut, sind sie anscheinend nicht in der Lage diese ohne Einbußen in ihrer Präsentation zu bestehen. Folglich fallen die Ergebnisse der Vorträge für Schüler und Lehrer unbefriedigend aus. Daraus kann man schließen, dass sich der vermeintliche Mehraufwand an Zeit durch das Einschieben von Rhetorikübungen bereits kurzfristig in der Leistung der Schüler messbar auszahlt.

Mit den Häufigkeiten können jedoch nur Tendenzen beschrieben werden. Deshalb soll nun in den folgenden Kapiteln überprüft werden, inwieweit die hier festgestellten Veränderungen auch statistisch signifikant sind.

5.4.3 Vergleich der Referatsqualität vor und nach dem Unterricht für alle drei Klassen

Will man herausfinden, welches Unterrichtsmodell am erfolgreichsten war, ist vorab die Frage zu klären, ob eine Klasse bereits vor Beginn der jeweiligen Unterrichtsreihe leistungsstärker war als die anderen. Entscheidend ist weiterhin die Frage, wie sich die Leistungen der Klassen nach Durchführung der Unterrichtsreihen darstellen.

Der Mann-Whitney-Test soll deshalb Aufschluss darüber geben, ob sich die Klassen in ihrer Leistung schon vor den Unterrichtsreihen signifikant voneinander unterschieden haben und vor allem, ob sie sich danach signifikant voneinander unterscheiden. Zu diesem Zweck wird jede Klasse mit den beiden anderen Klassen zum ersten und zum zweiten Messzeitpunkt in den folgenden Merkmalen verglichen: *Sprache*, *Körper*, *Präsentation*, *Medieneinsatz*, *Moderation*, *Freier Vortrag* und *Souveränität des Vortrags*.

5.4.3.1 Vergleich der Referatsqualität vor dem Unterricht nach Mann und Whitney

Die folgenden Berechnungen zeigen, welche Leistungsunterschiede zwischen den Klassen vor Beginn der Unterrichtsreihen vorhanden waren.

Vergleich zwischen Klasse 1 (Referatunterricht) und Klasse 2 (Referatunterricht mit Rhetorikübungen) zum MZP 1

Wie die folgende Tabelle zeigt, ist die Klasse mit dem einfachen Referatunterricht zum ersten Messzeitpunkt nur in der *Sprache* signifikant besser als die Klasse mit den zusätzlichen Rhetorikübungen. Bei den anderen Variablen gibt es zum ersten Messzeitpunkt keine signifikanten Leistungsunterschiede.

Untersuchungs-variablen	Klasse	n	Mittlerer Rang	Testprüfgröße U	Signifikanz-niveau
Sprache 1	Klasse 1	22	25,73		
	Klasse 2	19	15,53	105,00	0,01
	Gesamt	41			
Körper 1	Klasse 1	22	22,07		
	Klasse 2	19	19,76	185,50	0,53
	Gesamt	41			
Präsentation 1	Klasse 1	22	23,91		
	Klasse 2	19	17,63	145,00	0,07
	Gesamt	41			
Medieneinsatz 1	Klasse 1	22	23,07		
	Klasse 2	19	18,61	163,50	0,15
	Gesamt	41			
Moderation 1	Klasse 1	22	22,57		
	Klasse 2	19	19,18	174,50	0,11
	Gesamt	41			
Freier Vortrag 1	Klasse 1	22	20,48		
	Klasse 2	19	21,61	197,50	0,75
	Gesamt	41			
Souveränität des Vortrags 1	Klasse 1	22	23,59		
	Klasse 2	19	18,00	152,00	0,09
	Gesamt	41			

Tabelle 16: Gruppenvergleiche nach Mann und Whitney von Klasse 1 und 2 für MZP 1

Vergleich zwischen Klasse 1 (Referatunterricht) und Klasse 3 (Referatunterricht mit LdL) zum MZP 1

Signifikante Unterschiede zwischen der Klasse mit dem Referatunterricht und der Klasse, die mit LdL unterrichtet wurde, gab es zum ersten Messzeitpunkt bei drei Merkmalen. In der *Präsentation* insgesamt und speziell im *Medieneinsatz* war die Referat-Klasse von vorne herein besser als die LdL-Klasse. Dafür war der *Freie Vortrag* zu Beginn in der LdL-Klasse signifikant besser als in der Referat-Klasse.

Untersuchungs-variablen	Klasse	n	Mittlerer Rang	Testprüfgröße U	Signifikanz-niveau
Sprache 1	Klasse 1	22	25,55		
	Klasse 3	30	27,20	309,00	0,68
	Gesamt	52			
Körper 1	Klasse 1	22	30,66		
	Klasse 3	30	23,45	238,50	0,08
	Gesamt	52			
Präsentation 1	Klasse 1	22	33,27		
	Klasse 3	30	21,53	181,00	0,00
	Gesamt	52			
Medieneinsatz 1	Klasse 1	22	32,16		
	Klasse 3	30	22,35	205,50	0,00
	Gesamt	52			
Moderation 1	Klasse 1	22	28,82		
	Klasse 3	30	24,80	279,00	0,11
	Gesamt	52			
Freier Vortrag 1	Klasse 1	22	21,32		
	Klasse 3	30	30,30	216,00	0,02
	Gesamt	52			
Souveränität des Vortrags 1	Klasse 1	22	24,91		
	Klasse 3	30	27,67	295,00	0,40
	Gesamt	52			

Tabelle 17: Gruppenvergleiche nach Mann und Whitney von Klasse 1 und 3 für MZP 1

Vergleich zwischen Klasse 2 (Referatunterricht mit Rhetorikübungen) und Klasse 3 (Referatunterricht mit LdL) zum MZP 1

Zwischen den Klassen 2 (Rhetorikübungen) und 3 (LdL) können die meisten signifikanten Unterschiede festgestellt werden. Zum ersten Messzeitpunkt ist die Klasse mit den Rhetorikübungen bereits signifikant besser im *Medieneinsatz*. Die Klasse mit dem LdL-Unterricht hingegen ist zum ersten Messzeitpunkt in zwei Variablen besser als die Rhetorik-Klasse, nämlich in der *Sprache* und in der *Souveränität des Vortrags*.

Untersuchungs-variablen	Klasse	n	Mittlerer Rang	Testprüfgröße U	Signifikanz-niveau
Sprache 1	Klasse 2	19	17,37		
	Klasse 3	30	29,83	140,00	0,00
	Gesamt	49			
Körper 1	Klasse 2	19	26,76		
	Klasse 3	30	23,88	251,50	0,48
	Gesamt	49			
Präsentation 1	Klasse 2	19	26,97		
	Klasse 3	30	23,75	247,50	0,34
	Gesamt	49			
Medieneinsatz 1	Klasse 2	19	27,66		
	Klasse 3	30	23,32	234,50	0,05
	Gesamt	49			
Moderation 1	Klasse 2	19	24,84		
	Klasse 3	30	25,10	282,00	0,93
	Gesamt	49			
Freier Vortrag 1	Klasse 2	19	20,74		
	Klasse 3	30	27,70	204,00	0,07
	Gesamt	49			
Souveränität des Vortrags 1	Klasse 2	19	18,84		
	Klasse 3	30	28,90	168,00	0,01
	Gesamt	49			

Tabelle 18: Gruppenvergleiche nach Mann und Whitney von Klasse 2 und 3 für MZP 1

Die Berechnungen zeigen, dass sich die Schüler der drei Klassen vor Beginn der verschiedenen Unterrichtsreihen in ihren rhetorischen Fähigkeiten in einigen Aspekten signifikant unterscheiden. So sind die Schüler der Referat-Klasse im Sprachverhalten signifikant besser als die Schüler der Rhetorik-Klasse.

Die Referat-Klasse schneidet im Vergleich zur Klasse, die mit LdL unterrichtet wurde, in der *Präsentation* und im *Medieneinsatz* signifikant besser ab, dagegen schlechter im *Freien Vortrag*.

Die LdL-Klasse stellt sich zum ersten Messzeitpunkt gegenüber der Rhetorik-Klasse besser in der *Sprache* und in der *Souveränität des Vortrags* heraus. Die Rhetorik-Klasse dagegen ist vor Beginn der Unterrichtsreihen signifikant besser im *Medieneinsatz* als die LdL-Klasse.

Insgesamt kann man jedoch festhalten, dass sich die Schüler der drei Klassen in ihren rhetorischen Fähigkeiten vor der Durchführung des Unterrichts nicht besonders stark unterscheiden.

5.4.3.2 Vergleich der Referatsqualität nach dem Unterricht nach Mann und Whitney

Die folgenden Berechnungen zeigen, wie sich die Leistungsunterschiede zwischen den Klassen am Ende der Unterrichtsreihen darstellen.

Vergleich zwischen Klasse 1 (Referatunterricht) und Klasse 2 (Referatunterricht mit Rhetorikübungen) zum MZP 2

Untersuchungs-variablen	Klasse	n	Mittlerer Rang	Testprüfgröße U	Signifikanz-niveau
Sprache 2	Klasse 1	22	19,41		
	Klasse 2	19	22,84	174,00	0,35
	Gesamt	41			
Körper 2	Klasse 1	22	17,70		
	Klasse 2	19	24,82	136,50	0,06
	Gesamt	41			
Präsentation 2	Klasse 1	22	18,80		
	Klasse 2	19	23,55	160,50	0,20
	Gesamt	41			
Medieneinsatz 2	Klasse 1	22	19,93		
	Klasse 2	19	22,24	185,50	0,53
	Gesamt	41			
Moderation 2	Klasse 1	22	17,52		
	Klasse 2	19	25,03	132,50	0,02
	Gesamt	41			
Freier Vortrag 2	Klasse 1	22	21,68		
	Klasse 2	19	20,21	194,00	0,69
	Gesamt	41			
Souveränität des Vortrags 2	Klasse 1	22	21,61		
	Klasse 2	19	20,29	195,50	0,69
	Gesamt	41			

Tabelle 19: Gruppenvergleiche nach Mann und Whitney von Klasse 1 und 2 für MZP 2

Zum zweiten Messzeitpunkt war die Klasse mit den Rhetorikübungen in dem Kriterium *Moderation* signifikant besser als die Klasse mit dem einfachen Referatunterricht. Die Referat-Klasse hingegen war in keiner Variable der Rhetorik-Klasse überlegen.

Vergleich zwischen Klasse 1 (Referatunterricht) und Klasse 3 (Referatunterricht mit LdL) MZP 2

Untersuchungs-variablen	Klasse	n	Mittlerer Rang	Testprüfgröße U	Signifikanz-niveau
Sprache 2	Klasse 1	22	25,84		
	Klasse 3	30	26,98	315,50	0,78
	Gesamt	52			
Körper 2	Klasse 1	22	25,34		
	Klasse 3	30	27,35	304,50	0,63
	Gesamt	52			
Präsentation 2	Klasse 1	22	31,80		
	Klasse 3	30	22,62	213,50	0,03
	Gesamt	52			
Medieneinsatz 2	Klasse 1	22	32,14		
	Klasse 3	30	22,37	206,00	0,02
	Gesamt	52			
Moderation 2	Klasse 1	22	28,32		
	Klasse 3	30	25,17	290,00	0,41
	Gesamt	52			
Freier Vortrag 2	Klasse 1	22	26,70		
	Klasse 3	30	26,35	325,50	0,93
	Gesamt	52			
Souveränität des Vortrags 2	Klasse 1	22	23,84		
	Klasse 3	30	28,45	271,50	0,21
	Gesamt	52			

Tabelle 20: Gruppenvergleiche nach Mann und Whitney von Klasse 1 und 3 für MZP 2

Auch zum zweiten Messzeitpunkt blieb die Klasse mit dem einfachen Referatunterricht in der gesamten *Präsentation* sowie im *Medieneinsatz* speziell signifikant besser als die Klasse mit dem LdL-Unterricht. Im *Freien Vortrag* konnte zum zweiten Messzeitpunkt jedoch kein signifikanter Unterschied mehr zwischen den beiden Klassen ausgemacht werden.

Vergleich zwischen Klasse 2 (Referatunterricht mit Rhetorikübungen) und Klasse 3 (Referatunterricht mit LdL) zum MZP 2

Untersuchungs-variablen	Klasse	n	Mittlerer Rang	Testprüfgröße U	Signifikanz-niveau
Sprache 2	Klasse 2	19	26,74		
	Klasse 3	30	23,90	252,00	0,48
	Gesamt	49			
Körper 2	Klasse 2	19	30,08		
	Klasse 3	30	21,78	188,50	0,05
	Gesamt	49			
Präsentation 2	Klasse 2	19	34,26		
	Klasse 3	30	19,13	109,00	0,00
	Gesamt	49			
Medieneinsatz 2	Klasse 2	19	33,47		
	Klasse 3	30	19,63	124,00	0,00
	Gesamt	49			
Moderation 2	Klasse 2	19	32,34		
	Klasse 3	30	20,35	145,50	0,00
	Gesamt	49			
Freier Vortrag 2	Klasse 2	19	23,71		
	Klasse 3	30	25,82	260,50	0,61
	Gesamt	49			
Souveränität des Vortrags 2	Klasse 2	19	21,53		
	Klasse 3	30	27,20	219,00	0,12
	Gesamt	49			

Tabelle 21: Gruppenvergleiche nach Mann und Whitney von Klasse 2 und 3 für MZP 2

Die Leistungsvorsprünge der Klasse, die mit LdL unterrichtet wurde, konnte die Klasse mit den Rhetorikübungen bis zum zweiten Messzeitpunkt ausgleichen. Vielmehr war die Rhetorik-Klasse neben dem *Medieneinsatz* sogar in drei weiteren Variablen signifikant besser als die LdL-Klasse. Das gilt für den *Körpereinsatz*, die gesamte *Präsentation* und auch speziell in der *Moderation*.

Der Vergleich der Klassen zum zweiten Messzeitpunkt zeigt, dass die Klasse mit den Rhetorikübungen den beiden anderen Klassen in keinem untersuchten Merkmal unterlegen, jedoch – insbesondere im Vergleich mit der LdL-Klasse – in einigen Merkmalen überlegen war. Gegenüber der Klasse mit dem Referatunterricht schnitt sie signifikant besser ab in dem Merkmal *Moderation*, gegenüber der LdL-Klasse in den Merkmalen *Körper*, *Präsentation*, *Medien* und *Moderation*.

Im Vergleich Referat-Klasse und LdL-Klasse wies die Referat-Klasse zum zweiten Messzeitpunkt insgesamt bessere Leistungen auf. Das gilt, wie schon zum ersten Messzeitpunkt, für die Variablen *Präsentation* und *Medieneinsatz*.

5.4.3.3 Zusammenfassung der Ergebnisse

Die Ergebnisse dieser Berechnungen ergeben zunächst einmal ein genaues Bild davon, inwieweit sich die Schüler aller drei Klassen vor Beginn der Unterrichtsreihen in ihren rhetorischen Fähigkeiten unterschieden. Diese Unterschiede festzustellen ist wichtig, um später die Wirksamkeit der verschiedenen Unterrichtsmodelle richtig beurteilen zu können.

Die Untersuchung hat ergeben, dass sich die Schülerleistungen der Referat-Klasse und der Referat-Klasse mit Rhetorikübungen zum ersten Messzeitpunkt kaum voneinander unterschieden. Lediglich in der Variablen *Sprache* war die Referat-Klasse signifikant besser als die Rhetorik-Klasse.

Beim Vergleich der Klassen mit den Rhetorikübungen und dem Unterricht mit LdL waren die Leistungsunterschiede vor Beginn der Unterrichtsreihen etwas ausgeprägter. Die Klasse, die mit LdL unterrichtet wurde, war in zwei Variablen besser (*Sprache* und *Souveränität des Vortrags*), dafür war die Klasse mit den Rhetorikübungen signifikant besser im Hinblick auf den *Medieneinsatz*.

Das Gleiche gilt für die Klasse mit dem Referatunterricht im Vergleich mit der Klasse, die mit LdL unterrichtet wurde. Die Referat-Klasse war in zwei Variablen (*Präsentation* und *Medien*) besser als die LdL-Klasse. Dafür war diese besser beim *Freien Vortrag*.

Insgesamt kann man feststellen, dass sich die drei untersuchten Klassen zum ersten Messzeitpunkt in einzelnen Merkmalen signifikant unterschieden. Es gab jedoch keine gravierenden Unterschiede in den rhetorischen Kompetenzen der Schüler in den drei Klassen.

Nach Abschluss der Unterrichtsreihen zeigt sich ein verändertes Bild. Zum zweiten Messzeitpunkt war die Klasse mit den Rhetorikübungen sowohl der Klasse mit dem Referatunterricht als auch der Klasse mit LdL in den meisten Variablen ebenbürtig und in einzelnen Merkmalen überlegen. Das heißt, dass sich die Rhetorik-Klasse gegenüber den anderen Klassen hinsichtlich verschiedener Merkmale verbesserte.

Zwischen der Referat-Klasse und der LdL-Klasse zeigten sich im Anschluss an die Unterrichtsreihen dieselben Leistungsunterschiede wie zuvor.

Dieses Ergebnis legt den Schluss nahe, dass die Unterrichtsreihe mit den Rhetorikübungen die effektivste Methode darstellt, die rhetorischen Fähigkeiten von Schülern zu steigern.

Im Folgenden wird eine abschließende Berechnung dargestellt, die Aufschluss darüber gibt, inwieweit die Verbesserungen der einzelnen Klassen vom ersten zum zweiten Messzeitpunkt signifikant sind.

5.4.4 Analyse der Veränderungen der Schülerleistungen in allen drei Klassen

Abschließend sollen noch einmal die einzelnen Klassen im Fokus der Untersuchung stehen. Es gilt die Frage zu klären, welche Klasse sich bei welchen Kriterien signifikant verbessert bzw. verschlechtert hat. Die letzte Berechnung, die zu diesem Zweck durchgeführt wurde, ist der so genannte Wilcoxon-Test. Bei diesem Test stehen die einzelnen Klassen und ihre individuellen Leistungssteigerungen nach der jeweiligen Unterrichtsreihe im Vordergrund, unabhängig von den anderen Klassen. Mit diesem Test kann man überprüfen, hinsichtlich welcher Merkmale sich die Schülerleistungen in den Klassen nach Ende der jeweiligen Unterrichtsreihe signifikant verändert haben.

Zu diesem Zweck wird für jedes Messwertpaar, bestehend aus der Bewertung von Messzeitpunkt 1 und Messzeitpunkt 2, die Differenz berechnet. Diese Differenzen werden in eine Rangfolge gebracht. Dabei stehen die negativen Ränge für die Anzahl der Verschlechterungen beim zu untersuchenden Merkmal. Die positiven Ränge stehen für die Verbesserungen und als Bindungen wird die Anzahl der Schüler dargestellt, bei denen es im jeweiligen Merkmal keine signifikante Veränderung zu verzeichnen gab.

5.4.4.1 Wilcoxon-Test für Klasse 1 (Referatunterricht)

Untersuchungs-variablen	Ränge	n	Testprüfgröße Z	Signifikanz-niveau
Sprache 2 – Sprache 1	Negative Ränge	12	-2,04	0,04
	Positive Ränge	3		
	Bindungen	7		
	Gesamt	22		
Körper 2 – Körper 1	Negative Ränge	12	-2,36	0,02
	Positive Ränge	4		
	Bindungen	6		
	Gesamt	22		
Präsentation 2 – Präsentation 1	Negative Ränge	6	-2,14	0,03
	Positive Ränge	11		
	Bindungen	5		
	Gesamt	22		
Medieneinsatz 2 – Medieneinsatz 1	Negative Ränge	3	-2,55	0,01
	Positive Ränge	11		
	Bindungen	8		
	Gesamt	22		
Moderation 2 – Moderation 1	Negative Ränge	5	-1,10	0,27
	Positive Ränge	3		
	Bindungen	14		
	Gesamt	22		
Freier Vortrag 2 – Freier Vortrag 1	Negative Ränge	17	-3,56	0,00
	Positive Ränge	1		
	Bindungen	4		
	Gesamt	22		
Souveränität des Vortrags 2 – Souveränität des Vortrags 1	Negative Ränge	5	-1,27	0,21
	Positive Ränge	2		
	Bindungen	15		
	Gesamt	22		

Tabelle 22: Wilcoxon-Test für Klasse 1

Die Klasse, die mit dem einfachen Referatunterricht unterrichtet wurde, hat sich vom ersten zum zweiten Messzeitpunkt hin in fünf Variablen signifikant verändert. Drei dieser Veränderungen fielen jedoch negativ aus. Das gilt für die *Sprache*, den *Körper* und den *Freien Vortrag*. Verbessert haben sich die Schüler im Hinblick auf die *Präsentation* insgesamt und speziell im *Medieneinsatz*.

5.4.4.2 Wilcoxon-Test für Klasse 2 (Referatunterricht mit Rhetorik-übungen)

Untersuchungs-variablen	Ränge	n	Testprüfgröße Z	Signifikanz-niveau
Sprache 2 – Sprache 1	Negative Ränge	2	-2,67	0,01
	Positive Ränge	11		
	Bindungen	6		
	Gesamt	19		
Körper 2 – Körper 1	Negative Ränge	3	-1,87	0,06
	Positive Ränge	10		
	Bindungen	6		
	Gesamt	19		
Präsentation 2 – Präsentation 1	Negative Ränge	1	-3,24	0,00
	Positive Ränge	15		
	Bindungen	3		
	Gesamt	19		
Medieneinsatz 2 – Medieneinsatz 1	Negative Ränge	1	-3,11	0,00
	Positive Ränge	14		
	Bindungen	4		
	Gesamt	19		
Moderation 2 – Moderation 1	Negative Ränge	0	-3,16	0,00
	Positive Ränge	10		
	Bindungen	9		
	Gesamt	19		
Freier Vortrag 2 – Freier Vortrag 1	Negative Ränge	14	-3,32	0,00
	Positive Ränge	0		
	Bindungen	5		
	Gesamt	19		
Souveränität des Vortrags 2 – Souveränität des Vortrags 1	Negative Ränge	2	0,00	1,00
	Positive Ränge	2		
	Bindungen	15		
	Gesamt	19		

Tabelle 23: Wilcoxon-Test für Klasse 2

Auch in der Klasse, die die zusätzlichen Rhetorikübungen erhielt, gab es fünf signifikante Veränderungen vom ersten zum zweiten Messzeitpunkt. Verbessern konnten sich die Schüler zunächst einmal in der *Sprache*. Das galt auch für die gesamte *Präsentation*. Signifikante Verbesserungen wurden hier speziell beim *Medieneinsatz* und der *Moderation* erzielt. Im *Freien Vortrag* hat sich die Klasse jedoch, wie die Tabelle zeigt, signifikant verschlechtert.

5.4.4.3 Wilcoxon-Test für Klasse 3 (Referatunterricht mit LdL)

Untersuchungs-variablen	Ränge	n	Testprüfgröße Z	Signifikanz-niveau
Sprache 2 – Sprache 1	Negative Ränge	13	-3,12	0,00
	Positive Ränge	1		
	Bindungen	16		
	Gesamt	30		
Körper 2 – Körper 1	Negative Ränge	11	-0,06	0,96
	Positive Ränge	9		
	Bindungen	10		
	Gesamt	30		
Präsentation 2 – Präsentation 1	Negative Ränge	8	-2,95	0,00
	Positive Ränge	14		
	Bindungen	8		
	Gesamt	30		
Medieneinsatz 2 – Medieneinsatz 1	Negative Ränge	0	-3,32	0,00
	Positive Ränge	14		
	Bindungen	16		
	Gesamt	30		
Moderation 2 – Moderation 1	Negative Ränge	8	-1,43	0,15
	Positive Ränge	4		
	Bindungen	18		
	Gesamt	30		
Freier Vortrag 2 – Freier Vortrag 1	Negative Ränge	25	-4,41	0,00
	Positive Ränge	0		
	Bindungen	5		
	Gesamt	30		
Souveränität des Vortrags 2 – Souveränität des Vortrags 1	Negative Ränge	5	-2,24	0,03
	Positive Ränge	0		
	Bindungen	25		
	Gesamt	30		

Tabelle 24: Wilcoxon-Test für Klasse 3

Schließlich haben sich die Schüler der Klasse, die mit LdL unterrichtet wurde, ebenfalls vom ersten zum zweiten Messzeitpunkt hin signifikant in fünf der sieben untersuchten Variablen verändert. Wie bereits bei der Klasse mit dem einfachen Referatunterricht, gab es auch hier drei Verschlechterungen und nur zwei Verbesserungen. Verbessern konnten sich die Schüler, entsprechend der Referat-Klasse, in der gesamten *Präsentation* und im *Medieneinsatz*. Verschlechtert haben sich die Leistungen in der *Sprache*, im *Freien Vortrag* und der *Souveränität des Vortrags*.

5.4.4.4 Zusammenfassung der Ergebnisse

Das Ergebnis der Untersuchung hat gezeigt, dass sich die Schülerleistungen aller drei Klassen in jeweils fünf Merkmalen signifikant verändert haben. Dabei handelt es sich in der Rhetorik-Klasse um vier Verbesserungen und eine Verschlechterung, während es in den beiden anderen Klassen jeweils zwei Verbesserungen und drei Verschlechterungen sind. Alle drei Klassen haben sich in der *Präsentation* signifikant verbessert, was speziell auf eine Verbesserung des *Medieneinsatzes* zurückzuführen ist, da hierin ebenfalls alle Klassen bessere Untersuchungsergebnisse gezeigt haben. Die Rhetorik-Klasse konnte zusätzlich noch verbesserte Resultate in den Merkmalen *Sprache* und *Moderation* erzielen. In der Referat-Klasse und der LdL-Klasse ergab die Untersuchung in der *Sprache* nach der Unterrichtsreihe signifikant schlechtere Ergebnisse als vor Beginn der Unterrichtsreihe. Schlechtere Werte erlangte die Referat-Klasse weiterhin im Merkmal *Körper*, die LdL-Klasse im Merkmal *Souveränität des Vortrags*. Im *Freien Vortrag* haben sich alle Klassen zum zweiten Messzeitpunkt hin signifikant verschlechtert.

5.5 Bewertung der Unterrichtsmodelle im Hinblick auf die Förderung von Rhetorikfähigkeiten

Die Ergebnisse der Studie zeigen ein eindeutiges Ergebnis für die Bewertung der drei Unterrichtsmodelle. Die größten Fortschritte haben die Schüler der Klasse gemacht, die mit zusätzlichen Rhetorikübungen unterrichtet wurden. Schwieriger stellt sich die Bewertung der beiden anderen Unterrichtsmodelle dar. Generell muss man jedoch sagen, dass beide Unterrichtsmodelle wenig Erfolg bei der Förderung von Rhetorikfähigkeiten gezeigt haben. Lediglich in Bezug auf den *Medieneinsatz* zeigten sich in beiden Unterrichtsmodelle deutliche Lernerfolge. Der Referatunterricht mit den eingebauten Rhetorikübungen war im Hinblick auf die Förderung der Rhetorikfähigkeiten im Vergleich mit den beiden anderen Unterrichtsmodellen am erfolgreichsten. Obwohl sich diese Klasse noch zu Beginn der Unterrichtsreihe in ihrer Leistung nicht von den anderen Klassen abgehoben hat, erzielte sie am Ende eindeutig die besten Ergebnisse. Auch im Vorher-Nachher-Vergleich der Klasse gab es unter den Schülern der Rhetorik-Klasse die meisten Verbesserungen. Besonders wirksam stellten sich die durchgeführten Rhetorikübungen für den Umgang mit dem eigenen *Körper*, die *Präsentation* allgemein, speziell den *Medieneinsatz* und die *Moderation* des Vortrags heraus. Es zeigt sich also, dass bereits eine bis zwei Schulstunden intensiver Beschäftigung mit diesen Themen in Berufsschulklassen ausreichen können, um die rhetorischen Fähigkeiten der Schüler hinsichtlich dieser Aspekte signifikant zu verbessern. Eine Verbesserung der *Sprache* wurde selbst mit Rhetorikübungen gegenüber den anderen Klassen nicht erreicht. Das Sprachverhalten lässt sich demnach schwerer verändern und bedürfte einer intensiveren Übung, um sichtbare Erfolge zu erzielen. Das stellt die durchgeführte Methode jedoch keineswegs in Frage, vielmehr muss hier ein noch intensiveres Training stattfinden. Auch die *Souveränität des Vortrags* konnte trotz der Rhetorikübungen nicht verbessert werden. Das war jedoch in der Kürze der Zeit auch nicht zu erwarten, da sie nur durch gute inhaltliche Kompetenz und langfristige Übung im Präsentieren erreicht werden kann.

Es wurde vermutet, dass die Unterrichtsreihe mit dem einfachen Referatunterricht als nicht ausreichend zur Förderung der Rhetorikfähigkeiten ist. Diese Erwartung hat sich bestätigt. Die unzureichende Vorbereitung auf die Referate wird besonders deutlich, wenn man sieht, dass die Schüler dieser Klasse zu Beginn der Unterrichtsreihe in verschiedenen Merkmalen besser waren als die beiden anderen und dieses Positiv-Ergebnis zum Ende der Unterrichtsreihe nicht halten konnten. Das ist besonders bemerkenswert, da der Referatunterricht durch die Videoanalyse der Kurzvorträge zu Beginn des Unterrichts bereits mehr Rhetorikschulung enthielt, als es im häufig an Schulen praktizierten Referatunterricht der Fall ist. Stattdessen haben sich die Schüler dieser Klasse im Vergleich zu den beiden anderen Klassen in den meisten Merkmalen verschlechtert. Dieses Resultat spricht eindeutig dagegen, die Schüler ausschließlich auf diese Art und Weise auf Vortragssituationen vorzubereiten.

Welche Rückschlüsse lassen sich aus diesem Ergebnis nun für die Qualität des Prinzips „Lernen durch Lehren" für die Rhetorikschulung ableiten? Zunächst einmal kann man feststellen, dass sich die Schülerleistungen durch den Unterricht mit LdL von allen drei Unterrichtsreihen am wenigstens verändert haben. Die *Sprache* hat hier, ebenso wie in der Referat-Klasse, vom Kurzvortrag zum umfangreicheren Referat hin schlechtere Werte erreicht. Ohne gezielte Übungen zur Aussprache und zum Ausdruck konnten somit in diesem Merkmal in beiden Klassen keine Verbesserung der Leistung erreicht werden.

Beim *Freien Vortrag* wurden, ebenso wie in den beiden anderen Klassen, auch niedrigere Werte festgestellt, sicherlich aus den gleichen Gründen wie in den beiden anderen Klassen auch.

Die *Souveränität des Vortrags* hat sich ebenfalls im Hinblick auf die ermittelten Werte „verschlechtert". Das ist bemerkenswert, da sich bei diesem Unterrichtsprinzip gerade das Selbstvertrauen der Schüler zur Präsentation stärken sollte. Dieses Ergebnis weist womöglich darauf hin, dass Lernen durch Lehren längerfristig mit Schülern praktiziert werden muss, um in dieser Hinsicht erfolgreich zu sein. Schnelle Verbesserungen sind diesbezüglich nicht möglich gewesen. *Präsentation* allgemein und speziell der *Medieneinsatz* haben sich auch in dieser Unterrichtsreihe signifikant verbessert. Da dies in allen drei Unterrichtsreihen der Fall war, kann man daraus keine besondere Qualität dieses Unterrichtsmodells ableiten.

5.6   Verifikation der Hypothesen

Aufgrund der in den vorangegangenen Kapiteln dargestellten Auswertungsergebnisse ist es nun möglich, die zu Beginn der Studie aufgestellten Hypothesen auf ihre Richtigkeit hin zu überprüfen.

Hypothese 1:   Unterricht, in dem viele verschiedene Redesituationen für die Schüler geschaffen werden, reicht nicht aus, um die rhetorischen Fähigkeiten der Schüler signifikant zu verbessern.

Die vorliegende Untersuchung hat diese Hypothese verifiziert. Im Hinblick auf Verbesserungen in den betrachteten Merkmalen ließ die Referat-Klasse kaum Leistungsfortschritte erkennen. Auch im Vergleich mit den beiden anderen Klassen sind die Schülerleistungen zum zweiten Messzeitpunkt als weniger gut zu bewerten.
Die zweite Hypothese hat sich ebenfalls als richtig herausgestellt.

Hypothese 2: Eine Verbesserung der Präsentationsfähigkeit wird durch ergänzende Rhetorikübungen messbar in den Bereichen Sprache, Körper, Medieneinsatz und Moderation erreicht.

Die Klasse, die mit zusätzlichen Rhetorikübungen unterrichtet wurde, konnte sich in diesen Merkmalen gegenüber den anderen Klassen verbessern, auch wenn sich die Verbesserungen im Merkmal *Körper* im Vorher-Nachher-Vergleich nicht als signifikant herausstellten. Besonders deutlich sind die Leistungssteigerungen im *Medieneinsatz* und in der *Moderation* sowie in der *Sprache* als Gesamtbereich.
Bestätigt hat sich auch die dritte Hypothese.

Hypothese 3: Das Kriterium „Freier Vortrag" ist stark an die inhaltliche Sicherheit des Vortragenden gebunden und nicht durch rhetorische Übungen positiv zu beeinflussen.

Wie der Wilcoxon-Test gezeigt hat, hat sich die zweite Klasse im *Freien Vortrag* vom ersten zum zweiten Messzeitpunkt hin signifikant verschlechtert. Das heißt, trotz gezielter Rhetorikübungen verschlechtert sich der freie Vortrag sogar, wenn die Vortragssituation für die Schüler inhaltlich schwieriger wird. Das bestätigt die aufgestellte Hypothese.

Hypothese 4: Die Souveränität ist u.a. stark an die inhaltliche Sicherheit des Vortragenden gebunden und daher nicht messbar durch Rhetorikübungen positiv zu beeinflussen.

Die Vermutung, dass das gleiche Phänomen auch auf die *Souveränität des Vortrags* zutrifft, hat sich ebenfalls bestätigt. Die vierte Hypothese muss also ebenfalls als verifiziert angesehen werden.

Hypothese 5: Die schülergerechte Aufbereitung und Präsentation von Lerninhalten nach dem Konzept „Lernen durch Lehren" fördert die Qualität der Schülerreferate messbar.

Die fünfte Hypothese kann aufgrund der durchgeführten Untersuchung so nicht aufrecht erhalten werden. Die deskriptiven Kennwerte zeigen in nur sechs der fünfzehn Merkmale eine Verbesserung an. Diese Leistungssteigerung ist jedoch nicht signifikant. In den Gruppenvergleichen nach Mann und Whitney kann sich die dritte Klasse gegen keine der beiden anderen Klassen in ihrer Leistung positiv absetzen. Im Gegenteil schneidet die Klasse im Vergleich mit der zweiten Klasse, die mit Rhetorikübungen unterrichtet wurde, deutlich schlechter ab. Somit muss die Hypothese als falsifiziert angesehen werden.

Hypothese 6: Speziell Sprache, Medieneinsatz und Moderation werden durch die Erfahrung, den Unterricht selbst gestaltet zu haben, verbessert.

Auch die sechste Hypothese kann nicht bestätigt werden. Die Gesamtbeurteilung der *Sprache* zeigt im Wilcoxon-Test hingegen sogar eine signifikante Verschlechterung der Sprache an.

Bestätigt hat sich die Hypothese im Hinblick auf den *Medieneinsatz*, der sich signifikant verbessert hat. Allerdings muss dieses Ergebnis insofern eingeschränkt werden, als sowohl Klasse 1 als auch Klasse 2 im direkten Vergleich jeweils besser im *Medieneinsatz* abschnitten als die dritte Klasse.

Auch im Hinblick auf die *Moderation* kann die Hypothese aufgrund der Untersuchung nicht bestätigt werden. Eine Verbesserung der Schülerleistungen durch LdL konnte in den genannten Merkmalen nicht nachgewiesen werden und so muss diese Hypothese ebenfalls als nicht haltbar betrachtet werden.

Hypothese 7: Eine Klasse unterrichtet zu haben, führt bei den Schülern zu einem stärkeren Selbstbewusstsein und somit zu größerer Souveränität beim Vortrag auch unabhängig von der Vertrautheit mit dem Unterrichtsgegenstand.

Die *Souveränität des Vortrags* hat sich in der Klasse, die mit LdL unterrichtet wurde, vom ersten zum zweiten Messzeitpunkt hin signifikant verschlechtert. Das belegten bereits die deskriptiven Kennwerte. Die siebte Hypothese ist somit ebenfalls falsifiziert.

Hypothese 8: Der Referatunterricht mit Rhetorikübungen kann die Schüler im Rahmen eines Schuljahres am effektivsten auf einen Vortrag vorbereiten.

Diese abschließende Hypothese hat sich als richtig erwiesen. Die Analyse der Videodaten hat bestätigt, dass die Schülerleistungen der Rhetorik-Klasse zum zweiten Messzeitpunkt im Vergleich mit den beiden anderen Klassen insgesamt am besten ausfielen. Auch im Vorher-Nachher-Vergleich wiesen die Schüler, die mit zusätzlichen Rhetorikübungen unterrichtet wurden, die deutlichsten Leistungsverbesserungen auf.

6 Schülerbefragung zum Thema „Referate im Deutschunterricht"

Anfangs, um Himmels Willen, mein Puls raste, als ich jedoch gerade mitten-
drin war, merkte ich, wie ich selber auch immer ruhiger wurde, tja
und zum Schluss hat es mir sogar richtig Spaß gemacht.
(Isabell, 18 Jahre, H2 RF 2T)

Um das Gesamtbild zu vervollständigen, werden auch die Schülereindrücke zu den Unterrichtsreihen in die Auswertung mit einbezogen. Die Schüler aller Klassen erhielten einen Fragebogen, auf dem sie ihre persönlichen Eindrücke zur Präsentationsvorbereitung und ihren eigenen Referaten verbalisieren konnten (Fragebogen und Schülerantworten siehe Anhang). Hauptziel war es herauszufinden, wie die Schüler die Vorbereitung auf ihren Vortrag erlebt haben und wie sie anschließend mit ihrer Präsentation zufrieden waren. Die Schüler bekamen den Fragebogen vorgelegt, bevor sie die Noten ihrer Referate erfuhren, um sich von der Note nicht in ihren Empfindungen beeinflussen zu lassen.

6.1 Aufbau und Auswertung des Fragebogens

Der Fragebogen umfasst neben Angaben zur Person zehn Fragen zur Referatsvorbereitung und -präsentation. Die ersten drei Fragen sollten die Schüler zur Reflexion über ihren eigenen Vortrag anregen:
1. Waren Sie mit der Präsentation Ihres Referats zufrieden?
2. Was würden Sie anders machen, wenn Sie das Referat jetzt noch einmal halten könnten?
3. Wie haben Sie sich beim Halten des Referats gefühlt?

Die Fragen vier bis sechs beziehen sich auf die Unterrichtsvorbereitung, das heißt, diese Fragen dienen der Analyse, wie erfolgreich die verschiedenen Unterrichtsmodelle aus Schülersicht waren:
4. Fühlten Sie sich durch den Unterricht gut auf Ihren Vortrag vorbereitet?
5. Welche Unterrichtselemente fanden Sie hilfreich?
6. Was hat Ihnen bei der Vorbereitung gefehlt?

Die Fragen sieben bis zehn gehen über den aktuellen Unterricht hinaus und fordern die Schüler zu einer generellen Beurteilung der Förderung rhetorischer Fähigkeiten im Schulunterricht auf:
7. Welche Erfahrungen haben Sie in Ihrer bisherigen Schullaufbahn mit dem Halten von Referaten gemacht?
8. Hat sich Ihre Einstellung zum Halten von Referaten durch diesen Block verändert?
9. Für wie wichtig halten Sie das Erlernen von Präsentationsfähigkeiten an der Berufsschule?
10. Halten Sie die Schulungsmöglichkeiten Ihrer Präsentationsfähigkeiten an der Berufsschule für ausreichend?

Die Fragen wurden offen formuliert, da die Schüler Gelegenheit haben sollten, ihr subjektives Erleben in freier Form wiedergeben zu können. Das qualitative Datenmaterial wurde, wie schon bei der Lehrerbefragung, für die Auswertung kategorisiert, um die Antworthäufigkeiten bestimmen zu können. Auch hier wurden die Antworten pro Frage ausgewertet. Mehrfachantworten waren bei den Fragen zwei und fünf möglich und wurden in die Auswertung mit einbezogen.

6.2   Ergebnisse der Schülerbefragung

Entsprechend der inhaltlichen Schwerpunkte der einzelnen Fragen werden die Ergebnisse der Schülerbefragung in drei Kapitel unterteilt:
1. Schülerreflexionen über die gehaltenen Referate
2. Unterrichtsvorbereitung auf die Referate aus Schülersicht
3. Allgemeine Einstellung der Schüler zum Thema „Referate im Deutschunterricht"

6.2.1   Schülerreflexionen über die gehaltenen Referate

Die ersten drei Fragen des Schülerfragebogens beschäftigten sich mit den gehaltenen Referaten der Schüler am Ende der Unterrichtsreihe. Die Schüler sollten mit der Beantwortung der Fragen über ihren eigenen Vortrag reflektieren. Die Schülerantworten sollen Aufschluss darüber geben, wie zufrieden die Schüler selbst mit ihren Vorträgen waren, um daraus erste Rückschlüsse auf den Erfolg des jeweiligen Unterrichtsmodells ziehen zu können.

Frage 1:   Waren Sie mit der Präsentation Ihres Referats zufrieden?

Die Schülerantworten zu dieser Frage konnten in fünf Kategorien eingeteilt werden: „ja", „eher ja", „teils teils", „eher nein" und „nein".

Schüler-antworten	Klasse 1 Referatunterricht		Klasse 2 Referatunterricht mit Rhetorikübungen		Klasse 3 Referatunterricht mit LdL	
	Anzahl	Prozent	Anzahl	Prozent	Anzahl	Prozent
Ja	7	32	5	26	4	14
Eher ja	3	14	3	16	2	6
Teils teils	2	9	3	16	10	33
Eher nein	0	0	0	0	4	14
Nein	10	45	8	42	10	33
Gesamtzahl der Antworten	22	100	19	100	30	100

Tabelle 25: Zufriedenheit der Klassen mit der Präsentation ihrer Referate

Die erste Frage sollte Aufschluss darüber geben, wie die Schüler selbst die Präsentation ihres Referats beurteilten, unabhängig von der Note, die sie für das Referat bekommen hatten. Dabei kann man feststellen, dass die Zufriedenheit mit dem eigenen Vortrag in der Klasse mit dem Referatunterricht mit 32 % am höchsten war. Zählt man noch die Personen, die mit „eher ja" geantwortet haben, dazu, liegt diese Klasse weiterhin vorne mit fast 50-prozentiger Zufriedenheit. In der Klasse mit den zusätzlichen Rhetorikübungen war die Zufriedenheit mit 26 % fast ebenso groß. Mit 42 % der Schüler, die mit „ja" und „eher ja" geantwortet haben, waren hier auch fast die Hälfte aller Schüler dieser Klasse mit ihren Vorträgen zufrieden. In der LdL-Klasse war die Zufriedenheit mit 20 % („ja" und „eher ja") eindeutig am geringsten. Interessant ist, dass in den Klassen mit der größeren Zufriedenheit (Referatunterricht und Referatunterricht mit Rhetorikübungen) die Unzufriedenheit ebenfalls am größten war. So gaben in der Referat-Klasse fast die Hälfte aller Schüler (45 %) an, nicht mit ihrer Präsentation zufrieden zu sein, in der Klasse mit den zusätzlichen Rhetorikübungen waren es immerhin noch 42 %. In der LdL-Klasse waren nach eigenen Angaben nur 33 % unzufrieden mit ihrer Präsentation, aber auch 14 % eher unzufrieden, womit die angegebene Unzufriedenheit insgesamt („eher nein" und „nein") mit 47 % am höchsten lag. Auch die teilweise Unzufriedenheit („teils teils") war nach Angaben der Schüler in dieser Klasse am größten (33 %). In der Rhetorik-Klasse lag die teilweise Unzufriedenheit bei 16 %, in der Klasse mit dem Referatunterricht gaben nur noch 9 % der Schüler an, mit ihrer Präsentation nur teilweise zufrieden zu sein.

Frage 2: **Was würden Sie anders machen, wenn Sie das Referat jetzt noch einmal halten könnten?**

Die Schülerantworten wurden in 13 Kategorien eingeteilt. Unter der Kategorie „anderes" wurden solche Antworten gefasst, die sich nicht konkret auf die rhetorische Vorbereitung des Vortrags beziehen.

Schüler-antworten	Klasse 1 Referatunterricht		Klasse 2 Referatunterricht mit Rhetorikübungen		Klasse 3 Referatunterricht mit LdL	
	Anzahl	Prozent	Anzahl	Prozent	Anzahl	Prozent
Besser vorbereiten	3	8	1	3	9	19
Freier sprechen	2	6	4	13	0	0
Mehr Material	13	36	5	16	19	40
Anfang + Schluss	2	6	0	0	0	0
Lauter / langsamer sprechen, Pausen	2	6	1	3	2	4
Ausführlicher / mehr Stoff	4	11	1	3	3	6
Klasse mehr einbeziehen	3	8	1	3	2	4
Anders strukturieren	2	6	1	3	1	2
Mehr Blickkontakt	1	2	0	0	0	0
Nicht so aufgeregt sein	0	0	7	23	6	13
Anderes Thema	2	6	3	10	0	0
Nichts	0	0	3	10	1	2
Anderes	2	6	4	13	5	10
Gesamtzahl der Antworten	36	100	31	100	48	100

Tabelle 26: Verbesserungsvorschläge der Schüler für eine Wiederholung ihres Referats

Die zweite Frage sollte zeigen, inwieweit die Schüler infolge des jeweiligen Unterrichts ihre eigenen Vorträge reflektieren können. Die zwölf meistgenannten Antworten wurden in der Tabelle aufgeführt. Am häufigsten von allen Kategorien gaben die Schüler der Klasse mit dem Referatunterricht und der LdL-Klasse an, mehr Material einsetzen zu wollen (13 und 19 Nennungen). Die Schüler der Klasse mit den Rhetorikübungen gab dagegen mit sieben Nennungen am häufigsten an, nicht mehr so aufgeregt sein zu wollen. Erst an zweiter Stelle wurde hier der Einsatz von mehr Materialien (fünf Nennungen) aufgeführt. Bemerkenswert sind noch die neun Nennungen in der LdL-Klasse für eine bessere Vorbereitung. Alle anderen Angaben bewegen sich in allen drei Klassen lediglich zwischen null bis fünf Nennungen. Abschließend lässt sich feststellen, dass die Rhetorik-Klasse insgesamt die wenigsten Angaben darüber gemacht hat, was sie bei einem neuen Vortrag besser machen würden. Dieses Ergebnis deckt sich mit der Auswertung der ersten Frage, die gezeigt hat, dass die Zufriedenheit mit den Präsentationen in dieser Klasse am größten war, folglich würden die Schüler in dieser Klasse am wenigsten bei einem neuen Vortrag verändern.

Frage 3:   **Wie haben Sie sich beim Halten des Referats gefühlt?**

Die Antworten zur letzten Frage aus diesem Themenblock wurden in sechs verschiedene Kategorien eingeteilt. Unterschieden werden die Gefühlszustände „gut", „erst schlecht / später locker", „unsicher / nervös / ängstlich", „'es geht' / normal", „unmotiviert" und „anderes".

Schüler-antworten	Klasse 1 Referatunterricht		Klasse 2 Referatunterricht mit Rhetorikübungen		Klasse 3 Referatunterricht mit LdL	
	Anzahl	Prozent	Anzahl	Prozent	Anzahl	Prozent
Gut	4	18	2	11	2	7
Erst schlecht / später locker	3	14	4	21	6	20
Unsicher / nervös / ängstlich	14	64	12	63	18	60
„Es geht" / normal	0	0	1	5	1	3
Unmotiviert	0	0	0	0	1	3
Anderes	1	4	0	0	2	7
Gesamtzahl der Antworten	22	100	19	100	30	100

Tabelle 27: Empfindungen der Schüler beim Halten der Referate

Frage drei sollte einen Einblick in die Emotionen der Schüler beim Halten ihres Referats ermöglichen. Vorherrschend in allen drei Klassen waren laut Schüleraussagen Gefühle der Unsicherheit („aufgeregt, etwas unsicher"), der Nervosität („nervös, denn ich habe Prüfungsangst, aber ich finde es auch komisch dazustehen und vor fast fremden Leuten was vorzutragen") und teilweise sogar der Angst („ich war aufgeregt und habe gezittert und Angst hatte ich auch"). Genannt wurden diese Empfindungen in der LdL-Klasse achtzehnmal, in der Referat-Klasse vierzehnmal und in der Rhetorik-Klasse noch zwölfmal. Am zweithäufigsten gaben die Schüler an, zu Beginn des Vortrags nervös gewesen zu sein, was sich aber im Laufe des Referats gelegt habe („am Anfang etwas nervös, später aber ziemlich sicher und souverän"). Das sagten sechs Schüler der Klasse mit LdL, vier in der Klasse mit den Rhetorikübungen und drei in der Klasse mit dem Referatunterricht. Wirklich gut gefühlt haben sich beim Vortrag laut eigener Angabe nur vier Schüler der Referat-Klasse und jeweils zwei in den beiden anderen Klassen („gut, ich war mir sicher, hab gerne über das Thema geredet, es hat mir viel Spaß gemacht"). Lediglich einmal wurde in der Rhetorik- und LdL-Klasse angegeben, dass sich der Vortragende ganz „normal" gefühlt habe.

6.2.2 Unterrichtsvorbereitung auf die Referate aus Schülersicht

In den Fragen vier bis sechs geht es um die Vorbereitung der Schüler auf die Referate im Unterricht. Die Schülerantworten auf diese Fragen geben Aufschluss darüber, wie erfolgreich die Unterrichtsmodelle im Hinblick auf die Vorbereitung der Referate von den Schülern erlebt wurden.

Frage 4:   Fühlten Sie sich durch den Unterricht gut auf Ihren Vortrag vorbereitet?

Die Antworten auf diese Frage wurden in folgende vier Kategorien eingeteilt: „ja", „teilweise", „nein" und „anderes".

Schüler-antworten	Klasse 1 Referatunterricht		Klasse 2 Referatunterricht mit Rhetorikübungen		Klasse 3 Referatunterricht mit LdL	
	Anzahl	Prozent	Anzahl	Prozent	Anzahl	Prozent
Ja	12	55	14	74	15	51
Teilweise	2	9	3	16	4	13
Nein	8	36	1	5	10	33
Anderes	0	0	1	5	1	3
Gesamtzahl der Antworten	22	100	19	100	30	100

Tabelle 28: Einschätzung der Schüler zur Referatsvorbereitung im Unterricht

Die vierte Frage sollte Aufschluss darüber geben, ob sich die Schüler durch den Unterricht gut auf ihren Vortrag vorbereitet gefühlt haben. In der Referat-Klasse und in der LdL-Klasse gaben immerhin jeweils die Hälfte der Schüler (55 % und 51 %) an, durch den Unterricht gut vorbereitet worden zu sein. In der Klasse mit den Rhetorikübungen sind es sogar 74 % der Schüler, die angaben, dass sie der Unterricht gut auf den Vortrag vorbereitet habe. Wenigstens teilweise gut vorbereitet fühlten sich laut eigenen Angaben in der Klasse mit dem Referatunterricht 9 %, in der Klasse mit LdL 13 % und in der Klasse mit den Rhetorikübungen sogar 16 % der Schüler. Von den Schülern der Rhetorik-Klasse, die sich teilweise gut vorbereitet fühlten, gaben einige an, dass es ihnen fast zu viel Vorbereitung war („Ja und nein, es hat einen teilweise nervöser gemacht"; „Ja, aber manches hat einen durch die viele Vorbereitung erst recht nervös gemacht").
Gravierend sind die Unterschiede zwischen den Klassen in der Ansicht, sich gar nicht („nein") durch den Unterricht auf das Referat vorbereitet gefühlt zu haben. In der Klasse mit dem Referatunterricht gaben dies 36 % der Schüler an. In der LdL-Klasse waren es immerhin noch 33 %, die das behaupteten. In der Rhetorik-Klasse war es lediglich ein Schüler, der sich durch den Unterricht gar nicht auf den Vortrag vorbereitet gefühlt hat. In der LdL-Klasse gab einer der Schüler an, dass es gar nicht möglich sei, durch Unterricht wirklich auf einen Vortrag vorbereitet zu werden („Ich finde, man kann sich auf einen Vortrag nicht vorbereiten, egal wie gut ich mir alles vorbereite, es geht schief").

Frage 5: Welche Unterrichtselemente fanden Sie hilfreich?

Bei dieser Frage wurden von den Schülern häufig mehrere Aspekte genannt. Mehrfachantworten wurden in die Analyse mit einbezogen. Die Antworten der Schüler können in zehn Kategorien unterschieden werden.

Schüler-antworten	Klasse 1 Referatunterricht		Klasse 2 Referatunterricht mit Rhetorikübungen		Klasse 3 Referatunterricht mit LdL	
	Anzahl	Prozent	Anzahl	Prozent	Anzahl	Prozent
Kamera /Video	2	11	3	13	2	9
Infoblätter	5	26	2	9	2	9
Besprechung der anderen Referate	4	21	0	0	1	5
Diskussionen	1	5	0	0	1	5
Kurzvortrag + Besprechung	3	16	1	4	2	9
Reden mit dem Lehrer	0	0	1	4	1	5
Rhetorikübun-gen	0	0	10	44	0	0
Lernen durch Lehren	0	0	0	0	6	27
Alles	0	0	5	22	1	5
Nichts	4	21	1	4	6	27
Gesamtzahl der Antworten	19	100	23	100	22	100

Tabelle 29: Unterrichtselemente, die die Schüler bei der Vorbereitung der Referate hilfreich fanden

Die Frage schließt direkt an die vorherige an und sollte klären, welche Unterrichtsinhalte den Schülern besonders bei der Vorbereitung auf ihre Präsentation geholfen haben. In der Klasse mit dem einfachen Referatunterricht verteilten sich die Angaben der Schüler auf die fünf verschiedenen Unterrichtselemente: „Kamera / Video", „Infoblätter", „Besprechung der anderen Referate", „Diskussionen", „Kurzvortrag + Besprechung" und „Nichts". Laut Schülerangaben empfanden fünf Schüler die Informationsblätter zum Halten von Referaten am hilfreichsten. Mit vier Nennungen steht an zweiter Stelle die Besprechung der anderen Referate. Drei Schüler der Klasse gaben an, den Kurzvortrag und dessen Besprechung zu Beginn der Unterrichtsreihe als hilfreich erlebt zu haben. Dabei hoben noch zwei Schüler die Videoaufnahme und deren Auswertung hervor. Vier Schüler gaben an, dass ihnen der Unterricht überhaupt nicht bei der Vorbereitung des Referats geholfen hat. Insgesamt kann man aus den Antworten ersehen, dass kein spezielles Unterrichtselement als besonders hilfreich hervorgehoben wurde.

In der Klasse mit den Rhetorikübungen sind die Ergebnisse eindeutiger. Zehn Schüler, also über die Hälfte, gaben an, dass die Rhetorikübungen ihnen bei der Vorbereitung auf die Präsentation geholfen hätten. Fünf Schüler behaupteten sogar, dass alle Unterrichtselemente hilfreich für sie waren. Die Videoaufzeichnungen der Kurzvorträge nannten drei Schüler, zwei gaben die Infoblätter als hilfreich an. Dass der Unterricht überhaupt nicht geholfen hätte, sagte in dieser Klasse lediglich ein Schüler.

In der LdL-Klasse ist das Ergebnis, ebenso wie bei der ersten Klasse, nicht so eindeutig wie in Klasse zwei. Hier ist es jedoch bemerkenswert, dass mit sechs Nennungen sowohl „Lernen durch Lehren" als auch „Nichts" am häufigsten genannt wurden. Kamera, Infoblätter und die Besprechung der Kurzvorträge wurden jeweils zweimal genannt. Die „Besprechung der anderen Referate", die „Diskussionen", das „Reden mit dem Lehrer" und „Alles" wurden jeweils nur einmal aufgeführt.

Frage 6: Was hat Ihnen bei der Vorbereitung gefehlt?

Bei dieser Frage wurden wiederum Mehrfachangaben berücksichtigt. Die Schülerantworten konnten in fünf verschiedene Kategorien zusammengefasst werden.

Schüler-antworten	Klasse 1 Referatunterricht		Klasse 2 Referatunterricht mit Rhetorikübungen		Klasse 3 Referatunterricht mit LdL	
	Anzahl	Prozent	Anzahl	Prozent	Anzahl	Prozent
Mustervorträge / Beispiele	3	21	0	0	0	0
Konkrete Tipps	3	21	0	0	2	17
Mehr Übung	1	7	0	0	1	8
Motivation	1	7	1	8	1	8
Nichts	6	43	12	92	8	67
Gesamtzahl der Antworten	14	100	13	100	12	100

Tabelle 30: Angaben der Schüler darüber, was ihnen bei der Vorbereitung auf die Referate im Unterricht gefehlt hat

Hier konnten die Schüler zum Ausdruck bringen, welche Unterrichtselemente ihnen bei der Vorbereitung zur Präsentation gefehlt haben bzw. welche Unterrichtselemente ihnen möglicherweise geholfen hätten. In der Klasse mit dem Referatunterricht gaben sechs Schüler an, dass ihnen nichts im Unterricht gefehlt hat. Jeweils dreimal wurde der Wunsch nach Mustervorträgen und konkreteren Tipps zu den Vorträgen geäußert. Einmal erscheint der Wunsch nach mehr Übung und ein weiteres Mal wurde die mangelnde Motivation beklagt.

Wiederum am einheitlichsten fällt das Ergebnis in der Klasse mit den Rhetorikübungen aus. Hier gaben zwölf Schüler an, dass ihnen in der Vorbereitung im Unterricht nichts gefehlt hat. Nur einer nannte die mangelnde Motivation („der Anreiz"). Ansonsten wurden keine Wünsche oder Anregungen genannt.

In der Klasse, die mit LdL unterrichtet wurde, fielen die meisten Stimmen (acht Nennungen) ebenfalls auf die Antwort, dass ihnen nichts im Unterricht bei ihrer Vorbereitung gefehlt hätte. Zweimal wurden konkretere Tipps zum Vortrag gewünscht. Jeweils einmal wurden noch mehr Übungsmöglichkeiten und mehr Motivation gefordert.

6.2.3 Allgemeine Einstellung der Schüler zum Thema „Referate im Deutschunterricht"

Die Fragen sieben bis zehn gehen über den gerade erlebten Unterricht hinaus. Sie sollten klären, welche Erfahrungen die Schüler bislang mit Referaten gemacht haben und wie sie generell zu dieser Thematik stehen. Die Frage ist für diese Untersuchung insofern von Interesse, als die früheren Erlebnisse mit Referaten die Schüler bereits geprägt haben und somit den aktuellen Umgang der Schüler mit Referaten möglicherweise nachhaltig geprägt hat. Die Antworten zu diesen Fragen dienen weiterhin dazu, die Antworten der Lehrerbefragung zu ergänzen bzw. zu verifizieren.

Frage 7: **Welche Erfahrungen haben Sie in Ihrer bisherigen Schullaufbahn mit dem Halten von Referaten gemacht?**

Die Antworten zu dieser Frage unterteilen sich in die Kategorien „gute Erfahrungen", „teils teils", „schlechte Erfahrungen", „kaum / keine Erfahrungen" und „andere", die die Frage nicht wirklich beantworten.

Schüler-antworten	Klasse 1 Referatunterricht		Klasse 2 Referatunterricht mit Rhetorikübungen		Klasse 3 Referatunterricht mit LdL	
	Anzahl	Prozent	Anzahl	Prozent	Anzahl	Prozent
Gute	7	32	4	21	11	37
Teils teils	1	5	1	5	1	3
Schlechte	3	14	4	21	4	13
Kaum / keine	10	44	6	32	13	44
Andere	1	5	4	21	1	3
Gesamtzahl der Antworten	22	100	19	100	30	100

Tabelle 31: Erfahrungen der Schüler mit dem Halten von Referaten

Besonders bemerkenswert an den Antworten der Schüler ist die Tatsache, dass die meisten Schüler in allen drei Klassen behaupteten noch keine oder kaum Erfahrungen mit Referaten gemacht zu haben („keine, ich musste noch nie ein Referat vortragen"). Dies sagten 44 % der Klasse mit dem Referatunterricht, immerhin 32 % der Klasse mit den Rhetorikübungen und sogar 44 % der Klasse mit dem LdL-Unterricht. Immerhin hat die Mehrzahl der Schüler aller Klassen, die bereits Erfahrungen mit Referaten gesammelt haben, diese positiv erlebt („sehr gute, da ich kein Problem habe vor großer Gruppe zu sprechen und es viel Spaß macht, dass man für nicht viel Arbeit eine gute Note bekommen kann"). Bisher gute Erfahrungen mit dem Halten von Referaten hatten 32 % der ersten Klasse, 21 % der zweiten Klasse und sogar 37 % dritten Klasse gemacht. Gemischte Erfahrungen mit Referaten gab in jeder Klasse jeweils nur ein Schüler pro Klasse an. Jeweils vier Schüler der Rhetorik-Klasse (21 %) und der LdL-Klasse (13 %) gaben an, schlechte Erfahrungen mit dem Halten von Referaten gemacht zu haben („keine guten, hab deswegen meinen Realschulabschluss verbockt"; „ich fand es schon immer schrecklich und war auch nie sonderlich gut beim Referat-Halten, wegen der Aufregung"). In der Referat-Klasse waren es drei Schüler (14 %), die ebenfalls schlechte Erfahrungen gemacht hatten. Jeweils ein Schüler der ersten Klasse (5 %) und der dritten Klasse (3 %) sowie vier Schüler (21 %) der zweiten Klasse konnten die Frage nicht genau beantworten.

Frage 8:   Hat sich Ihre Einstellung zum Halten von Referaten durch diesen Block verändert?

Die Schülerangaben zu dieser Frage bewegen sich zwischen folgenden Einstellungen: „ja", „teilweise", „nein", „weiß nicht" und „anderes".

Schüler-antworten	Klasse 1 Referatunterricht		Klasse 2 Referatunterricht mit Rhetorikübungen		Klasse 3 Referatunterricht mit LdL	
	Anzahl	Prozent	Anzahl	Prozent	Anzahl	Prozent
Ja	10	44	9	47	9	30
Teilweise	3	14	0	0	1	3
Nein	7	32	7	37	13	43
Weiß nicht	1	5	1	5	2	7
Anderes	1	5	2	11	5	17
Gesamtzahl der Antworten	22	100	19	100	30	100

Tabelle 32: Einstellung der Schüler zum Halten von Referaten, nach der Unterrichtsreihe

Die achte Frage sollte klären, ob der Unterricht zur Vorbereitung auf die Referate die bisherige Einstellung der Schüler zum Halten von Referaten verändert hat. In der Klasse mit dem Referatunterricht gab die Mehrheit der Schüler mit zehn Stimmen (44 %) an, dass sich ihre Einstellung zum Halten von Referaten positiv verändert hätte. Kaum weniger Schüler, nämlich sieben (32 %), gaben an, dass sich ihre Einstellung nicht verändert hätte. Drei Schüler (14 %) meinten ihre Einstellung zum Halten von Referaten teilweise verändert zu haben. Zwei Schüler (5 %) konnten die Frage nicht beantworten („Ich weiß jetzt wie es ist, aber ich werde beim nächsten Referat auch so nervös sein, wie beim ersten"; „Kann ich nicht sagen, denn es war mein erstes").

In der Klasse mit den Rhetorikübungen gaben neun Schüler (47 %) an, ihre Einstellung zu Referaten positiv verändert zu haben. Bei sieben Schülern (37 %) hatte sich die Einstellung nach eigenen Angaben nicht nachhaltig geändert. Ein Schüler hatte aufgrund mangelnder Erfahrung noch keine Meinung dazu („Hatte noch keine Meinung darüber, habe mich davor aber auch nicht verrückt gemacht, schließlich ist man ja vorbereitet und hat im Notfall auch Stichpunkte"). Ein anderer Schüler äußerte sich zu dieser Frage so: „Ich war eigentlich bisher nur bei diesem Referat aufgelöst, aber vielleicht wegen der Kamera, ansonsten war ich nie so aufgeregt." Die Einstellung zu Referaten wird auch aus der letzten Schülerantwort nicht ganz deutlich, aber auch hier hatte die Vortragssituation

neue Empfindungen im Schüler ausgelöst: „Eigentlich in der Schule (Realschule) hat man dieselbe Klasse zehn Jahre lang, da kennt man sich in- und auswendig, hier ist es anders, in jedem Block andere Leute."
In der Klasse mit dem LdL-Unterricht gab die Mehrheit (43 %) der Schüler an, dass sich ihre Einstellung zu Referaten durch den Unterricht nicht verändert hätte. Bei neun Schülern (30 %) hatte sie sich positiv verändert. Zumindest teilweise hatte sie sich nach eigenen Angaben bei lediglich einem Schüler verändert. Zwei Schüler (7 %) gaben an, dies nicht beurteilen zu können. Fünf Antworten (17 %) bezogen sich nicht eindeutig auf die Fragestellung.

Frage 9: **Für wie wichtig halten Sie das Erlernen von Präsentationsfähigkeiten an der Berufsschule?**

Die Schülerantworten zu dieser Frage lassen sich in vier Kategorien unterscheiden: „sehr wichtig", „wichtig", „eingeschränkt wichtig" und „unwichtig".

Schüler-antworten	Klasse 1 Referatunterricht		Klasse 2 Referatunterricht mit Rhetorikübungen		Klasse 3 Referatunterricht mit LdL	
	Anzahl	Prozent	Anzahl	Prozent	Anzahl	Prozent
Sehr wichtig	11	50	10	52	12	40
Wichtig	9	41	6	32	15	50
Eingeschränkt wichtig	2	9	1	5	3	10
Unwichtig	0	0	2	11	0	0
Gesamtzahl der Antworten	22	100	19	100	30	100

Tabelle 33: Wichtigkeit des Erlernens von Präsentationsfähigkeiten an der Berufsschule

Die neunte Frage entspricht einer Frage aus dem Lehrerfragebogen, um zu klären, für wie wichtig die Schüler selbst das Erlernen von Präsentationsfähigkeiten an der Berufsschule halten. Die Ergebnisse in dieser Frage sind eindeutig. In der Klasse mit dem Referatunterricht gaben 20 von 22 Schülern (91 %) an, das Erlernen von Präsentationsfähigkeiten an der Berufsschule für wichtig bis sehr wichtig zu halten. Für nur eingeschränkt wichtig hielten dies nach ihren Angaben lediglich zwei Schüler („Wichtig ist es nur für Personen, die später einmal selbstständig werden wollen"; „Ist okay, aber ich denke, dass man das nicht übergewichten sollte, in jeder Klasse gab's ein Referat").
In der Klasse mit den Rhetorikübungen brachten die Antworten der Schüler zum Ausdruck, dass 16 Schüler (84 %) das Erlernen von Präsentationsfähigkeiten für wichtig bis sehr wichtig hielten. Ein Schüler stimmte dem nur eingeschränkt zu

(„Es ist eine Erfahrung wert"). Zwei weitere Schüler hielten es laut ihren Angaben für unwichtig, einmal mit dieser Begründung: „Unwichtig, im 2. Lehrjahr muss man nicht mehr lernen vor Fremden zu sprechen." In der Klasse mit dem LdL-Unterricht gaben 27 Schüler (90 %) an, dass sie das Erlernen von Präsentationsfähigkeiten für wichtig bis sehr wichtig hielten. Drei Schüler (10 %) hielten dies nach eigenen Angaben nur für eingeschränkt wichtig, für unwichtig hielt es in dieser Klasse kein Schüler.

Frage 10: **Halten Sie die Schulungsmöglichkeiten Ihrer Präsentations-fähigkeiten an der Berufsschule für ausreichend?**

Die letzte Frage sollte Aufschluss darüber geben, ob die Schüler die Schulungs-möglichkeiten ihrer Präsentationsfähigkeiten an der Berufsschule generell für ausreichend halten. Bei dieser Frage konnten die Schülerantworten in vier Kategorien unterteilt werden: „ja", „könnten mehr sein", „nein" und „weiß nicht".

Schüler-antworten	Klasse 1 Referatunterricht		Klasse 2 Referatunterricht mit Rhetorikübungen		Klasse 3 Referatunterricht mit LdL	
	Anzahl	Prozent	Anzahl	Prozent	Anzahl	Prozent
Ja	9	41	9	47	15	51
Könnten mehr sein	4	18	4	21	7	23
Nein	7	32	6	32	7	23
Weiß nicht	2	9	0	0	1	3
Gesamtzahl der Antworten	22	100	19	100	30	100

Tabelle 34: Angaben der Schüler, ob Schulungsmöglichkeiten der Präsentationsfähigkeiten an der Berufsschule ausreichend sind

In der Klasse mit dem Referatunterricht gaben 41 % (neun Schüler) an, dass sie die Schulungsmöglichkeiten für ausreichend hielten. Vier Schüler (18 %) schrieben, dass es durchaus mehr Möglichkeiten sein könnten. Aus den Antworten weiterer sieben Schüler (32 %) wurde deutlich, dass sie die Schulungsmöglichkeiten nicht für ausreichend erachteten („Nein, in vielen Fächern werden nur Pseudo-Referate gehalten, die meisten in der Form von GA stattfinden"). Zwei Schülerantworten gaben keine Antwort auf die gestellte Frage.
In der Klasse mit den Rhetorikübungen waren es ebenfalls neun Schüler (47 %), die angaben, dass sie die Schulungsmöglichkeiten für ausreichend hielten („Ja, da es ja ziemlich zeitaufwendig ist"). Wiederum taucht auch in dieser Klasse viermal (mit 21 %) die Antwort auf, dass es durchaus mehr Präsentationsmög-

lichkeiten geben sollte („In anderen Fächern wäre es auch mal nicht schlecht"; „Es könnten ruhig mehr gewesen sein, vielleicht, dass nicht ein großes, sondern mehrere kleine gemacht werden"). Sechs Schüler (32 %) gaben an, dass die Schulungsmöglichkeiten eindeutig nicht ausreichend seien („Nein, denn Übung macht den Meister und daher sollte das mehr geübt werden"; „Nein, bei Ihnen ja, aber allgemein in der BS überhaupt nicht"). In der Klasse mit dem LdL-Unterricht gab 51 % (15 Schüler) an, die Schulungsmöglichkeiten für ausreichend zu halten. Dass es durchaus mehr sein könnten, machten die Antworten von sieben Schülern (23 %) deutlich („Man könnte noch mehr darauf eingehen, da im Geschäft dies auch oft gebraucht wird"). Dass es nicht genug Übungsmöglichkeiten an der Berufsschule gibt, brachten sieben Schüler (23 %) zum Ausdruck („Nein, weil man mehr Versuche benötigen könnte um sicherer im Vortragen zu werden"). Als Nein muss auch die folgende Aussage eines Schülers gedeutet werden: „Gute Frage, da ich in dem Fall noch nicht geschult bin."

6.2.4 Zusammenfassung der Ergebnisse

Hier sind die wichtigsten Ergebnisse der Schülerbefragung noch einmal thesenartig zusammengefasst.
Zum Referat:
- Die Zufriedenheit mit dem eigenen Referat war in den Klassen mit dem Referatunterricht und dem Referatunterricht mit Rhetorikübungen am größten.
- Die Unzufriedenheit mit den gehaltenen Referaten war in allen drei Klassen mit fast 50 % sehr groß.
- Die Schüler der Klasse mit den Rhetorikübungen würden bei einer Wiederholung ihres Vortrags am wenigsten von allen drei Klassen an ihrem Vortrag verändern.

Zur Vorbereitung der Referate im Unterricht:
- Die Schüler der Klasse mit den Rhetorikübungen fühlten sich durch den Unterricht von allen drei Klassen am besten auf ihr Referat vorbereitet.
- Die Schüler der Klasse mit den Rhetorikübungen empfanden die Rhetorikübungen für die Vorbereitung auf ihren Vortrag als hilfreich.
- Die Schüler der Klasse mit dem Referatunterricht und die Klasse mit dem LdL-Unterricht empfanden keine speziellen Unterrichtselemente als besonders hilfreich.
- Den Schülern der Klasse mit den Rhetorikübungen hat im Unterricht nichts bei der Vorbereitung auf den Vortrag gefehlt.
- Die Schüler der Klasse mit dem Referatunterricht und die Klasse mit dem LdL-Unterricht hätten sich bei der Vorbereitung auf ihren Vortrag vor allem mehr konkrete Tipps gewünscht.

Schüleransichten zum Halten von Referaten:

- Die meisten Schüler gaben an, in ihrer bisherigen Schullaufbahn bislang kaum oder noch keine Referate gehalten zu haben.
- Die Einstellung zum Halten von Referaten hat sich in der Klasse mit den Rhetorikübungen am stärksten positiv verändert.
- Die meisten Schüler halten das Erlernen von Präsentationsfähigkeiten für ihren späteren Beruf für sehr wichtig.
- Die Mehrheit der Schüler halten die Schulungsmöglichkeiten ihrer Präsentationsfähigkeiten an Berufsschulen für ausreichend.

6.2.5 Interpretation der Ergebnisse

Aus den Antworten der Schüler kann man deutlich erkennen, dass die meisten Schüler (in allen drei Klassen um die 90 %) das Erlernen von Präsentationsfähigkeiten für ihre spätere berufliche Zukunft für sehr wichtig halten. Somit entsprechen die Schülerantworten denen der Gymnasialschüler in Kutters Studie zum Thema „Referat" (KUTTER, 2000). Mit einer Einstimmigkeit von etwa 90 % schätzen die Berufsschüler die Bedeutung ihrer Präsentationsfähigkeiten für das Berufsleben sogar noch höher ein als die Gymnasiasten mit 64 %, was sicherlich vor allem auf die größere Nähe zum Berufsleben zurückzuführen ist.

Das Ergebnis deckt sich ebenfalls weitgehend mit dem der Lehrerbefragung, das gezeigt hat, dass die meisten Lehrkräfte die Schulung der rhetorischen Fähigkeiten auch für sehr wichtig halten.

Bemerkenswert ist, dass in allen drei Klassen fast 40 % aller Schüler behaupteten, noch keine oder kaum Referate in ihrer Schullaufbahn gehalten zu haben. Dieses Ergebnis widerspricht dem Ergebnis der Lehrerumfrage, in der die meisten Lehrkräfte angaben Referate halten zu lassen. Allerdings entspricht es durchaus dem Ergebnis der Studie Kutters, in der zwei Drittel aller befragten Acht-, Neunt- und Zehntklässler bestätigten, im Fach Deutsch noch nie ein Referat gehalten zu haben (KUTTER, 2000). Entsprechen die Angaben der Lehrkräfte der Realität, so deutet dieses Ergebnis darauf hin, dass das Manko in der Rhetorikschulung bereits in den vorausgehenden Schulen festzustellen ist.

Zu den erprobten Unterrichtsreihen liefert die Schülerbefragung ebenfalls einige wichtige Hinweise, die die Ergebnisse der Hauptuntersuchung sinnvoll ergänzen. So erlebten die Schüler der Klasse mit dem Referatunterricht und dem Referatunterricht mit Rhetorikübungen, laut ihren Angaben, den Unterricht am positivsten. In diesen Klassen war die Zufriedenheit mit den eigenen Referaten am größten, andererseits auch die Unzufriedenheit, die in allen drei Klassen mit jeweils über 40 % sehr hoch ist. Am wenigsten deutlich konnten die Schüler der LdL-Klasse ihre Leistungen beurteilen. Dieses Ergebnis könnte damit zusammenhängen, dass die Schüler der LdL-Klasse die Kriterien für einen guten Vortrag am schlechtesten aus dem Unterricht entnehmen konnten.

Die Empfindungen der Schüler beim Halten ihrer Referate waren nach ihren Angaben in allen drei Klassen sehr ähnlich und für eine Vortragssituation durchaus nachvollziehbar bzw. angemessen.

Sehr eindeutig fällt das Ergebnis zur vierten Frage aus, ob die Schüler sich durch den Unterricht gut auf die Referate vorbereitet gefühlt haben. In der Klasse mit den Rhetorikübungen fühlten sich die Schüler mit 74 % mit Abstand am besten auf die Referate vorbereitet. In den beiden anderen Klassen war es nur etwa die Hälfte der Schüler, die sich gut vorbereitet fühlten, wobei es in der Klasse mit dem LdL-Unterricht mit 51 % die wenigsten waren. Dieses Ergebnis zeigt, dass die Schüler sich durch gezielte Rhetorikübungen am stärksten für Vortragssituationen geschult fühlen. Die indirekte Übung durch handlungs- und produktionsorientierte Unterrichtsmethoden, wie in der Klasse mit dem Referatunterricht, wird von den Schülern kaum als Vorbereitung für Vortragssituationen wahrgenommen und von den Schülern nicht als solche verstanden. Das Gleiche gilt für den Unterricht mit LdL. Die Schüler sind weitgehend nicht in der Lage, die Fähigkeiten, die sie für das Halten einer Unterrichtsstunde erlernt und eingesetzt haben, auf eine andere Vortragssituation zu übertragen und umzusetzen. Somit haben die Schüler auch hier den Unterricht nicht als angemessene Vorbereitung auf ihre Referate empfunden.

Diese Annahme bestätigt sich in den Antworten zur nächsten Frage, welche Unterrichtselemente die Schüler als hilfreich empfanden. So gibt die Hälfte aller Schüler der Klasse mit den Rhetorikübungen explizit die Rhetorikübungen als hilfreich zur Vorbereitung an. In der Klasse mit dem LdL-Unterricht werden die selbst gehaltenen Unterrichtsstunden von nicht einmal einem Drittel der Schüler als hilfreich genannt. In der Klasse mit dem einfachen Referatunterricht sind es bemerkenswerterweise nicht die handlungsorientierten Aufgaben, die die Schüler als hilfreich zur Vorbereitung auf das Referat empfunden haben, sondern vor allem die Informationsblätter und die Besprechung der vorangegangenen Referate.

Diese Ergebnisse machen deutlich, dass es den Schülern besonders auf Transparenz ankommt. Sie müssen ganz klar die Zusammenhänge zwischen dem zu Lernenden und dessen Anwendungsmöglichkeiten erkennen, um es in der Praxis umsetzen zu können. Das bedeutet, dass sich die Schüler auf einen Vortrag mithilfe von konkreten Infoblättern subjektiv besser vorbereiten können als mit praktischen Übungen (z.B. Präsentation von GA-Ergebnissen, Rollenspiele und Diskussionen), bei denen sie keinen Zusammenhang mit der Vortragssituation herstellen können. Das hebt die besondere Qualität der Rhetorikübungen für den Referatunterricht an Berufsschulen hervor. Sie sind exakt auf die Vortragssituation zugeschnitten und erlauben durch die praktische Umsetzung einen besseren Übungseffekt als das Lesen von Infoblättern.

Bestätigt wird diese Deutung durch die Ergebnisse zu der Frage, was den Schülern bei der Vorbereitung ihres Vortrags gefehlt habe. Hier sind es vor allem die Schüler der Klasse mit dem Referatunterricht, die sich mehr konkrete Hinweise für das Halten von Referaten gewünscht hätten. Auch in der Klasse mit dem LdL-Unterricht kam der Wunsch nach mehr konkreten Tipps zum Ausdruck.

Nur in der Klasse mit den Rhetorikübungen haben die Schüler bei der Vorbereitung nichts vermisst. Dementsprechend hat sich die Einstellung der Schüler zum Halten von Referaten in der zweiten Klasse am meisten (fast 50 %) zum Positiven hin verändert. Das liegt wohl daran, dass sie solchen Rhetorikunterricht noch nicht erlebt hatten und jetzt positiv von seinem Erfolg überrascht wurden. Am wenigsten verändert hat sich die Einstellung der Schüler in der dritten Klasse, obwohl das selbstständige Halten von Unterrichtspassagen ebenfalls eine ganz neue Erfahrung für die Schüler war. Hier bestand das Problem, dass die Schüler nach ihrem eigenen Empfinden aus den selbst gehaltenen Stunden keinen Nutzen für ihre Referate ziehen konnten. So hatten diese auch wenig Einfluss auf die Einstellung der Schüler zum Halten von Referaten.

Erstaunlich ist das Ergebnis der letzten Frage, ob die Schüler die Schulungsmöglichkeiten ihrer Präsentationsfähigkeiten an der Berufsschule für ausreichend halten. In allen drei Klassen sind es ca. 50 %, die angaben die Schulungsmöglichkeiten für ausreichend zu halten. Dieses Ergebnis überrascht, nachdem ebenfalls 50 % die Unzufriedenheit mit den gehaltenen Referaten angaben. Dabei stellt man jedoch bei näherer Analyse der Schülerantworten fest, dass die Äußerungen, dass die Schulungsmöglichkeiten ausreichend seien, auch von Schülern kommen, die große Probleme mit dem Halten von Referaten haben. Hier kann man wohl kaum von einer objektiven Beurteilung der Schüler ausgehen. Vielmehr bringen gerade diese Schüler zum Ausdruck, dass ihnen die Thematik so unangenehm ist, dass sie sich im Unterricht nicht noch intensiver damit beschäftigen wollen. Möglicherweise zeigen die Schülerreaktionen jedoch auch, dass die Schüler ihre Misserfolge auf sich selbst und nicht auf mangelnden Unterricht zurückführen. Somit kommen sie vielleicht gar nicht auf die Idee, entsprechenden Unterricht einzufordern. Insofern ist es eine besonders wichtige Aufgabe für die Lehrkräfte Rhetorikunterricht abzuhalten und diesen so zu gestalten, dass gerade die Schüler, für die dieses Thema eine besondere Belastung darstellt, damit erreicht werden.

6.3 Bedeutung der Ergebnisse für die Videoanalyse

Welche Bedeutung besitzen die Ergebnisse der Schülerbefragung nun für die Hauptuntersuchung? Zu allererst kann man feststellen, dass sich das subjektive Erleben der Schüler zur Qualität ihrer Vorträge in weiten Teilen mit den Ergebnissen der Videoanalyse decken. Die zweite Klasse, die mit Rhetorikübungen auf die Referate vorbereitet wurde, hat in der Videoanalyse die besten Ergebnisse erreicht. Das spiegelt sich auch in den Schülerantworten wider. So hat sich diese Klasse mit Abstand am besten auf die Referate vorbereitet gefühlt. Dieses Ergebnis zeigt, dass die Schüler durchaus sehr gut erkennen können, welcher Unterricht ihnen weiterhilft und welcher ihre Lernbedürfnisse nicht erfüllt. Das wird deutlich in den Klassen 1 und 3, die sich jeweils verstärkt eine gezieltere

Vorbereitung auf die Referate gewünscht hätten, was den Ergebnissen ihrer Referate mit Sicherheit zuträglich gewesen wäre.

Am schlechtesten auf die Referate vorbereitet fühlten sich die Schüler der Klasse mit dem einfachen Referatunterricht. Dieser subjektive Eindruck wird durch die Analyse der Videoaufnahmen ebenfalls bestätigt, da sich diese Klasse von allem Klassen in den meisten Merkmalen verschlechtert hat. Interessant daran ist, dass die Schülerantworten in der Klasse mit dem LdL-Unterricht am indifferentesten ausfallen. Diese Klasse hatte ihre Leistungen von allen Klassen am wenigsten verändert. Möglicherweise fällt es den Schülern daher besonders schwer, klare Aussagen zum Unterricht und seiner Effektivität zu machen.

Der Referatunterricht mit Rhetorikübungen konnte die Einstellung der Schüler zum Halten von Referaten am stärksten positiv verändern, was bei den beiden anderen Unterrichtsmethoden weniger gut gelang.

Die große Unzufriedenheit mit Schülerreferaten, die in verschiedenen Befragungen auch von Seiten der Lehrer immer wieder zum Ausdruck kommt, wird auch in dieser Schülerbefragung in Bezug auf die eigenen Referate deutlich. Die Unzufriedenheit mit dem Thema „Referat" besteht somit auf beiden Seiten. Es liegt daher im Sinne aller Beteiligten einen Weg zu finden, dieses Thema sinnvoller und effektiver zu gestalten. Der Wegweiser, den diese Arbeit dazu liefern will, soll im folgenden Kapitel dargestellt und reflektiert werden.

Thema Präsentation ist sehr interessant,
man könnte es ruhig mehr ausbauen.
(Ralph, 23, H2 RF 1T)

In der vorliegenden Studie sind drei verschiedene Unterrichtsmodelle zum Thema „praktische Rhetorik" erprobt und auf ihre Qualität hin untersucht worden. Das erste Modell, als „Referatunterricht" bezeichnet, basiert auf hauptsächlich handlungsorientierten Unterrichtselementen. Im zweiten Modell wurde der „Referatunterricht" durch praktische Rhetorikübungen ergänzt und daher „Referatunterricht mit Rhetorikübungen" genannt. Das dritte Unterrichtsmodell folgte dem Prinzip „Lernen durch Lehren" und wurde unter der Bezeichnung „Referatunterricht mit LdL" dargestellt.

Die Unterrichtsmodelle wurden anhand von Videoaufzeichnungen evaluiert. Aufgezeichnet wurden Schülerreferate, die am Beginn und am Ende der jeweiligen Unterrichtsreihe gehalten wurden. Die Leistungsbeurteilung erfolgte durch die Lehrperson selbst, anhand eines Kategoriensystems, immer nach Beendigung der Unterrichtsreihe.

7.1   Ergebnisse

Die Überprüfung der Schülerleistungen wurde mit verschiedenen statistischen Verfahren der empirischen Sozialforschung vorgenommen, die zu folgenden Ergebnissen führten:

1. Die deskriptive Datenanalyse lässt keine nennenswerten Unterschiede zwischen den Schülerleistungen der drei Klassen zum ersten Messzeitpunkt erkennen. Zum zweiten Messzeitpunkt zeigt sich jedoch, dass sich die Leistungsunterschiede in der Klasse mit den Rhetorikübungen im Gegensatz zu den anderen Unterrichtsmodellen vergrößerten. Das ist ein erster Hinweis darauf, dass sich die Schüler der Rhetorik-Klasse am meisten verbessert haben.

    Die Analyse der Veränderungen in der Referatqualität vor und nach dem Unterricht für alle drei Klassen hat zunächst ergeben, dass die Schüler der Klasse mit den Rhetorikübungen ihre Vortragstechniken am stärksten verbessern konnten. So wiesen die Schüler dieser Klasse in sechs von sieben Kategorien (*Sprache, Körper, Präsentation, Medieneinsatz, Moderation* und *Souveränität des Vortrags*) die größten Leistungssteigerungen auf. Nur im *Freien Vortrag* verbesserten sich die Leistungen der Schüler im Vergleich zum ersten Messzeitpunkt nicht.

    Die Klasse, die mit LdL unterrichtet wurde, zeigte dagegen die wenigsten Leistungsveränderungen zwischen erstem und zweitem Messzeitpunkt.

2. Die inferenzstatistischen Signifikanzprüfungen bestätigen die Ergebnisse, die sich in der deskriptiven Analyse angedeutet haben. Die Klasse mit den

Rhetorikübungen zeigte mit Abstand die meisten signifikanten Verbesserungen, sowohl in der Vorher-und-Nachher-Messung als auch im Vergleich mit den beiden anderen Klassen.

Diese Resultate spiegeln sich auch in den Ergebnissen der Schülerbefragung wider, die im Anschluss an den Unterricht in allen drei Klassen durchgeführt wurde:

1. Die Schüler, mit denen Rhetorikübungen durchgeführt worden waren, fühlten sich von allen drei Klassen am besten auf ihre Referate vorbereitet.
2. Ebenso hat sich die Einstellung zum Halten von Referaten bei der Klasse mit den Rhetorikübungen am meisten positiv verändert.
3. Die Klassen, die mit Referatunterricht und LdL unterricht worden waren, hätten sich beide mehr konkrete Hinweise bei der Vorbereitung auf ihre Referate gewünscht.
4. Die Einstellung zum Halten von Referaten hat sich in der Referat-Klasse und der LdL-Klasse nicht so deutlich zum Positiven hin verändert wie in der Rhetorik-Klasse.

Auch wenn diese Ergebnisse auf einer Studie beruhen, der nur wenige Untersuchungsdaten zugrunde liegen, geben sie ein so klares Bild wider, dass es m.E. legitim ist, daraus erste Schlüsse für den zukünftigen Umgang mit praktischer Rhetorik im Deutschunterricht ziehen zu können.

7.2 Schlussfolgerungen

Die Schwierigkeiten im Umgang mit der praktischen Rhetorik im Deutschunterricht sind seit langem bekannt und kommen in Lehrer- und Schülerbefragungen immer wieder zum Ausdruck. Aufgrund der wachsenden Bedeutung dieser Thematik gibt es in der Deutschdidaktik bereits zahlreiche Auseinandersetzungen mit diesem Problem und verschiedene theoretische Lösungsansätze.
Naumann z.B. sieht die Schwierigkeit in der Verbindung von Sprecherziehung und Deutschdidaktik, die seit Jahrzehnten nicht ausreichend gelingt. Um genau dieses zu erreichen, sollte „in der Sprechwissenschaft eine dichte, nicht bloß gelegentlich aufflackernde schuldidaktische Diskussion auf hohem Reflexionsniveau" (NAUMANN, 2004, S. 37) stattfinden. Dies, so meint er mit Recht, würde jedoch nur einen Teil des Problems lösen. Der andere Teil wäre in der Tat die Umsetzung dieser Zusammenarbeit in der Deutschdidaktik (NAUMANN, 2004). Wie an anderer Stelle bereits dargestellt wurde (siehe Kapitel 3.1), gibt es bereits gute Ansätze für die Zusammenarbeit zwischen Sprecherziehung und Deutschdidaktik. So nimmt die Redeerziehung in den deutschdidaktischen Handbüchern der letzten zehn Jahre durchaus einen hohen Stellenwert ein. Das gilt auch für die konkrete Umsetzung in Bildungsplänen und Lehrbüchern (siehe Kapitel 3.4 und 3.5).

Das Hauptproblem liegt meiner Ansicht nach in der praktischen Umsetzung des didaktischen Anspruchs im Unterricht. Diese Annahme wird gestützt durch die Antworten aus der Lehrerbefragung, die zeigen, dass die Lehrkräfte sich der Bedeutung dieser Thematik sehr bewusst sind, dass in der Umsetzung aber große Uneinheitlichkeit und Unsicherheit steckt. Daher unterstütze ich die These Bertholds, dass die aussichtsreichste Methode, mehr rederhetorischen Unterricht in den Deutschunterricht zu bringen, darin besteht, die Deutschlehrkräfte zu motivieren und in Lehrerfortbildungsveranstaltungen dazu anzuleiten, solchen Unterricht in ihren üblichen Unterricht zu integrieren (BERTHOLD, 2001). Berthold meint, bei Lehrkräften weitgehend großes Interesse für Rhetorik bemerkt zu haben, wobei für dieses Interesse eine umfassende empirische Studie fehlt (BERTHOLD, 2001). Er geht davon aus, dass Lehrkräfte die rhetorische Förderung ihrer Schüler übernehmen würden, wenn die Unterrichtsvorschläge dafür ohne großen zusätzlichen Zeitaufwand in den gewohnten Deutschunterricht zu integrieren sind (BERTHOLD, 2001).

Dieser Anforderung entsprechen meiner Meinung nach alle drei Unterrichtsmethoden, die in dieser Arbeit untersucht wurden. Zu klären galt es mit dieser Studie, ob die Methoden auch wirksam für das vorgegebene Lernziel sind. Dabei hat sich die These Spinners bestätigt, dass man mit dem methodischen Prinzip der Isolierung von bestimmten Aspekten der rhetorischen Kommunikation die besten Ergebnisse erzielt (SPINNER, 1997). Zur Förderung rhetorischer Fähigkeiten reichen demnach viele Redesituationen für die Schüler im Unterricht nicht aus, sondern das gezielte Üben einzelner Aspekte ist erforderlich. Dennoch sollten verschiedene Redesituationen, einer weiteren These Spinners entsprechend (SPINNER, 1997), natürlich zusätzlich in den Unterricht integriert werden, um die in Einzelübungen erlernten Fertigkeiten immer wieder üben zu können. Anregungen dafür finden sich zahlreich in der Literatur.

Der immer wieder von Lehrkräften vorgebrachte Einwand des Zeitmangels im Unterricht kann mit dieser Studie weitgehend entkräftet werden, da sie zeigt, dass dieselbe Unterrichtseinheit in der gleichen Zeit sowohl mit als auch ohne Rhetorikübungen durchgeführt werden kann. Bereits mit diesem geringen Zeitaufwand für rhetorische Übungen konnte eine messbare Verbesserung der Schülerleistungen erreicht werden. Könnte sich eine Art des Deutschunterrichts durchsetzen, in dem in den „normalen" Unterrichtsablauf in regelmäßigen Abständen Rhetorikübungen eingebaut würden, wäre der gefürchtete Zeitaufwand langfristig gesehen sogar noch geringer, da die Schüler mit der Vorgehensweise vertraut wären und die Übungen schneller funktionieren würden.

Aber nicht nur das spricht für den Einsatz von Rhetorikübungen im Deutschunterricht. Auch die Wahrnehmung der Schüler selbst, die beim Referatunterricht mit Rhetorikübungen die größte Zufriedenheit mit dem Unterricht und den eigenen Referaten zum Ausdruck gebracht haben, sprechen für diese Form des Unterrichtens. Denn bereits ein positiveres Erleben von Unterricht kann einen ersten Schritt zu besseren Schülerleistungen bedeuten und somit vermutlich auch die Lehrerzufriedenheit steigern.

Nicht so eindeutig sind die Schlussfolgerungen, die aus den Ergebnissen des LdL-Unterrichts gezogen werden können. Das Unterrichtsprinzip konnte im Hinblick auf die rhetorischen Lernerfolge in dieser Studie nicht überzeugen. Dennoch halte ich diesen Weg auch oder gerade für die rhetorische Schulung durchaus für erfolgversprechend. Die Schüler dieser Studie wurden zum untersuchten Zeitpunkt erstmals mit diesem Unterrichtsprinzip konfrontiert und hatten somit keinerlei Erfahrung mit LdL. Wie bereits an anderer Stelle vermutet wurde, bedarf ein erfolgreicher LdL-Unterricht gewisser Gewöhnung der Schüler an diese völlig andere Form des Unterrichts, um seine besonderen Qualitäten voll entfalten zu können. Es ist also zu erwarten, dass Schüler, die mit dieser Art des Unterrichts vertraut sind, stärker davon profitieren könnten, wobei das aber noch genauer untersucht werden muss.

7.3 Ausblick

Aus der vorliegenden Studie ergeben sich meines Erachtens verschiedene Aspekte, die für die weiterführende Beschäftigung mit praktischer Rhetorikschulung im Deutschunterricht relevant sein könnten.

Im Hinblick auf empirische Untersuchungen zur praktischen Rhetorik wäre m.E. zunächst einmal der Versuch interessant, Rhetorikübungen auch in einen nach LdL-Prinzipien gestalteten Unterricht zu integrieren. Diese Kombination erscheint mir besonders erfolgversprechend, da hier die positiven Aspekte von LdL, nämlich, dass die Schüler lernen, eine Präsentationsstrategie zu entwickeln und sich in andere Schüler hineinzuversetzen, und die Förderung der rhetorischen Fähigkeiten durch gezielte Einzelübungen zusammen kämen. Das könnte möglicherweise zu besonders guten rhetorischen Lernerfolgen führen, ganz zu schweigen von anderen wichtigen Aspekten wie Spaß am Unterricht, Förderung der Kreativität, aufmerksames Miteinander usw.

Um ein repräsentatives Ergebnis einer solchen Studie erzielen zu können, müssten die Schüler allerdings frühzeitig, am besten bereits in der Grundschule, mit LdL und verschiedenen Rhetorikübungen vertraut gemacht werden.

Weiterhin meine ich, dass noch viel umfangreichere empirische Studien im Hinblick auf die Wirksamkeit bestimmter Unterrichtsmethoden für die Entwicklung rhetorischer Fähigkeiten bei Schülern durchgeführt werden sollten. Ich denke dabei in erster Linie an Studien, die Aufschluss über den längerfristigen Erfolg oder Misserfolg verschiedener Methoden geben. Ebenso wichtig sind Untersuchungen darüber, welche Methoden für welche Altersstufen besonders wirksam sind. Dabei muss stets die Zufriedenheit aller Beteiligten im Auge behalten werden, denn „jedes Reden ist ein Stück Selbstdarstellung im Sinne der Identitätsbildung" (SPINNER, 1997, S. 17) und sollte somit möglichst positiv erlebt werden können.

Aus der Studie folgen auch einige Forderungen an die schulischen Instanzen. Aus den Untersuchungsergebnissen ergibt sich zunächst einmal die Forderung nach einer intensiveren Lehreraus- und -fortbildung in praktischer Rhetorik.

Diese ist nicht neu, bestätigt sich aber einmal mehr durch die vorliegende Studie. Ich denke, dass ein empirischer Beweis dafür, wie wichtig gezielte rhetorische Schulung für die Redefähigkeiten von Schülern ist, den dringenden Bedarf nach einer besseren Lehrerschulung zusätzlich untermauert.

Gleichzeitig sollen die Lehrkräfte an dieser Stelle dazu ermutigt werden, sich selbst mehr mit dem eigenen Redeverhalten auseinanderzusetzen und keine Scheu davor zu haben, selbst im Unterricht mit Redeübungen zu experimentieren.

Wie die Antworten der Lehrerbefragung ergaben, sind es nicht nur das befürchtete eigene Unvermögen und der Zeitmangel, die die Lehrkräfte dazu bringen, die rhetorische Schulung im Unterricht zu vernachlässigen. Verbunden mit der begrenzten Zeit ist es viel mehr die mangelnde Bedeutung dieses Themas bei den zu erbringenden Leistungsnachweisen.

An den Gymnasien in Baden-Württemberg hat man darauf bereits reagiert, indem in der Oberstufe bewertete Präsentationsaufgaben eingeführt wurden.

An den Berufsschulen gibt es meiner Meinung nach in dieser Hinsicht noch einen großen Nachholbedarf, was die Gewichtung der prüfungsrelevanten Themen betrifft. Auch hier sollte für eine bestandene Abschlussprüfung unbedingt eine mündliche Präsentationsaufgabe bewältigt werden müssen. Nur so könnte man m.E. nach alle Lehrkräfte dazu bringen, konsequent praktische Rhetorik in ihren Unterricht zu integrieren.

Auch für die Schüler wäre es einsichtig, wenn eine Schlüsselqualifikation wie „Präsentieren-Können", deren Bedeutung sie für ihr späteres Berufsleben durchaus erkennen, prüfungsrelevant wäre, vielleicht sogar mehr als das Abprüfen von Inhaltsangabe, Stellungnahme oder Visualisierung.

Gerade für Berufsschüler, denen das schriftliche Ausformulieren von Texten teilweise besonders schwer fällt, wäre eine Aufwertung der mündlichen Ausdrucksfähigkeiten vielleicht sogar eine Chance bessere Schulleistungen zu erlangen und somit auch mehr Freude am ohnehin eher unbeliebten Deutschunterricht zu bekommen.

Am Ende dieser Arbeit steht der Wunsch, dass sich eine gezielte sprachliche Förderung mit geeigneten Methoden in allen Schulen etablieren ließe, damit die Kluft zwischen Anforderungen und Fähigkeiten in praktischer Rhetorik endlich verringert wird.

Literaturverzeichnis

AUFSCHNAITER, Stefan von / WELZEL, Manuela (Hrsg.), 2001: Nutzung von Videodaten zur Untersuchung von Lehr-Lernprozessen, Münster: Waxmann

ARGYLE, Michael, 2005: Körpersprache und Kommunikation. Das Handbuch zur nonverbalen Kommunikation, Paderborn: Junfermann

ARNIM, Dagmar von / REDDER, Angelika, 1999: Editorial, in: Mitteilungen des Deutschen Germanistenverbandes: Rhetorik, Heft 3, 46. Jahrgang, S. 313-314

BÄR, Hubert / HACKL, Gerd / MARKWERTH, Peter, 1982: Deutsch an berufsbildenden Schulen. Bestandsaufnahme – Diskussionsbeitrag – Unterrichtsmodell, Königstein/Ts.: Scriptor

BAUER, Hinrich, 1996: Handlungsorientiert unterrichten – aber wie? Ein Leitfaden zur Einführung des handlungsorientierten Unterrichts, Neusäß: Kieser

BAUER, Lucia, 1995: Zur Adressatenbezogenheit des Schulbuches – Für wen werden die Schulbücher eigentlich wirklich geschrieben?, in: Olechowski, Richard (Hrsg.): Schulbuchforschung, S. 228-234, Frankfurt a.M.: Lang

BAURMANN, Jürgen / HACKER, Hartmut, 1990: Das Sprachbuch zwischen unterschiedlichen Erwartungen: Anregungspotential oder Drehbuch für den Unterricht?, in: Conrady, Peter / Rademacher, Gerhard (Hrsg.): Sprachunterricht in der Grundschule, S. 21-39, Essen: Die Blaue Eule

BEDERSDORFER, Hans-Werner, 2004: Lehrerbildung der Zukunft – Zukunft der Lehrerbildung, in: Gutenberg, Norbert (Hrsg.): Sprechwissenschaft und Schule. Sprecherziehung – Lehrerbildung – Unterricht, S. 124-136, München: Reinhardt

BEISBART, Ortwin / MARENBACH, Dieter, 1997: Einführung in die Didaktik der deutschen Sprache und Literatur, 7., mehrfach überarbeitete und ergänzte Auflage, Donauwörth: Auer

BENZING, Michael / HILDT, Ines / MAIER, Manfred / VOGT, Reinhild, 2001: Komm.de, 1. Auflage, Stuttgart: Klett

BERKEMEIER, Anne, 1999: Analyse eigener nonverbaler Kommunikation durch SchülerInnen einer 10. Gymnasialklasse, in: Mitteilungen des Deutschen Germanistenverbandes. „Rhetorik", Heft 3, 46. Jahrgang, S. 330-348

BERKEMEIER, Anne, 2004: Wie Schüler(innen) ihr nonverbales Handeln beim Präsentieren und Moderieren reflektieren, in: Schober, Otto (Hrsg.): Körpersprache im Deutschunterricht, S. 58-72, Baltmannsweiler: Schneider

BERTHOLD, Siegwart, 1997: Reden lernen im Deutschunterricht. Übungen für die Sekundarstufe I und II, Essen: Neue Deutsche Schule

DERS., 2001: Gesprächs- und Rederhetorik im Deutschunterricht, in: Allhoff, Dieter-W. (Hrsg.): Förderung mündlicher Kommunikation durch Therapie, Unterricht und Kunst, S. 84-98, München: Reinhardt

DERS., 2003: Rhetorische Kommunikation, in: Bredel, Ursula u.a. (Hrsg.): Didaktik der deutschen Sprache, Band 1, S. 148-159, Paderborn: UTB

BESCHLÜSSE DER KULTUSMINISTERKONFERENZ, 2003: Bildungsstandards im Fach Deutsch für den Mittleren Schulabschluss vom 04.12.2003, http://www. kmk.org/schul/Bildungsstandards/Deutsch_MSA_BS_04-12-03.pdf

BISSINGER, Martin u.a., 2004: Sprachvermögen. Lern- und Arbeitsbuch für Deutsch an beruflichen Schulen, 2., überarbeitete Auflage, Stuttgart: Holland + Josenhans

BISSINGER, Martin / MAURER, Gerhard, 2005: Deutsch für berufliche Schulen, 8., überarbeitete Auflage, Stuttgart 2005

BOMMER, JOACHIM u.a., 2001: Spracherfahrungen. Deutsch für berufliche Schulen, Berlin: Cornelsen

BORTZ, Jürgen / DÖRING, Nicola, 1995: Forschungsmethoden und Evaluation, 2., überarbeitete Auflage, Berlin/Heidelberg: Springer

BORTZ, Jürgen, 1999: Statistik für Sozialwissenschaftler, 5., vollständig überarbeitete und aktualisierte Auflage, Berlin/Heidelberg: Springer

BRAUN, Roman, 2003: Die Macht der Rhetorik, München: Piper

BREMERICH-VOS, Albert, 1991: Populäre rhetorische Ratgeber. Historisch-systematische Untersuchungen, Tübingen: Niemeyer

BRONS-ALBERT, Ruth, 1995: Auswirkungen von Kommunikationstraining auf das Gesprächsverhalten, Tübingen: Narr

BÜHLER, Karl, 1934: Sprachtheorie: Die Darstellungsfunktion der Sprache, Jena: Fischer

BÜTTNER, Ralf, 1999: Rhetorik in der Schule, in: Mitteilungen des Deutschen Germanistenverbandes: Rhetorik, Heft 3, 46. Jahrgang, S. 350-373

CHRISTEL, Wilfried, 1994: LdL im Deutschunterricht, in: Graef, Roland / Preller, Rolf-Dieter (Hrsg.): LdL – Lernen durch Lehren, S. 126-131, Rimbach: Verlag im Wald

CHRISTMANN, Volker / GEMMI, Günther, 2004: Deutsch heute. Ein Lehrbuch für berufliche Schulen, 4. Auflage, Troisdorf: Bildungsverlag EINS – Stam

DEBYE-GÖCKLER, Gabriele, 2001: Unterricht in Mündlicher Kommunikation. Ergebnisse einer Sprachbuchuntersuchung für die Sekundarstufe I in NRW, in: Allhoff, Dieter-W. (Hrsg.): Förderung Mündlicher Kommunikation durch Therapie, Unterricht und Kunst, S. 121-132, München: Reinhardt

DIELING, Helga / HIRSCHFELD, Ursula, 2000: Phonetik lehren und lernen, Berlin: Langenscheidt

DÖRIG, Roman, 2003: Handlungsorientierter Unterricht – Ansätze, Kritik und Neuorientierung aus bildungstheoretischer, curricularer und instruktionspsychologischer Perspektive, Stuttgart/Berlin: WiKu

DUDENREDAKTION (Hrsg.), 1983: Deutsches Universalwörterbuch, Mannheim: Dudenverlag

DUDENREDAKTION (Hrsg.), 2000: Reden gut und richtig halten!, Mannheim: Dudenverlag

ERIKSON, Erik H., 1973: Identität und Lebenszyklus, Frankfurt a. M.: Suhrkamp

FISCHER, Rüdiger / GRAEF, Roland, 1994: LdL – Vorwort, in: Graef, Roland / Preller, Rolf-Dieter (Hrsg.): LdL – Lernen durch Lehren, S. 7-11, Rimbach: Verlag im Wald

FINKENZELLER, Kurt / MÜLLER, Werner / RAABE, Susanne / WEINKAUF, W., 1995: Handreichungen praxisorientierte Rhetorik. Materialien und Modelle zum mündlichen Sprachgebrauch im Deutschunterricht am Gymnasium, Donauwörth: Auer

FRITZ, Renate, 1997: „Präsentieren lernen" in der Schule, in: Pabst-Weinschenk, Marita / Wagner, Roland W. / Naumann, Carl Ludwig (Hrsg.): Sprecherziehung im Unterricht, S. 19-27, München: Reinhardt

FRITZSCHE, Joachim, 1994: Zur Didaktik und Methodik des Deutschunterrichts, Band 1, Stuttgart: Klett

FUNKE, Reinold u.a., 2004: Deutschunterricht empirisch. Fortschritte im Lehren und Lernen?, in: Schrift zum 15. Symposion Deutschdidaktik, Universität Lüneburg, 26.-29.09.2004, S. 7-9

GEIßNER, Hellmut, 1998: Rhetorische Kommunikation in der Schule, in: Dyck, Joachim / Jens, Walter / Ueding, Gert (Hrsg.): Rhetorik. Ein internationales Jahrbuch, Band 17: Rhetorik in der Schule, S. 17-34, Tübingen: Niemeyer

DERS., 2000: Kommunikationspädagogik: Transformationen der ‚Sprech'-Erziehung, St. Ingbert: Röhrig

GORA, Stephan, 2001: Schule der Rhetorik. Ein Lese- und Arbeitsbuch, Leipzig: Klett

DERS., 2004: Vom Lampenfieber zum souveränen Auftreten, in: Deutschmagazin, Heft 5, S. 8-12

GRAEFEN, Gabriele, 1999: Mündliche Kommunikation, in: Mitteilungen des Deutschen Germanistenverbandes: Rhetorik. Heft 3, 46. Jahrgang, S. 374-396

GRÜNWALDT, Hans Joachim, 1984: Mündliche Kommunikationsübungen. Methodische Handreichungen für die Unterrichtspraxis, 1. Auflage, Frankfurt a.M./Berlin/München: Diesterweg

GRUNDMANN, Hilmar, 1975: Untersuchungen zur mündlichen Rede der Schüler im Deutschunterricht an Wirtschaftsschulen als Beitrag zur Theorie einer empirisch-kritischen Sprachdidaktik, Göppingen: Kümmerle

DERS., 2000: Vorwort, in: Grundmann, Hilmar (Hrsg.): Zum Deutschunterricht an berufsbildenden Schulen. Historische und aktuelle Entwicklungen, S. 5-7, Frankfurt a.M.: Lang

DERS., 2002: Der gegenwärtige Umgang mit dem Deutschunterricht an berufsbildenden Schulen – Eine der größten Herausforderungen der berufsschulischen Fachdidaktiken, in: Josting, Petra / Peyer, Ann (Hrsg.): Deutschdidaktik und berufliche Bildung, S. 8-27, Baltmannsweiler: Schneider

GUTENBERG, Norbert, 2001: Noch einmal: Die Krise der Schule. (Weitere) Aufgaben für Sprechwissenschaft und Sprecherziehung, in: Allhoff, Dieter-W. (Hrsg.): Förderung mündlicher Kommunikation durch Therapie, Unterricht und Kunst, S. 133-139, München: Reinhardt

HÄGG, Göran, 2003: Die Kunst, überzeugend zu reden, München: Beck

HAHLWEG, Friedrich / MAIER, Manfred / NILL, Christian / NILL, Ulrich / UTZ, Elisabeth, 1996: Ein Deutschbuch. Für berufliche Schulen, 1. Auflage, Stuttgart: Klett

HANSER, Cornelia / MAYOR, Guy André, 1994: Beobachtungen und Einschätzungen an den Mittelschulen. Interview – Ergebnisse, in: Sieber, Peter (Hrsg.): Sprachfähigkeiten – Besser als ihr Ruf und nötiger denn je! Ergebnisse und Folgerungen aus einem Forschungsprojekt, S. 111-139, Aarau: Sauerländer

HUFNAGEL, Gerhard / SPENGLER, Franz K., 2000: Sprachpraxis. Ein Deutschbuch für berufliche Schulen, Allgemeine Ausgabe, 6. Auflage, Troisdorf: Bildungsverlag EINS – Kieser

HUMMELSBERGER, Siegfried, 2002: Literaturunterricht und literarisches Verstehen bei Berufsschülern, Frankfurt a.M.: Lang

JAHN, Karl-Heinz / KÖHLER-KNACKER, Margitta / LEHNERT-BRANZ, Alexandra / RAHNER, Thomas / RUOPP, Hans-Martin, 2001: Durchstarten! Deutschbuch für berufliche Schulen, 1. Auflage, Berlin: Cornelsen

JOSTING, Petra / PEYER, Ann, 2002: Deutschdidaktik und Berufliche Bildung, in: Josting, Petra / Peyer, Ann (Hrsg.): Deutschdidaktik und berufliche Bildung, S. 1-5, Baltmannsweiler: Schneider

KAMMLER, Clemens / KNAPP, Werner (Hrsg.), 2002: Empirische Unterrichtsforschung und Deutschdidaktik, Baltmannsweiler: Schneider

KASCHEL, Manfred, 2000: Denn sie wissen nicht, was sie wollen – Anmerkungen zu den Ansprüchen der Wirtschaft an den Deutschunterricht im berufsbildenden System, in: Grundmann, Hilmar (Hrsg.): Deutsch- und Fremdsprachenunterricht an beruflichen Schulen. Chancen und Perspektiven, S. 5-15, Bielefeld: Bertelsmann

KLIPPERT, Heinz, 2001: Kommunikations-Training. Übungsbausteine für den Unterricht, 8., überarbeitete Auflage, Weinheim/Basel: Beltz

DERS., 2002: Methoden-Training. Übungsbausteine für den Unterricht, 12. Auflage, Weinheim/Basel: Beltz

KOPFERMANN, Thomas, 1998: Rhetorik – ein Spiel?, in: Dyck, Joachim / Jens, Walter / Ueding, Gert (Hrsg.): Rhetorik. Ein internationales Jahrbuch, Band 17: Rhetorik in der Schule, S. 54-71, Tübingen: Niemeyer

KREMPELMANN, Anita, 2001: Schule – ein Ort für die Redeschulung?, in: Deutschunterricht, Heft 3, 54. Jahrgang, S. 4-8

KROHNE, Helmut / RICHTER, Klaus, 2003: Unsere Sprache im Beruf. Lehrbuch für den Deutschunterricht in beruflichen Schulen, 4. Auflage, Troisdorf: Bildungsverlag EINS – Stam

KUTTER, Claudia, 2000: Das Referat im Deutschunterricht. Studie zur gegenwärtigen Situation des Soll- und des Istzustands im Lernzielbereich „Referat" in der gymnasialen Sekundarstufe I in Baden-Württemberg, in: Sprechen. Zeitschrift für Sprechwissenschaft, Sprechpädagogik, Sprechtherapie, Heft II, S. 12-31

LÜDIN, Markus, 1996: Rhetorik – ein ideales Feld integrativen Unterrichts, in: Der Deutschunterricht. Vereinigt mit Diskussion Deutsch. Beiträge zu seiner Praxis und wissenschaftlichen Grundlegung, Heft 6, S. 34-43

LÜSCHOW, Frank / ZITZKE, Elke / PABST-WEINSCHENK, Marita, 2004: Gesprächsleitung und Moderationsmethodik, in: Pabst-Weinschenk, Marita (Hrsg.):

Grundlagen der Sprechwissenschaft und Sprecherziehung, S. 143-152, München: UTB

MAIER, Manfred (Hrsg.), 2005: deutsch.kompetent. Ein Deutschbuch für berufliche Schulen, Leipzig: Klett

MARTIN, Jean-Pol, 2002: Lernen durch Lehren, in: Die Schulleitung – Zeitschrift für pädagogische Führung und Fortbildung in Bayern, Heft 4/2002, S. 3-9, http://www.ldl.de/material/aufsatz/warum-ldl.pdf

MINISTERIUM FÜR KULTUS UND SPORT UND MINISTERIUM FÜR WISSENSCHAFT UND KUNST BADEN-WÜRTTEMBERG: Lehrplan Deutsch, in: Kultus und Unterricht. Gemeinsames Amtsblatt des Ministeriums für Kultus und Sport und des Ministeriums für Wissenschaft und Kunst Baden-Württemberg, Lehrplanheft 22/1979, Stuttgart, den 20. August 1979

MINISTERIUM FÜR KULTUS UND SPORT BADEN-WÜRTTTEMBERG: Bildungsplan für die Berufsschule. Allgemeinbildende Fächer, in: Kultus und Unterricht. Amtsblatt des Ministeriums für Kultus und Sport Baden-Württemberg, Band 1, Lehrplanheft 9/1989. 24. April 1989

MINISTERIUM FÜR KULTUS, JUGEND UND SPORT BADEN-WÜRTTEMBERG: Bildungsplan für die Berufsschule. Deutsch, Gemeinschaftskunde, Wirtschaftskunde, in: Kultus und Unterricht. Amtsblatt des Ministeriums für Kultus, Jugend und Sport Baden-Württemberg, Band 1, Ergänzungsband, Lehrplanheft 7/1998. 13. Juli 1998

MÖNNICH, Annette, 2004: Von der antiken Rhetorik zur Rhetorik der Gegenwart, in: Pabst-Weinschenk, Marita (Hrsg.): Grundlagen der Sprechwissenschaft und Sprecherziehung, S. 104-113, München: UTB

MÜLLER, Frank, 2004: Selbstständigkeit fördern und fordern. Handlungsorientierte Methoden – praxiserprobt, für alle Schularten und Schulstufen, 3., überarbeitete und erweiterte Auflage, Weinheim/Basel: Beltz

NAUMANN, Carl Ludwig, 2004: Seit über 80 Jahren steht die Sprecherziehung draußen vor dem Schultor. Warum ist die Schwelle so hoch?, in: Gutenberg, Norbert (Hrsg.): Sprechwissenschaft und Schule. Sprecherziehung – Lehrerbildung – Unterricht, S. 37-47, München: Reinhardt

NUSSBAUMER, MARKUS / SIEBER, Peter, 1994: Sprachfähigkeiten – besser als ihr Ruf und nötiger denn je! Zur Deutung unserer Ergebnisse, in: Sieber, Peter (Hrsg.): Sprachfähigkeiten – Besser als ihr Ruf und nötiger denn je! Ergebnisse und Folgerungen aus einem Forschungsprojekt, S. 303-343, Aarau: Sauerländer

OCKEL, Eberhard, 1987: Erzählen und Vorlesen. Beeinträchtigungen und Chancen, in: Allhoff, Dieter-W.: sprechen lehren, reden lernen. Beiträge zur Stimm- und Sprachtherapie, Sprechbildung und Sprecherziehung, Rhetorischen und Ästhetischen Kommunikation, S. 156-166, München: Reinhardt

DERS., 1998: Rhetorik und Didaktik, in: Dyck, Joachim / Jens, Walter / Ueding, Gert (Hrsg.): Rhetorik. Ein internationales Jahrbuch, Band 17: Rhetorik in der Schule, S. 1-16, Tübingen: Niemeyer

DERS., 2004: Leselehre, in: Pabst-Weinschenk, Marita (Hrsg.): Grundlagen der Sprechwissenschaft und Sprecherziehung, S. 81-90, München: UTB

OOMEN-WELKE, Ingelore, 1998: „… ich kann da nix!" Mehr zutrauen im Deutschunterricht, Freiburg i.B.: Fillibach

DIES., 2004: Grußwort der Vorsitzenden des Vereins Symposion Deutschdidaktik, in: Schrift zum 15. Symposion Deutschdidaktik, Universität Lüneburg, 26.-29.09.2004, S. 13-14

OTTMERS, Clemens, 1996: Rhetorik, Stuttgart: Metzler

PABST-WEINSCHENK, Marita, 1995: Reden im Studium. Ein Trainingsprogramm, Berlin: Cornelsen

DIES., 2000: Die Sprechwerkstatt. Sprech- und Stimmbildung in der Schule, Braunschweig: Westermann

PABST-WEINSCHENK, Marita, 2004: Sprechbildung, in: Pabst-Weinschenk, Marita (Hrsg.): Grundlagen der Sprechwissenschaft und Sprecherziehung, S. 14-19, München: UTB

DIES., 2005: Freies Sprechen in der Grundschule, Berlin: Cornelsen

PEYER, Ann, 2003: Lehrpläne/Curricula, in: Bredel, Ursula u.a. (Hrsg.): Didaktik der deutschen Sprache, Band 2, S. 629-638, Paderborn: UTB

RAUSCH, Martin / WURSTER, Ekkehard, 1997: Schulbuchforschung als Unterrichtsforschung. Vergleichende Schreibtisch- und Praxisevaluation von Unterrichtswerken für den Sachunterricht (DFG-Projekt) (mit ausführlicher Dokumentation der Meßinstrumente), Frankfurt a.M.: Lang

ROß, Klaus, 1994: Sprecherziehung statt Rhetorik. Der Weg zur rhetorischen Kommunikation, Opladen: Westdeutscher Verlag

SCHRADER, Heinrich / TRAMPE, Wilhelm, 2002: Kommunikative Kompetenz als die Schlüsselqualifikation im Deutschunterricht an berufsbildenden Schulen, in: Josting, Petra / Peyer, Ann (Hrsg.): Deutschdidaktik und berufliche Bildung, S. 28-41, Baltmannsweiler: Schneider

SCHUSTER, Karl, 2001: Mündlicher Sprachgebrauch im Deutschunterricht, Baltmannsweiler: Schneider

SCHWEGER, Hans-Jürgen, 2000: Deutsch an der Berufsschule – Aufgaben und Perspektiven der sprachlichen Fächer im Kontext der Profilbildung einer modernen Berufsschule, in: Grundmann, Hilmar (Hrsg.): Deutsch- und Fremdsprachenunterricht an beruflichen Schulen. Chancen und Perspektiven, S. 95-103, Bielefeld: Bertelsmann

SPINNER, Kaspar H., 1997: Reden lernen, in: Praxis Deutsch. Zeitschrift für den Deutschunterricht. Reden lernen, Heft 144, 24. Jahrgang, S. 16-22

TEUCHERT, Brigitte, 2001: Wissenschaft Mündliche Kommunikation: Freiheit oder Verpflichtung, in: Allhoff, Dieter-W. (Hrsg.): Schlüsselkompetenz mündliche Kommunikation, S. 155-162, München: Reinhardt

UEDING, Gert / STEINBRINK, Bernd, 1994: Grundriss der Rhetorik. Stuttgart: Metzler

UEDING, Gert, 1995: Rhetorik im Schnellverfahren, in: Dyck, Joachim / Jens, Walter / Ueding, Gert (Hrsg.): Rhetorik. Ein internationales Jahrbuch, Band 14: Angewandte Rhetorik, S. 80-93, Tübingen: Niemeyer

VOLLSTÄDT, Witlof u.a., 1999: Lehrpläne im Schulalltag. Eine empirische Studie zur Akzeptanz und Wirkung von Lehrplänen in der Sekundarstufe I, Opladen: Leske + Budrich

WAGNER, Roland W., 1997: Zur Sprecherziehung im Deutschunterricht Baden-Württembergs, in: Pabst-Weinschenk, Marita / Wagner, Roland W. / Naumann, Carl Ludwig (Hrsg.): Sprecherziehung im Unterricht, S. 103-114, München: Reinhardt

Anhang

Anhang I

- Lehrerfragebogen (verkleinert)

Liebe Kolleginnen, liebe Kollegen,

im Rahmen einer wissenschaftlichen Arbeit untersuche ich die Bedeutung des Referates bzw. des Kurzvortrages im Deutschunterricht an Berufsschulen. Zu diesem Zweck möchte ich mir einen Eindruck darüber verschaffen, wie Kolleginnen und Kollegen mit diesem, nicht unumstrittenen, Thema umgehen. Daher bitte ich Sie, den nachfolgenden Fragebogen auszufüllen. Die Auswertung erfolgt statistisch-inhaltlich und völlig anonym. Die Originale können nicht durch Unbefugte, an der Untersuchung nicht beteiligte Personen eingesehen werden. Sollten Sie Fragen haben oder mehr zu diesem Thema wissen wollen, stehe ich Ihnen jederzeit zum Gespräch zur Verfügung.

Für Ihre Unterstützung und die Zeit, die Sie dafür opfern, bedanke ich mich bereits im Voraus ganz herzlich!

Monika Fellenberg, Mahatma-Gandhi-Str. 2, 70376 Stuttgart

❀ ● ❀ ● ❀ ● ❀ ● ❀ ● ❀ ● ❀

Fragen zum Thema „Referate im Deutschunterricht"

1. Lassen Sie die Schülerinnen und Schüler im Deutschunterricht Referate halten? Wenn nein, warum nicht?
    (Sollten Sie diese Frage mit NEIN beantworten, brauchen Sie die weiteren Fragen nicht mehr zu beantworten.)

2. Bereiten Sie die Schülerinnen und Schüler auf den Vortrag vor? Wenn ja, wie?

3. Sind Sie insgesamt mit der Qualität der Schülervorträge zufrieden?

4. Glauben Sie, dass das Halten von Referaten bei den Schülerinnen und Schülern einen Lernerfolg erzielt? Wenn ja, welchen?

5. Geben Sie den Schülerinnen und Schülern neben dem Referat weitere Möglichkeiten ihre Ausdrucks- und Präsentationsfähigkeiten im Unterricht zu erproben? Wenn ja, in welcher Form?

6. Wie wichtig finden Sie das Erlernen von Ausdrucks- und Präsentationsfähigkeiten an Berufsschulen – auch im Vergleich zu anderen Schulformen?

❀ ● ❀ ● ❀ ● ❀ ● ❀ ● ❀ ● ❀

Angaben zur Person:

Alter: _____ Jahre

Geschlecht: O männlich   O weiblich

Amtsbezeichnung: _____

✾ ● ✾ ● ✾ ● ✾ ● ✾ ● ✾ ● ✾

Bitte geben Sie den ausgefüllten Fragebogen bis zu den Sommerferien im Sekretariat ab.

Herzlichen Dank für Ihre Mitarbeit!

Monika Fellenberg

Anhang II

Referatunterricht:

- Stoffverteilungsplan Deutsch
- Stoffverteilungsplan Gemeinschaftskunde
- Stoffverteilungsplan Wirtschaftskunde
- Arbeitsblatt: Kurzreferat
- Bewertungskriterien für den Kurzvortrag
- Arbeitsblatt: Privater Geschäftsbrief: Der Betreff
- Arbeitsblatt: Privater Geschäftsbrief
- Arbeitsblatt: Parlamentarische Demokratie: Die Staatsorgane der Bundesrepublik Deutschland
- Arbeitsblatt: Der Pluralismus

Stoffverteilungsplan Deutsch

1. Stunde	Vorstellung, Allgemeines, Transparenzerlass, Organisatorisches
2.+3. Stunde	**Infoblätter zum Referat (Merkblatt, Themen, Rätsel, Ausarbeitung, Kurzreferat), Vorbereitung des Kurzvortrages**
4.-5. Stunde	**Präsentation der Kurzvorträge (Videoaufzeichnung)**
7.-8. Stunde	**Auswertung der Videoaufnahmen von den Kurzvorträgen**
10.+11. Stunde	Einführung: Der private Geschäftsbrief Form, Betreffzeile (mit Übungen), Ausdrucksübungen für den Inhalt
12. Stunde	Korrektur eines privaten Geschäftsbriefes (Folienpräsentation eines Schülerbriefes und gemeinsame Korrektur)
13.+14. Stunde	Verfassen eines privaten Geschäftsbriefes, anschließend gemeinsame Korrektur auf Folie
15.+16. Stunde	Verfassen eines privaten Geschäftsbriefes mit individuellen Korrekturhinweisen, Vorlesen einiger guter Briefe
17.+18. Stunde	1. Klassenarbeit: Verfassen eines privaten Geschäftsbriefes
Restliche Stunden	**Präsentation der Schülerreferate (Videoaufzeichnung)**

Stoffverteilungsplan Gemeinschaftskunde

1. Stunde	Bundesländer und ihre Hauptstädte in eine Karte eintragen Ergebnissicherung: S. tragen die Ergebnisse am OHP in eine Folie ein
2. Stunde	ABC-Spiel: S. notieren zu jedem Buchstaben im Alphabet einen Begriff zum Thema Politik, zwei S. notieren ihre gemeinsamen Ergebnisse auf Folie und präsentieren diese anschließend zusammen am OHP als Diskussionsgrundlage
3.+4. Stunde	S. lesen laut Arbeitsblatt zum Bundestagswahlsystem vor, anschließend berechnen sie selbstständig anhand eines Fallbeispiels die Sitze eines Musterlandes für den Bundestag aus und tragen die Lösung vor Ergebnissicherung: schriftlicher Abschlusstest zum Wahlsystem mit gemeinsamer Besprechung
5.+6. Stunde	S. entwickeln ein Verfassungsschema der bundesdeutschen Verfassung (auf Folie) anhand eines Arbeitsblattes, auf dem die wichtigsten GG-Artikel zu diesem Thema zusammengestellt sind Ergebnisse werden von den Gruppen am OHP präsentiert Ergebnissicherung: die besten Schemata werden für alle kopiert
7.+8. Stunde	S. erarbeiten in arbeitsteiligen Gruppen Zusammensetzung, Aufgaben, Besonderheiten und Einschränkungen der einzelnen Verfassungsorgane (auf Folie) mithilfe vom L. vorbereiteter Infoblätter Ergebnisse werden von den Gruppen am OHP präsentiert Ergebnissicherung: Folien werden ggf. ergänzt und für alle kopiert
9. Stunde	Aufgaben, Rechte und Pflichten der Massenmedien (die vierte Gewalt) werden anhand eines Arbeitsblattes erarbeitet Ergebnissicherung: Tafelanschrieb anschließend Diskussion über Vor- und Nachteile der Massenmedien
10.+11. Stunde	Kreuzworträtsel zum Thema Bürgereinfluss mit gemeinsamer Auflösung S. recherchieren in der Schulbibliothek zu Parteien, Verbänden und Bürgerinitiativen Präsentation einiger S.-ergebnisse mit Quellenangaben Ergebnissicherung: die besten Ergebnisse werden für alle kopiert
12. Stunde	Vorbereitung auf Klassenarbeit mit dem Spiel: „Wer wird Politikmillionär?"

13. Stunde	1. Klassenarbeit: Die parlamentarische Demokratie
14. Stunde	Rückgabe + Besprechung der Klassenarbeit
15. Stunde	S. lernen das Prinzip einer pluralistischen Gesellschaft anhand eines Fallbeispiels kennen, Fallbeispiel wird in Form eines Rollenspiels erarbeitet Ergebnissicherung: Ausfüllen eines auf einem Arbeitsblatt vorbereiteten Lückentextes
16. Stunde	S. lesen laut Informationsblätter zum Thema Volksentscheid S. erarbeiten Pro- und Contraargumente zum Thema Volksentscheid, anschließend Diskussionsrunde zum Thema „Volksentscheid – ja oder nein"
17. Stunde	S. lernen die Grundrechte und ihre Bedeutung kennen (Folie und Arbeitsblatt) 50 Jahre GG der BRD: Freiheit und Selbstbestimmung Auswertung und Problematisierung Ergebnissicherung: Tafelanschrieb
18.+19. Stunde	**Das Potsdamer Abkommen (Schülerreferate)** **Die Teilung Deutschlands (Schülerreferate)**
20.+21. Stunde	**Das Leben in der DDR (Schülerreferate)**
22.+23. Stunde	**Epoche des Kalten Krieges (Schülerreferate)** **Entspannungspolitik (Schülerreferate)**
24.+25. Stunde	**Die Wiedervereinigung (Schülerreferate)**
26. Stunde	2. Klassenarbeit: Die deutsche Frage
27. Stunde	Rückgabe + Besprechung der Klassenarbeit
28.+29. Stunde	Film: „Sonnenallee"

Stoffverteilungsplan Wirtschaftskunde

1. Stunde	Arbeitsblatt zu Zahlungsmöglichkeiten, Einteilung in bare, halbbare und unbare Zahlung Moderner Zahlungsverkehr Ergebnissicherung: Tafelanschrieb
2.+3. Stunde	Binnenwert des Geldes: Arbeitsblatt zur Kaufkraft, Preisindex und Warenkorb gemeinsam lesen und besprechen Arbeitsblatt zur Inflation und Deflation gemeinsam lesen und besprechen
4.+5. Stunde	Außenwert des Geldes: Arbeitsblatt zu Wechselkursen gemeinsam lesen und besprechen Schriftliche Aufgaben lösen und gemeinsam besprechen
6. Stunde	Rätsel zum Euro (Arbeitsblatt) mit gemeinsamer Auflösung Arbeitsblatt zum Euro: Länder, Bedingungen, Entwicklung ausfüllen und gemeinsam besprechen
7.+8. Stunde	S. informieren sich in Gruppen über unterschiedliche Sparformen und ordnen diese in eine Tabelle ein hinsichtlich ihrer Sicherheit, Verfügbarkeit und Rendite Ergebnissicherung: Tafelanschrieb
9.+10. Stunde	S. erarbeiten im Unterrichtsgespräch, worauf man bei einer Kreditaufnahme achten muss Ergebnissicherung: Tafelanschrieb Arbeitsblätter zur Kreditaufnahme, Sicherheiten und Verbraucherinsolvenzverfahren gemeinsam lesen und besprechen
11. Stunde	Wiederholung für Klassenarbeit
12. Stunde	1. Klassenarbeit: Umgang mit Geld
13. Stunde	Rückgabe und Besprechung der Klassenarbeit
14. Stunde	**Der Arbeitsvertrag (Schülerreferate)**
15. Stunde	**Beendigung von Arbeitsverhältnissen (Schülerreferate)**
16. Stunde	**Der Tarifvertrag (Schülerreferate)**
17. Stunde	**Der Betriebsrat (Schülerreferate)**
18. Stunde	**Die Mitbestimmung der Arbeitnehmer im Aufsichtsrat (Schülerreferate)**

19. Stunde	**Das Arbeitsgericht (Schülerreferate)**
20. Stunde	Wiederholung für Klassenarbeit
21. Stunde	2. Klassenarbeit: Grundlagen des Arbeitsrechts
22. Stunde	Rückgabe und Besprechung der Klassenarbeit
23. Stunde	Unterrichtsgespräch zu Lohnformen Ergebnissicherung: Tafelanschrieb
24. Stunde	Unterrichtsgespräch zur Frage, wie man Arbeit gerecht entlohnen kann Ergebnissicherung: Tafelanschrieb
25.+26. Stunde	Arbeitsblatt zu den Grundzügen der Lohnabrechnung in Partnerarbeit Fallbeispiel dazu schriftlich bearbeiten, anschließend gemeinsame Besprechung
27. Stunde	Wirtschaftliche Aspekte der Entlohnung als Arbeitsblätter gemeinsam lesen und besprechen
verbleibende Stunden	Prüfungsaufgaben

	Kurzreferat

Aufgabe: Halten Sie ein etwa fünfminütiges Kurzreferat über Ihren Ausbildungsbetrieb oder Ihre Ausbildung. Entwickeln Sie dafür zunächst ein entsprechendes Stichwortkonzept als Vortragsleitfaden. Erstellen Sie weiterhin geeignetes Anschauungsmaterial zur Unterstützung Ihres Vortrages (Folien und Plakate stehen zur Verfügung).

Hinweis:

---

10 Regeln für den guten Vortrag

1) Erstmal tief einatmen, die Luft etwa 4 Sekunden anhalten und dann langsam ausatmen. Das beruhigt.

2) Festen Stand suchen und Körperhaltung straffen (Wohin mit den Händen?)

3) Die Zuhörer in aller Ruhe anschauen und den Blick langsam schweifen lassen (Ich bin hier der Experte!)

4) Das Thema nennen und den Aufbau des Vortrages überblickshaft erläutern (Überblick vermitteln)

5) Die Zuhörer mit einem interessanten Einstieg hellhörig machen und für den Vortrag gewinnen (sie z.B. direkt ansprechen)

6) Frei und lebendig reden und argumentieren, damit niemand einschläft (Mimik und Gestik einsetzen)

7) Die Rede so gestalten, dass die Zuhörer sich angesprochen fühlen (lebensnahe Beispiele und Anregungen, rhetorische Fragen)

8) Stimme und Tonlage so variieren, dass die Ausführungen unterstrichen werden (Der Ton macht die Musik!)

9) Ruhig mal kleine Pausen lassen und Wiederholungen einfügen; das macht die Rede eindringlicher (Zuhörer brauchen Zeit zum Verschnaufen und zum Nachdenken)

10) Am Ende einen guten „Abgang" sichern, denn der letzte Eindruck bleibt auf jeden Fall haften (das muss nicht unbedingt was Witziges sein)

Aus: Heinz Klippert: Kommunikations-Training

1. **Sprache**

   Artikulation

   Modulation

   Ausdrucksweise

   Sprachtempo/Pausen

2. **Körper**

   Blickkontakt

   Körperhaltung

   Bewegung

   Gestik

3. **Präsentation**

   Medieneinsatz

   Mediengestaltung

   Moderation

   Souveränität des Vortrags

Privater Geschäftsbrief:
Der Betreff

Aufgabe: Formulieren Sie für folgende Situationen einen „Betreff". Ergänzen Sie fehlenden Angaben.

1) Sie erhalten eine Mahnung für eine schon bezahlte Rechnung.

2) Sie finden in Ihrem Lieblingsschokoriegel ein Stück Metall und Sie schreiben dem Hersteller.

3) Sie haben von neuen Joggingschuhen gehört, die im Fachhandel noch nicht erhältlich sind. Sie schreiben an die Herstellerfirma.

4) Sie ärgern sich sehr über die Bedingung in einem Kaufhaus und wenden sich nun an die Geschäftsleitung.

5) Sie kündigen Ihr Abonnement der Musikzeitschrift „braindrummer".

6) Unter Ihrem Scheibenwischer steckt eine Zahlungsaufforderung, da die Parkuhr abgelaufen war. Die Parkuhr war jedoch defekt.

7) Die Skireise ins Stubai-Tal findet ohne Sie statt, da Ihr rechtes Bein nach einem Bänderriss in Gips liegt. Informieren Sie den Veranstalter.

8) Ein Reiseveranstalter hat Ihnen eine ausgearbeitete Klassenfahrt nach Berlin angeboten. Im Namen der Klasse möchten Sie diese Reise buchen.

Hinweis: In die „Betreffzeile" sollten unbedingt Hinweise eingesetzt werden, die Aufschluss über den eventuell vorangegangenen Schriftwechsel geben, z.B. Abonnement-Nr., Mitgliedschafts-Nr., Rechnungs-Nr., Ihr Anruf am..., Ihr Schreiben vom...

Privater Geschäftsbrief

Aufgabe: Schreiben Sie einen normgerechten Brief. Ergänzen Sie fehlende Angaben.

Situationen:

1) Ihre Lokalzeitung meldet, dass die Gemeindeverwaltung Ihres Heimatortes über das Jugendamt einen Musikproberaum jeden Montag, Dienstag und Mittwoch von 18:00 bis 22:00 Uhr kostenlos für Bands zur Verfügung stellt.
   Reservieren Sie für Ihre Band einen Termin.

2) Immer wieder kommt es vor, dass Sie sich im Vorbeigehen zwischen Hauswänden und halb auf dem Gehweg geparkten Autos die Kleidung verschmutzen, da der Gehweg ohnehin sehr schmal ist.
   Schreiben Sie an das Ordnungsamt Ihrer Gemeinde. Schildern Sie die Lage. Machen Sie Vorschläge zur Abhilfe.

3) In Eile lehnen Sie Ihr Fahrrad nicht sicher an einen Mast, sodass es wegrutscht und den Kotflügel des dort haltenden Autos zerkratzt.
   Schreiben Sie an Ihre Haftpflichtversicherung, schildern Sie kurz den Sachverhalt. Geben Sie auch die Adresse und Autonummer des Kfz-Halters an.

4) Schreiben Sie Ihrer Versicherung, dass Sie umgezogen sind. Geben Sie Ihre neue Adresse und Ihre neue Bankverbindung an.

5) Sie haben am 15. April Ihre Krankenzusatzversicherung gekündigt und gleichzeitig die Einzugsermächtigung widerrufen. Trotzdem werden die Beiträge weiter von Ihrem Konto abgebucht.
   Schreiben Sie an die Versicherung.

6) Ihre Klasse möchte sechs Tage nach Berlin fahren.
   Fahren Sie schriftlich bei einem Reisebüro nach einem Angebot für eine Fahrt mit dem Bus oder der Bahn an.
   Nennen Sie die Teilnehmerzahl, das Reisedatum, die mögliche Abfahrtszeit, Unterkunfts- und Verpflegungswünsche.
   Bitten Sie zudem um eine Auswahl von Besichtigungsmöglichkeiten für drei Vormittage.

Verfassung des Landes Baden-Württemberg
Artikel 27
(1) Der Landtag ist die gewählte Vertretung des Volkes.
Artikel 45
(1) Die Regierung übt die vollziehende Gewalt aus.
Artikel 46
(1) Der Ministerpräsident wird vom Landtag mit der Mehrheit seiner Mitglieder ohne Aussprache in geheimer Abstimmung gewählt...
(2) Der Ministerpräsident beruft und entlässt die Minister,...

Grundgesetz der Bundesrepublik Deutschland
Artikel 38
(1) Die Abgeordneten des Deutschen Bundestages werden in allgemeiner, unmittelbarer, freier, gleicher und geheimer Wahl gewählt...
Artikel 50
Durch den Bundesrat wirken die Länder bei der Gesetzgebung und Verwaltung des Bundes und in Angelegenheiten der Europäischen Union mit.
Artikel 51
(1) Der Bundesrat besteht aus Mitgliedern der Regierungen der Länder, die sie bestellen und abberufen...
Artikel 54
(1) Der Bundespräsident wird ohne Aussprache von der Bundesversammlung gewählt. Wählbar ist jeder Deutsche, der das Wahlrecht zum Bundestage besitzt und das vierzigste Lebensjahr vollendet hat.
(3) Die Bundesversammlung besteht aus den Mitgliedern des Bundestages und einer gleichen Anzahl von Mitgliedern, die von den Volksvertretungen der Länder nach den Grundsätzen der Verhältniswahl gewählt werden.
Artikel 62
Die Bundesregierung besteht aus dem Bundeskanzler und den Bundesministern.
Artikel 63
(1) Der Bundeskanzler wird auf Vorschlag des Bundespräsidenten vom Bundestage ohne Aussprache gewählt.
(2) Gewählt ist, wer die Stimmen der Mehrheit der Mitglieder des Bundestages auf sich vereinigt. Der Gewählte ist vom Bundespräsidenten zu ernennen.
Artikel 64
(1) Die Bundesminister werden auf Vorschlag des Bundeskanzlers vom Bundespräsidenten ernannt und entlassen.
Artikel 92
Die rechtsprechende Gewalt ist den Richtern anvertraut; sie wird durch das Bundesverfassungsgericht, durch die in diesem Grundgesetze vorgesehenen Bundesgerichte und durch die Gerichte der Länder ausgeübt.
Artikel 94
(1) ... Die Mitglieder des Bundesverfassungsgerichts werden je zur Hälfte vom Bundestage und vom Bundesrate gewählt. Sie dürfen weder dem Bundestage, dem Bundesrate, der Bundesregierung noch entsprechenden Organen eines Landes angehören.

Aufgabe: Erstellen Sie anhand der Auszüge aus der Verfassung des Landes Baden-Württemberg und dem Grundgesetz der Bundesrepublik Deutschland ein Verfassungsschema.

Beispiel:

Aufgrund der tragischen Verkehrsunfälle mit Motorrädern auf der Bergstrecke in den letzten Monaten sollen Maßnahmen beschlossen werden, um die Anzahl der Unfälle künftig erheblich zu reduzieren. Die Gemeinde lädt deshalb alle interessierten Bürger zu einer Bürgeranhörung in den Gemeindesaal ein. Zur Debatte steht insbesondere ein generelles Fahrverbot für Motorradfahrer. Hierzu werden ganz unterschiedliche Meinungen vorgetragen. Der Tankstellenbesitzer, die Wirtin der Gaststätte an der Bergstrecke, Landschaftsschützer, Gemeinderäte verschiedener Parteien, Vertreter eines Motorsportclubs und vor allem die Motorradfahrer äußern sich. Man darf gespannt sein, wie die Gemeindeverwaltung letztlich entscheiden wird.

Entscheidung:

Aufgabe:

Ergänzen Sie den Text durch folgende Begriffe: *pluralistische Gesellschaft, Interessengruppen, Konflikte, demokratischen, Gespräche, Kompromisse und Entscheidungen einzelner Staatsorgane.*

Eine Gesellschaft, die verschiedene Meinungen von einzelnen und ....

zulässt, bezeichnet man als .... Diese

Gesellschaft ist die Voraussetzung für einen .... Staat. Durch diese

verschiedenen Meinungen entstehen .... Diese werden gelöst durch

.............................., ...

151

Anhang III

Referatunterricht mit Rhetorikübungen:

- Stoffverteilungsplan Deutsch
- Arbeitsblatt: Körperhaltung und Blickkontakt 1
- Arbeitsblatt: Körperhaltung und Blickkontakt 2
- Arbeitsblatt: Medieneinsatz
- Arbeitsblatt: Aussprache
- Arbeitsblatt: Mit Ausdruck sprechen 1
- Arbeitsblatt: Mit Ausdruck sprechen 2

Stoffverteilungsplan Deutsch

1. Stunde	Vorstellung, Allgemeines, Transparenzerlass, Organisatorisches
2.+3. Stunde	**Infoblätter zum Referat (Merkblatt, Themen, Rätsel, Ausarbeitung, Kurzreferat), Vorbereitung des Kurzvortrages**
4.-5. Stunde	**Präsentation der Kurzvorträge (Videoaufzeichnung)**
7.-8. Stunde	**Auswertung der Videoaufnahmen von den Kurzvorträgen**
10.+11. Stunde	Einführung: Der private Geschäftsbrief Form, Betreffzeile (mit Übungen), Ausdrucksübungen für den Inhalt
12. Stunde	**Redeangst: Übung zur Autosuggestion gegen Redeangst, S. schreiben auf Moderationskarten, wovor sie bei einem Vortrag am meisten Angst haben und hängen sie an der Tafel auf, Ängste werden besprochen und in GA Plakate mit Tipps gegen Redeangst erstellt und im Klassenzimmer aufgehängt**
13.+14. Stunde	Korrektur eines privaten Geschäftsbriefes (Folienpräsentation eines Schülerbriefes und gemeinsame Korrektur)Verfassen eines privaten Geschäftsbriefes, anschließend gemeinsame Korrektur auf Folie
15. Stunde	**Verständliches Reden: S. lesen Tucholsky-Text: „Ratschläge für einen schlechten Redner", S. erarbeiten in Gruppen Ratschläge für einen guten Redner und präsentieren diese auf Folie, S. formulieren eine Einleitung und einen Schluss für ein mögliches Referat**
16.+17. Stunde	Verfassen eines privaten Geschäftsbriefes mit individuellen Korrekturhinweisen, Vorlesen einiger guter Briefe
18.+19. Stunde	1. Klassenarbeit: Verfassen eines privaten Geschäftsbriefes

20. Stunde	**Körperhaltung und Blickkontakt:** Einstieg mit Comic zur Körperhaltung, S. untersuchen anhand einer Folie die Wirkung verschiedener Körperhaltungen, anschließend Analyse einer Körperhaltung auf dem Arbeitsblatt mit Verbesserungsvorschlägen, danach testen S. ihre eine Körperhaltung und das Blickverhalten anhand eines Textvortrags mit unterschiedlichen Variationen
21. Stunde	**Medieneinsatz:** Einstieg mit Karikatur zum Thema Medieneinsatz, S. sollen Folien sinnvoll in einen Text einbauen, S. erhalten Merkblatt über die wichtigsten Medien und ihre Einsatzmöglichkeiten, S. überlegen sich geeignete Medien für ihr Referat
22. Stunde	**Aussprache und Ausdruck:** Einstieg mit Karikatur über sprachliche Auffälligkeiten, S. sprechen Zungenbrecher, anschließend Ausdrucksübungen mit verschiedenen Texten
Restliche Stunden	**Präsentation der Schülerreferate (Videoaufzeichnung)**

Formulieren Sie Empfehlungen
für die richtige Körperhaltung
und Blickrichtung während einer
Präsentation.

Körperhaltung und Blickkontakt

1. Aufgabe: Lesen Sie den Text einmal gelangweilt und einmal mahnend. Halten Sie Blickkontakt zum Publikum.

„Es gibt viele Gelegenheiten, Alkohol zu trinken. Viele junge Menschen trinken regelmäßig Alkohol, d.h. täglich oder mehrmals in der Woche. So wird zum Beispiel die Grillfete erst mit Bier richtig gut. Viele trinken Bier nach Feierabend, um sich zu entspannen. Anstatt Sport zu treiben, sitzen sie vor dem Fernseher mit Chipstüte und Bier.
Im Pro-Kopf-Verbrauch liegt das Bier weit vorn. Erschreckend ist, dass die Bundesbürger ca. ein Drittel ihres Getränkekonsums mit Alkohol decken. Alltägliche Situationen zeigen es: Alkoholtrinken wird als normal angesehen. Wer keinen Alkohol trinkt, gilt oft als Sonderling, er wird wiederholt aufgefordert, doch mitzutrinken.

2. Aufgabe: Markieren Sie, wo Sie diese Abbildungen als Folie einsetzen können.

Was und wieviel in Deutschland getrunken wird

in Deutschland 1997	pro Kopf der Bevölkerung
Bier	131,1 l
Wein	18,2 l
Spirituosen	6,1 l
Sekt	4,9 l
Alkoholische Getränke insg.	160,2 l
Alkoholfreie Getränke	506,7 l

Alkohol. Gebrauch und Wirkung. Barmer Ersatzkasse. Wuppertal o. J., S. 5 u., 8 o.

3. Aufgabe: Präsentieren Sie den Text zusammen mit den Folien.

Medieneinsatz

Verschiedene Medien:

Kreidetafel	Zum schnellen Anschreiben während des Vortrags. Den Zuhörern nicht zu lange den Rücken zukehren.
Flip Chart (Papiertafel)	Einzusetzen wie die Kreidetafel
Einzelne Bilder und Poster	Zur Illustration im Raum aufhängen. Sollten immer so groß sein, dass jeder im Raum etwas darauf erkennen kann. Sollten wirklich das zeigen, was man veranschaulichen will.
Overhead-Projektor	Folien können einfarbig und bunt gestaltet werden. Vorteil, dass der Redner den Blick nicht von den Zuhörern abwenden muss. Folien können teilweise abgedeckt und Informationen erst nach und nach sichtbar gemacht werden.
Episkop	Bilder und Grafiken können an die Wand geworfen werden. Bei ungünstigen Lichtverhältnissen leider schlecht zu erkennen.
Konkrete Gegenstände und Modelle	Sehr anschaulich, wenn sie für die Zuschauer gut zu sehen sind.
Tonaufnahmen und Videoclips	Können manches anschaulicher und schneller vermitteln als nur eine Rede.

Allgemeine Hinweise zum Medieneinsatz:

Alle Medien nur so lange zeigen, wie sie die Rede unmittelbar unterstützen, damit die Zuhörer nicht abgelenkt werden.

Vorsicht: Machen Sie aus Ihrem Referat keine Multi-Media-Show, bei der man Sie als Referenten gar nicht mehr wahrnimmt.

Tipp: Technik immer erst ausprobieren!

Zungenbrecher:

- *Der Potsdamer Postkutscher putzt den Potsdamer Postkutschenkasten; den Potsdamer Postkutschenkasten putzt der Potsdamer Postkutscher.*

- *Bayrische Bierbrauer brauen bayrisches Braunbier; bayrisches Braunbier brauen bayrische Bierbrauer.*

- *Es liegt ein Klötzchen Blei gleich bei Blaubeuren; gleich bei Blaubeuren liegt ein Klötzchen Blei.*

- *Brautkleid bleibt Brautkleid und Plättbrett bleibt Plättbrett.*

- *Die Katze tritt die Treppe krumm; krumm tritt die Katze die Treppe.*

- *In Ulm und um Ulm und um Ulm herum schauen manche Männer ziemlich dumm.*

- *Fischers Fritze fischte frische Fische; frische Fische fischte Fischers Fritze.*

- *Zwischen zwei Zwetschgenzweigen saßen zwei zwitschernde Schwalben.*

- *Sieben Schneeschipper schippen sieben Schippen Schnee; sieben Schippen Schnee schippen sieben Schneeschipper.*

- *Zwischen zwei Zwetschgenzweigen saßen zwei zwitschernde Spatzen, zwei zwitschernde Spatzen saßen zwischen zwei Zwetschgenzweigen.*

- *Zwischen zwei spitzen Steinen sitzen zwei zischende Schlangen lauernd auf zwei zwitschernde Spätzchen.*

wo: wenn es wo war
wer: wenn es wer war
wann: wenn es wann war
was: wenn es was war
wie: wenn es wie war

war wo es wenn wie
war wie es wenn was
war was es wenn wann
war wann es wenn wer
war wer es wenn wo

es war wo wenns wer war
es war wer wenns wann war
es war wann wenns was war
es war was wenns wie war
es war wie wenns wo war

es erhebt sich jetzt die Frage ob wir da würde ich also gleich die Frage in die Diskussion werfen und zwar ganz bewusst von meiner Seite aus würde ich die Frage zurückführen auf die Kernfrage dann würde ich aber die Gegenfrage stellen müssen oder ist hier einer der sagt wir sollten diese Frage endlich als Scheinfrage begraben oder stellt sich denn die Frage nicht vielmehr so ganz bewusst würde ich die Frage aufwerfen das ist keine Frage des Beliebens muss also nicht jeder zu dieser Frage Stellung beziehen die Frage der Stellungnahme können wir nur durch andauernde Infragestellung können wir überhaupt ich weiß allerdings nicht ob ich auf Ihre Frage geantwortet habe

EinpaarMäusesprangenmutwilligumeinenschlafendenLöwenherumunddaersich
nichtrührtebegannensiesiesogaraufihmherumzutanzendawurdeerwachundhatte
gleicheinevonihnengepacktichbittedichflehtedieMausschonemeinLebenichwilles
dirauchgernemiteinemGegendienstvergeltendamusstederLöwelachenundließsie
losnacheinigerZeitaberverfingersichindenNetzenderJägerundvermochtesichauch
mitallerKraftnichtmehrausdenSchlingenzubefreiendakamdieMausherzugelaufen
undnagtemitemsigemZahneinevondenSchleifenentzweieineeinzigenuraberauch
dieanderenbegannendavonaufzugehenundderLöwekonnteseineFesselnzerreißen
keineristsogeringdassernichtaucheinmaleinemMächtigenzuhelfenvermöchte

Der kann einen ja *waaahhn*sinnig machen!

Veneranda:	Gestatten Sie, kann ich den Koffer tragen?
Dame:	Welchen Koffer?
Veneranda:	Den Koffer, irgendeinen, ganz gleich, was für einen. Wenn einer sich anbietet, einen Koffer zu tragen, trägt er eben den, der da ist, meinen Sie nicht?
Dame:	Aber ich habe doch gar keinen Koffer.
Veneranda:	Sie haben keinen Koffer? Das ist aber sonderbar. Wie machen Sie's dann, wenn Sie verreisen, wie nehmen Sie Ihre Sachen mit? Machen Sie ein Paket?
Dame:	Ich verstehe nicht ...
Veneranda:	Wenn Sie keinen Koffer haben, dann reisen Sie also mit Paketen.
Dame:	Ich verreise ja gar nicht ...
Veneranda:	Auch wenn Sie nicht verreisen, einen Koffer sollten Sie trotzdem haben, Sie könnten ihn einmal brauchen, glauben Sie nicht?
Dame:	Ja schon, natürlich habe ich einen Koffer.
Veneranda:	Na also, sehen Sie, Sie haben einen. Und zuerst haben Sie gesagt, Sie haben keinen!
Dame:	Hier habe ich keinen, ich habe ihn zu Hause. Ich brauche ihn jetzt nicht.
Veneranda:	Sagen Sie nur nicht, dass Sie den Koffer nicht brauchen, wenn Sie verreisen. Man braucht einen Koffer, wenn man verreist, auch wenn man nur ein paar Stunden unterwegs ist, irgend etwas hat man immer mitzunehmen.
Dame:	Aber ich ...
Veneranda:	Schauen Sie, meine Liebe, werden Sie nicht ungeduldig. Ich habe Ihnen liebenswürdigerweise angeboten, den Koffer zu tragen; wenn Sie nicht verreisen, ist's wirklich nicht meine Schuld.

Anhang IV

Referatunterricht mit LdL:

- Stoffverteilungsplan Deutsch / Gemeinschaftskunde / Wirtschaftskunde

Stoffverteilungsplan Deutsch / Gemeinschaftskunde / Wirtschaftskunde

1.-3. Stunde	Transparenzerlass, Allgemeines, Vorbereitung der Kurzvorträge (Material wird gestellt)
4.+5. Stunde	**Präsentation und Aufnahme der Kurzvorträge**
6.-8. Stunde	**Auswertung der Videoaufnahmen der Kurzvorträge**
9.+10. Stunde	**Informationen zum Referat und der schriftlichen Ausarbeitung (Infoblätter) – Informationen zur Vorbereitung der Schülerstunden (Lernen durch Lehren): Jeder Schüler wählt ein Thema aus allen drei Fächern aus (D/Gk/Wi)**
11.-13. Stunde	Vorbereitung der „Schülerstunden", Material (Arbeitsblätter usw. werden gestellt, S. entscheiden selbst, was sie einsetzen und wie, können auch ergänzen und inhaltliche Fragen zu ihrem Thema klären bzw. sich in das jeweilige Thema einlesen)
ab 14. Stunde	Unterrichtsstunden der Schüler mit anschließender Analyse der gehaltenen Stunden (findet entweder nach jeder Stunde oder nach kleineren Stundenblöcken statt) und Klassenarbeiten
ca. ab 45. Stunde	**Präsentation und Aufnahme der Schülerreferate**
abschließend	**Fragebogen zum Thema Referate**
verbleibende Stunden	Evtl. Themen, die noch nicht behandelt wurden und Klassenarbeiten

162

Anhang V

- Schülerfragebogen (verkleinert)
- Schülerantworten in tabellarischer Übersicht

Fragebogen zum Thema „Referate"

1) Waren Sie mit der Präsentation Ihres Referats zufrieden?

2) Was würden Sie anders machen, wenn Sie das Referat jetzt noch einmal halten könnten?

3) Wie haben Sie sich beim Halten des Referats gefühlt?

4) Fühlten Sie sich durch den Unterricht gut auf Ihren Vortrag vorbereitet?

5) Welche Unterrichtselemente fanden Sie hilfreich?

6) Was hat Ihnen bei der Vorbereitung gefehlt?

7) Welche Erfahrungen haben Sie in Ihrer bisherigen Schullaufbahn mit dem Halten von Referaten gemacht?

8) Hat sich Ihre Einstellung zum Halten von Referaten durch diesen Block verändert? Wenn ja, inwiefern?

9) Für wie wichtig halten Sie das Erlernen von Präsentationsfähigkeiten an der Berufsschule?

10) Halten Sie die Schulungsmöglichkeiten Ihrer Präsentationsfähigkeiten an der Berufsschule für ausreichend?

❀ ● ❀ ● ❀ ● ❀ ● ❀ ● ❀ ● ❀

Angaben zur Person:

Name:

Alter:

Geschlecht:

Schulabschluss:

Ausbildungsberuf:

Ausbildungsjahr:

Abgeschlossene Berufsausbildung als:

❀ ● ❀ ● ❀ ● ❀ ● ❀ ● ❀ ● ❀

Ich danke Ihnen für Ihre Mithilfe den Unterricht weiter zu verbessern und wünsche Ihnen alles Gute für die weitere Ausbildung!

H2 RF 1T Laufende Nummer	Waren Sie mit der Präsentation Ihres Referats zufrieden?	Was würden Sie anders machen, wenn Sie das Referat jetzt noch einmal halten könnten?	Wie haben Sie sich beim Halten des Referates gefühlt?	Fühlten Sie sich durch den Unterricht gut auf Ihren Vortrag vorbereitet?	Welche Unterrichtselemente fanden Sie hilfreich?	Was hat Ihnen bei der Vorbereitung gefehlt?	Welche Erfahrungen haben Sie in Ihrer bisherigen Schullaufbahn mit dem Halten von Referaten gemacht?	Hat sich Ihre Einstellung zum Halten von Referaten durch diesen Block verändert?	Für wie wichtig halten Sie das Erlernen von Präsentationsfähigkeiten durch diese Berufsschule?	Halten Sie die Schulungsmöglichkeiten Ihrer Präsentationsfähigkeiten an der Berufsschule für ausreichend?
1	passt schon	ich würde mich darauf vorbereiten	gut, ich habe kein Problem damit, vor Leuten zu sprechen	auf den Vortrag an sich schon, das Thema wurde halt vorher nicht behandelt	die Kamera war ganz nett, um sich selbst zu sehen	konkretere Tipps u. Regeln bei der Präsentation bzw. Musterbeispiele	gute	nein, ich finde Referate sollte man nicht überall vortragen, sondern sich gut vorbereiten, um den anderen alles gut rüberzubringen	wichtig, da es von großem Vorteil ist, frei sprechen zu können, sich zu artikulieren bzw. etwas dem Gegenüber zu veranschaulichen	nein, in vielen Fächern werden nur "Pseudo-Referate" gehalten, die meistens in der Form von GA stattfinden
2	nein, nicht wirklich, ich habe mich besser vorbereitet als es dann rüber kam, die Nervosität war zu groß	ich würde versuchen, besser frei zu sprechen u. mit Folien arbeiten, weil es ein bisschen Abwechslung bringt u. man wird lockerer	alle schauen einen an, mir wurde bei jedem Satz heißer, es waren alle MitschülerInnen ruhig u. haben zugehört, doch man hatte das Gefühl, sie nur abwarten, bis man einen Fehler macht	durch das Vorsprechen, das wir gemacht haben, hat schon geholfen	die Blätter, die wir von Ihnen bekommen haben, waren hilfreich, wie man sich verhalten muss u. auf was man achten muss	Zeit, wir hatten zwar ein paar Wochen Zeit, doch ich musste jedes Wochenende arbeiten u. daher brauchte ich auch mal den Nachmittag zum Einkaufen, Putzen, nach Hause fahren usw., das ist aber nicht Ihre Schuld, ich hätte noch Fotos gehabt, doch ich konnte sie nicht ausdrucken	keine, ich musste noch nie ein Referat vortragen	ich weiß jetzt wie es ist, aber ich werde beim nächsten Referat auch so nervös sein, wie beim ersten	sehr wichtig, weil wir jeden Tag vor Gästen stehen u. uns präsentieren können bzw. müssen, wir müssen auf unsere Aussprache, Haltung u. Erscheinungsbild achten, so was kann man in der Schule lernen oder man bringt es bis bei langjähriger Berufserfahrung bei	ja, ich glaube schon, es war mal ein Anfang u. der Rest muss auch von einem selber kommen

H2 RF 1T Laufende Nummer	Waren Sie mit der Präsentation Ihres Referats zufrieden?	Was würden Sie anders machen, wenn Sie das Referat jetzt noch einmal halten könnten?	Wie haben Sie sich beim Halten des Referates gefühlt?	Fühlten Sie sich durch den Unterricht gut auf Ihren Vortrag vorbereitet?	Welche Unterrichtselemente fanden Sie hilfreich?	Was hat Ihnen bei der Vorbereitung gefehlt?	Welche Erfahrungen haben Sie in Ihrer bisherigen Schullaufbahn mit dem Halten von Referaten gemacht?	Hat sich Ihre Einstellung zum Halten von Referaten durch diesen Block verändert?	Für wie wichtig halten Sie das Erlernen von Präsentations-fähigkeiten an der Berufsschule?	Halten Sie die Schulungs-möglichkeiten Ihrer Präsentations-fähigkeiten an der Berufsschule für ausreichend?
3	ich war mit der Präsentation zufrieden	kann man schlecht sagen, vielleicht mehr Infomaterial u. Folien, Anfang u. Schluss verbessern	nervös, denn ich habe Prüfungsangst, aber ich finde es auch komisch dazustehen u. vor fast fremden Leuten was vorzutragen	nein, ich finde es besser, wenn man generell für Wi Bücher anschaffen würde, denn das erleichtert das Lernen u. ist auch hilfreich bei einem Referat	also es gab keine Unterrichtselemente, die mich beeinflusst haben, aber die anderen Referate waren ganz hilfreich, denn man konnte sehen, wie die es halten	Informationsmaterial, denn in Mittelteil u. Freudenstadt findet man keine gute Bücherei u. im Internet stand auch nicht allzuviel, beim Vortrag selbst hat mir nichts gefehlt		keine, das war mein erstes	ist schon wichtig, denn später gerade in unserem Beruf muss man schon mal Schulungen machen oder auch vorm Gast muss man Sachen präsentieren können	ja, aber man könnte einiges verbessern: Abgabe fester Termin, alle müssen abgeben u. nicht wieder austeilen, wie finde ich Themen?, die Wi und Gk Themen sind ganz okay, aber Deutschthemen sind über- themen sind über- oder auch vorm Gast sollte mehr berufsbezogene Themen anbieten, vielleicht Themen, die dann auf PGD passen, damit man mit anderen Lehrern zusammenarbeiten kann
4	so einigermaßen, hatte ein wenig den Faden verloren vor Aufregung	noch viel öfter vorher durchgehen	schlecht, war aufgeregt u. hatte Angst vor Fragen	ja	ständige Besprechungen der anderen Referate	konkretes Besprechen allgemein über Vorträge, wie stehe ich, wohin mit den Händen	kaum Erfahrung nur Richtung Aufsatz schreiben u. vorlesen	ein wenig, wenn man alles total auswendig lernt, ist man weniger aufgeregt	wichtig ist es nur für Personen, die später einmal selbstständig werden wollen (Sitzungen)	nein, nicht wirklich, deutsch u. PGD waren die einzigen Fächer
5	ja	mehr Stoff, langsamer Reden	aufgeregt	ja, da schon fast alle Referenten vor mir dran waren	Projektor, Diskussionen	???	eigentlich nur gute	nein, ich finde Referate sollte man nicht übereilt vortragen, sondern sich gut vorbereiten, um den anderen alles gut rüberzubringen	sehr wichtig, da man im eigenen Betrieb selbst Schulungen halten kann	es könnte in mehreren Fächern so sein

H2 RF 1T Laufende Nummer	Waren Sie mit der Präsentation Ihres Referats zufrieden?	Was würden Sie anders machen, wenn Sie das Referat jetzt noch einmal halten könnten?	Wie haben Sie sich beim Halten des Referates gefühlt?	Fühlten Sie sich durch den Unterricht gut auf Ihren Vortrag vorbereitet?	Welche Unterrichtselemente fanden Sie hilfreich?	Was hat Ihnen bei der Vorbereitung gefehlt?	Welche Erfahrungen haben Sie in Ihrer bisherigen Schullaufbahn mit dem Halten von Referaten gemacht?	Hat sich Ihre Einstellung zum Halten von Referaten durch diesen Block verändert?	Für wie wichtig halten Sie das Erlernen von Präsentationsfähigkeiten an der Berufsschule?	Halten Sie die Schulungsmöglichkeiten Ihrer Präsentationsfähigkeiten an der Berufsschule für ausreichend?
6	fürs erste Mal denke ich wars eigentlich ganz gut, es gibt schon noch Verbesserungen vorzunehmen	mehr Folien würde ich in den Vortrag miteinbringen	die Klasse selber war sehr aufmerksam u. ruhig, habe mich selber gut gefühlt	war ganz gut vorbereitet, die Nervosität spielte halt eine große Rolle beim Vortrag	die Stunden in Wi zu meinem Thema Arbeitsvertrag waren sehr hilfreich von früheren Schulen	hatte eigentlich alles zur Verfügung z.B. Folie	das war das erste Referat seit meiner Schullaufbahn	ja schon, das Halten von Referaten ist für unseren Beruf sehr wichtig, man kann die Kenntnisse wiederverwerten	sehr wichtig für unseren Beruf, man lernt vor mehreren Personen zu stehen u. was zu vermitteln zu können	Thema Präsentation ist sehr interessant, man könnte es ruhig mehr ausbauen
7	ja u. nein, da ich nicht so viele Bilder gefunden habe u. das Thema war zu ausgeweitet, sprich ich wusste nicht, was Sie genau wissen wollen	eigentlich nichts, denn ich habe es nach bestem Gewissen gemacht, ich würde nur gern Bilder präsentieren	sehr nervös, weil alles mich erwartungsvoll angeschaut hat u. ich nicht wusste, ob jeden das Thema interessiert, später hab ich mich ganz gut gefühlt, da das Interesse u. das Nicht-Wissen da war	nein, da ich nicht genau wusste, ob das Thema Ihren Vorstellungen entsprach	für mein Thema keine, aber für andere Themen fand ich es gut	etwas Unterstützung durch Bilder u. Bücher oder Anregungen durch einen Vortrag, an dem man sich orientieren kann	unterschiedliche, das Referat jetzt fand ich am besten, da alle aufmerksam waren u. nicht gelacht, sondern Interesse gezeigt haben	ja u. nein, ich werde immer nervös sein, aber ich habe gesehen, dass Interesse da ist u. daher versuchen meine Nervosität einzudämmen	für sehr wichtig, denn dann kann ich später den Gästen etwas besser präsentieren	nein, denn es sind nie die selben Situationen, auf so etwas kann man nie richtig vorbereitet werden
8	nein	ich würde mehr mit Objekten (Buch, Tafelanschrieb usw.) arbeiten	sehr nervös	ja	das unbenotete Referat u. die Blätter zum Referat-Halten	nichts, da ich der Meinung bin, dass die Vorbereitung Sache des Schülers u. nicht des Lehrers ist, wegen des Vortrags eigentlich auch nichts, aber vielleicht hätte man sich mal ein Video mit einem "richtigen" Vortrag ansehen können	na ja, also bisher bin ich immer sehr gut durch meine Referate gekommen, also eigentlich keine negativen	nein, hat sie nicht, da ich bisher fast jedes Mal in der Schule Referate halten musste	es ist zwar mühselig u. nicht wirklich angenehm, aber es sollte schon vermittelt werden	ja, aber vielleicht könnte man freiwillige (Keine Vorschläge) so bilden, in denen man es noch weiter ausbilden könnte
9	ja, ich war sogar überrascht, dass es mir doch so leicht gefallen ist, vor der Klasse zu sprechen u. es hat mir richtig gut getan das Gefühl, dass ich meinen Mitschülern was "unterrichte"	mehr Medieneinsatz, Klasse mehr in mein Referat einbeziehen	siehe 1	ja schon, das mit dem Vorstellen fand ich richtig gut, vielleicht hätte man das mit Rollenspielen noch erweitern können, dass man vor der Klasse einfach freier u. lockerer reden kann	Vorstellen der eigenen Person am Anfang	???	noch nicht viele, da ich bisher nur ein Referat halten musste u. da wurden wir auch nicht so vorbereitet	ja schon, ich hab gemerkt, dass es mir doch relativ leicht fällt u. Spaß macht vor anderen zu sprechen	relativ wichtig, da wir in unserem Beruf schon eine repräsentative Aufgabe haben u. unser Erscheinungsbild sehr wichtig ist	nein

H2 RF 1T Laufende Nummer	Waren Sie mit der Präsentation Ihres Referats zufrieden?	Was würden Sie anders machen, wenn Sie das Referat jetzt noch einmal halten könnten?	Wie haben Sie sich beim Halten des Referates gefühlt?	Fühlten Sie sich durch den Unterricht gut auf Ihren Vortrag vorbereitet?	Welche Unterrichtselemente fanden Sie hilfreich?	Was hat Ihnen bei der Vorbereitung gefehlt?	Welche Erfahrungen haben Sie in Ihrer bisherigen Schullaufbahn mit dem Halten von Referaten gemacht?	Hat sich Ihre Einstellung zum Halten von Referaten durch diesen Block verändert?	Für wie wichtig halten Sie das Erlernen von Präsentationsfähigkeiten an der Berufsschule?	Halten Sie die Schulungsmöglichkeiten Ihrer Präsentationsfähigkeiten an der Berufsschule für ausreichend?
10	nein, aus einem einfachen Grund, weil dieses Thema derart komplex u. doch umfangreich ist, dass ich mich mit meinem Material derart verzettelt hab, dieses hatte Auswirkungen auf die Selbstsicherheit von mir u. meinen Vortrag	das Thema Goethe vielleicht gar nicht wählen oder mehr eingrenzen, z.B. nur kurz Goethe anschneiden, geboren, gestorben, bla bla... u. dann nur ein Werk genau beschreiben, z.B. Werther oder Faust oder auch Dichtung u. Wahrheit	unsicher aufgrund des ersten Punktes	he he, soll wohl ein Witz sein, bei Goethe u. außerdem habe ich als einer der ersten gehalten, so hatte ich keine Möglichkeit etwas abzuschauen	ja, alles was nicht in trockener Theorie ausartet, also wars im Großen u. Ganzen ganz okay	die gute Vorbereitung, u. ein Vortragskonzept	relativ gute, da ich ziemlich sicher u. frei vortragen kann u. das Publikum fesseln kann, zumindest normalerweise	es hat mich in meinem sicheren Verhalten im ersten Moment beeinflusst, aber wird schon	ist okay, aber ich denke, dass man das nicht übergewichten sollte, in jeder Klasse gabs ein Referat	absolut, siehe 9, der Medieneinsatz ist absolut ausreichend
11	ja, ich finde für das Thema, das ich behandelt habe, habe ich viele Folien benutzt u. diese einfach u. anschaulich erklärt	würde mir einen besseren Anfang u. Schluss ausdenken	anfangs ziemlich aufgeregt, mit der Zeit ruhiger	was das Halten des Referats betrifft ja, das Thema hatten wir jedoch im Unterricht noch nicht behandelt	einfach schon mal das Vorstellen eines jeden vor der Klasse u. das Besprechen, wie man am besten einen Vortrag hält mit allen Materialien, die wir dazu bekommen haben	wir wurden meiner Meinung nach gut vorbereitet, hätten vielleicht das Präsentieren noch einmal üben können	bisher hatte ich noch nie so viel frei erzählt, was be-stimmt auch am Thema lag u. gene-rell würde ich sagen, das war bisher eine meiner besten Prä-sentationen - Vorbe-reitung etc.	ja, ich bin jetzt irgendwie lockerer, was das Halten betrifft, vorher wurde ich nie so richtig auf die Vorbereitung u. das Halten eines Vortrags vorbereitet bzw. aufgeklärt	finde ich schon wichtig, weil es immer hilfreich ist vor anderen Leuten etwas zu erzählen u. sich selbst zu präsentieren	ja, man bekommt gezeigt, wie man am besten vor jemandem steht, welche Hilfsmittel man verwenden kann, z.B. Projektor, Tafelanschrieb ect. Um die Situation zu entspannen
12	es ist mir am Anfang ein bisschen schwer gefallen vor der Klasse zu sprechen, aber ich denke, ich konnte mein Referat der Klasse gut rüberbringen	ich hätte eine Zeitung mitgebracht u. hätte sie an die Tafel gehängt u. die bestimmten Themen angemalt	anfangs schwer, als war ich total unbeweglich vom Körper her, aber gegen Ende lief es ganz locker u. ich denke, ich konnte es gut abschließen	nein, vielleicht 5% meines Themas haben wir durchgenommen, aber ich hatte den Vorteil meiner Familie	Massenmedien, ich habe mich mit meinem früheren Klassenlehrer auseinandergesetzt u. der hat mit Tipps gegeben, ich hab halt nicht viel davon umsetzen können	das Thema wurde relativ kurz durchgenommen, liegt wahrscheinlich auch daran, dass es nicht so wichtig ist u. es auch jeden Tag angesprochen wird	keine guten, es war mein zweites Mal, beim ersten Mal in der alten Schule haben wir es in der Gruppe vorgetragen u. somit habe ich den Text einfach runtergelesen	ja schon, wenn man die richtigen Arbeitsmittel hat, fällt es einem extrem viel leichter u. man macht es dann auch gerne	für sehr wichtig, da man im späteren Berufsleben vor einer großen Menge bestimmt wieder mal etwas vorstellen muss u. somit das Gefühl schon kennt	ja, man hat auf jeden Fall die Möglichkeit in der Bibliothek oder von Lehrern Informationen zu holen
13	ja	die Klasse etwas mehr mit einbeziehen	etwas unsicher, aber doch sicher	ja, ich habe mir auch Beispiele am Lehrer genommen	die Kündigung	Hand-outs, Anschauungsmaterial	nervöse, aber gute Erfahrung	ja, es ist gut, wenn jeder ein Referat halten muss, wenn man nicht alleine ist	ziemlich wichtig, es ist immer noch etwas für den Beruf dazuzulernen	ja
14	ja	Anschauungsmaterial mitbringen	ehrlich, beschissen	ja	das nochmalige Anschauen des Kurzreferats auf Video	die passenden Bücher in der Bibliothek, es war schwer dort etwas zu finden	keine	nein	wichtig, weil man das im Beruf sicher noch mal brauchen wird	ein einziges Mal in einem Block ist sicherlich zu wenig

Laufende Nummer	Waren Sie mit der Präsentation Ihres Referats zufrieden?	Was würden Sie anders machen, wenn Sie das Referat jetzt noch einmal halten könnten?	Wie haben Sie sich beim Halten des Referates gefühlt?	Fühlten Sie sich durch den Unterricht gut auf Ihren Vortrag vorbereitet?	Welche Unterrichtselemente fanden Sie hilfreich?	Was hat Ihnen bei der Vorbereitung gefehlt?	Welche Erfahrungen haben Sie in Ihrer bisherigen Schullaufbahn mit dem Halten von Referaten gemacht?	Hat sich Ihre Einstellung zum Halten von Referaten durch diesen Block verändert?	Für wie wichtig halten Sie das Erlernen von Präsentationsfähigkeiten an der Berufsschule?	Halten Sie die Schulungsmöglichkeiten Ihrer Präsentationsfähigkeiten an der Berufsschule für ausreichend?
15	nein, durch die Aufregung habe ich alles viel zu schnell runtergeleiert	versuchen langsamer zu reden, Bildmaterial benutzen, mehr Informationen suchen	sehr nervös u. auch unsicher	ja, vom inhaltlichen Aspekt her, ansonsten nicht so mein Fall	das Blatt zum Referat-Vorbereiten	???	bis auf ein Referat in der 9. Klasse von 5 min. keine	nein, es ist nichts für mich, da ich vor vielen Leuten nicht reden kann	es ist sehr wichtig, zumal man auch im Beruf präsentativ sein muss bzw. Präsentationen ausführen muss	für meinen Geschmack ja, da ich jetzt nichts wüsste, was man noch machen könnte
16	nicht wirklich, hätte besser sein können	würde mehr dafür machen nicht nur abschreiben, sondern auch Folien machen	hatte so Kribbeln im Bauch und sehr zappelig	ja	???	Bücher, wo alles drin stand	noch nicht viel, habe bis jetzt nur eins gehalten	nein, eigentlich nicht, da es ja das erste Mal war	sehr wichtig	ja
17	ja, es lief besser, als ich dachte	noch mehr ins Detail gehen, Stoff in richtiger Reihenfolge erzählen	überraschenderweise sehr entspannt	ja, sehr	die Regeln u. Übungen, wie man ein Referat hält	fällt mir nichts ein	fast nur gute Erfahrungen, es kommt aber darauf an, den Charakter der Klasse an, ob sie fair ist u. zuhört, u. die eigene Stimmung ist wichtig, fühlt man sich an dem Tag gut oder schlecht usw.	ich würde mir künftig evtl. noch mehr zutrauen, z.B. mehr offener u. freier vor Menschen reden	sehr wichtig, immerhin soll man in seinem Beruf oft irgendetwas präsentieren oder verkaufen, gute Vorbereitung auf den späteren Beruf	ja, bei mir persönlich hat es ausgereicht, es gibt aber bestimmt einige Schulkollegen, die kommunikativ weniger begabt sind, die müssten mehr gefördert werden
18	nein, ich hatte kein Anschauungsmaterial dabei u. das hat es für die Klasse schwieriger gemacht mitzukommen	ich würde mehr Folien u. Bilder zur Darstellung des Themas benutzen	ich war sehr nervös u. kam mir von allen Seiten total beobachtet vor	nein, weil ich ein anderes Thema hatte als der Unterrichtsstoff	keine, da der Unterricht nicht auf mein Thema des Referats passte	ein paar Tipps von anderen	keine, das war mein erstes Referat, das ich gehalten habe	nein	für sehr wichtig, denn so habe ich schon einen Einblick u. kann den Gästen später mal etwas besser präsentieren	???
19	ich war nicht zufrieden, weil ich vor Aufregung die Hälfte vergessen habe zu sagen, u. ein bisschen das Gefühl habe, dass die Klasse das Thema nicht sonderlich interessiert hat	mehr Anschauungsmaterial, mehr sagen zum Thema	schrecklich vor der Klasse zu stehen, war total aufgeregt u. habe dadurch eine Menge vergessen	bis ich dran war, waren schon viele Vorträge, so habe ich gesehen wie es funktioniert	gut fand ich, dass nach dem Unterricht oder nach dem Halten des Referats analysiert wurde, was gut u. was schlecht war	nichts	ich fand es schon immer schrecklich oder war auch nie sonderlich gut beim Referat-Halten, wegen der Aufregung	es war eine gute Klasse, sie hat zugehört, nicht gelacht, das kann ich so nicht sagen, vielleicht, dass es gar nicht so schlimm war wie ich dachte	halte ich für wichtig, da man immer wieder in diese Situation kommen kann, gerade in der Gastronomie muss man reden können, aber vor einer Klasse ist es was anderes als vor einem fremden Gast	ich bin nicht besonders gut in Präsentationen, auch nicht an der BS

H2 RF 1T Laufende Nummer	Waren Sie mit der Präsentation Ihres Referats zufrieden?	Was würden Sie anders machen, wenn Sie das Referat jetzt noch einmal halten könnten?	Wie haben Sie sich beim Halten des Referates gefühlt?	Fühlten Sie sich durch den Unterricht gut auf Ihren Vortrag vorbereitet?	Welche Unterrichtselemente fanden Sie hilfreich?	Was hat Ihnen bei der Vorbereitung gefehlt?	Welche Erfahrungen haben Sie in Ihrer bisherigen Schullaufbahn mit dem Halten von Referaten gemacht?	Hat sich Ihre Einstellung zum Halten von Referaten durch diesen Block verändert?	Für wie wichtig halten Sie das Erlernen von Präsentationsfähigkeiten an der Berufsschule?	Halten Sie die Schulungsmöglichkeiten Ihrer Präsentationsfähigkeiten an der Berufsschule für ausreichend?
20	nein, überhaupt nicht	ich würde nicht so oft auf den Zettel sehen, mehr in die Klasse schauen	sehr aufgeregt	nein, nicht so richtig, wir haben ja nicht so viel über die DDR geredet, ich finde, wir haben gut geübt vor dem Referat, wir haben ja schon mal über unseren Betrieb geredet.	GA, dass wir nach dem Referat nochmal über alles geredet haben	mir hat nichts gefehlt an meiner Vorbereitung	ich war immer sehr aufgeregt u. habe nur auf den Zettel geschaut	ja, ich würde mehr Informationen sammeln	für sehr wichtig, im Betrieb brauchen wir das ja auch	nein, haben wenige Dinge in diesem Gebiet gemacht
21	wenn ich kritisch bin, nein	die Medien besser einbeziehen, die Mitschüler mit Hilfe von Fragebögen, Arbeitsblätter, ist die reinarbeiten, einem Rätsel mehr für mein Thema zu interessieren	nicht so gut, aber auch nicht schlecht, wenn man sich in das Referat reinarbeitet, ist die anfängliche Aufregung auch schnell vorbei	eher nicht, vielleicht durch die Bildung an früheren Schule, aber durch die Erläuterungen wie man ein Referat hält u. die Kriterien der Bewertung schon	keine?	nichts	nur positive, hab schon öfters Referate oder Vorträge gehalten, aber nicht in solch ausführlicher Form	ja, man geht mit einer gewissen Gelassenheit an spätere Aufgaben dieser Art, aber auch mit noch gründlicherer Vorbereitung	sehr wichtig, man lernt damit das Sprechen "frei" vor einer größeren Ansammlung von Menschen	ich denke schon
22	nein, ganz u. gar nicht	mehr Interesse mit einbringen, mehr Vorstellungsmaterial, anderes Thema	aufgeregt, verwirrt, die Klasse hat gestört	nein	???	Interesse, Information, Zeit	das war mein erstes Referat	ja, ich würde mir mehr Gedanken über das Thema machen	für wichtig, im Betrieb muss man auch präsentieren können	nein, haben wenig praktische Dinge in diesem Gebiet gemacht

H2 RF 2T Laufende Nummer	Waren Sie mit der Präsentation Ihres Referats zufrieden?	Was würden Sie anders machen, wenn Sie das Referat jetzt noch einmal halten könnten?	Wie haben Sie sich beim Halten des Referates gefühlt?	Fühlten Sie sich durch den Unterricht gut auf Ihren Vortrag vorbereitet?	Welche Unterrichtselemente fanden Sie hilfreich?	Was hat Ihnen bei der Vorbereitung gefehlt?	Welche Erfahrungen haben Sie in Ihrer bisherigen Schullaufbahn mit dem Halten von Referaten gemacht?	Hat sich Ihre Einstellung zum Halten von Referaten durch diesen Block verändert?	Für wie wichtig halten Sie das Erlernen von Präsentationsfähigkeiten an der Berufsschule?	Halten Sie die Schulungsmöglichkeiten Ihrer Präsentationsfähigkeiten an der Berufsschule für ausreichend?
1	ja	nichts	ganz gut, bis auf meinen Husten	ja, siehe Punkt 9	die Ratschläge gegen Angst, Nervosität usw., die in Gruppen erarbeitet wurden	nichts	kaum, meine erste Präsentation habe ich in der Grundschule gehalten	nein, es macht Spaß	sehr wichtig, da es ja auch Bestandteil unseres Berufs ist. Sachen zu präsentieren, vielleicht sollte man zur Übung u. Festigung mal unbekannte bzw. unwichtige Themen nehmen, z.B. wählen Sie jemanden aus, der sich vor die Klasse stellt u. referiert	nein, denn Übung macht den Meister u. daher sollte das mehr geübt werden
2	ja	eventuell Parfüm-Pröbchen durch die Bänke gehen lassen, Mitschüler könnten direkt Erfahrungen mit "Welt des Duftes" sammeln	anfangs unsicher, anfangs ängstlich, später selbstsicherer	ja: Arbeitsblätter zum Thema Referat waren super, gab Tipps, die sehr hilfreich waren	Arbeitsblätter, Kurzreferat, GA zum Thema Referat	nichts	immer die Gleichen: vorher ist man aufgeregt u. macht sich verrückt u. später war es gar nicht so schlimm, musste im Gymnasium ca. 7 Referate halten, 1 davon in Englisch	ich weiß jetzt, dass ich mich immer viel zu viel verrückt mache	sehr wichtig, wenn man später etwas präsentieren muss, weiß man, dass man Unterlagen hat u. darauf zurückzugreifen, Präsentationen werden immer wichtiger	mir fehlt der Einsatz u. das Gelerntbekommen der ganz modernen Medien, z.B. Powerpoint, Präsentationen am Laptop
3	zum größten Teil, man ist einfach nur aufgeregt u. denkt nicht an die Fehler, z.B. nur ablesen usw.	auf Grund, dass man nicht aufgeregt sein muss, würde ich mir mehr Zeit nehmen, freier reden, detaillierter erzählen	aufgeregt, mache ich alles richtig?	ja, auf alle Fälle	Ablaufplan, wie halte ich ein Referat, auf was muss ich achten, Ratschläge für einen guten Redner, Übung zum Ausdruck	ich hatte nicht das Gefühl, dass was gefehlt hat	keine großartigen Erfahrungen, das war das 2. Referat in meiner Laufbahn	ja, die Grundeinstellung bzgl. eines Vortrags	sehr wichtig, in unserem Job müssen wir präsentieren	nicht wirklich
4	ja, war super	oh je, hab keine Ahnung, auf jeden Fall wäre ich nicht mehr so aufgeregt	anfangs, um Himmels Willen, mein Puls raste, als ich mittendrin war, merkte ich, wie ich selber auch immer ruhiger wurde, tja u. zum Schluss hat es mir sogar richtig Spaß gemacht	natürlich, haben meiner Meinung nach ausreichend Zeit dafür in Anspruch genommen, um uns auf das Referat vorzubereiten u. uns die Angst zu nehmen	erst das Vorstellen mit Kamera, dann als Vergleich das Referat mit Kamera, die Plakate waren super, alles super	ich fand ehrlich alles super	noch nie so eine positive Erfahrung wie jetzt, glaube auch, ich habe mich noch nie so sehr darauf vorbereitet, die waren manchmal sogar blöd, dass ich gar nicht daran zurückdenken will	na ja logisch, hatte jetzt nicht im geringsten ein Problem noch ein Referat zu halten, vorher habe ich mich gerade regelrecht vor Referaten gestreut	wichtig, kann alles nur mehr als hilfreich für das weitere Leben sein	in anderen Fächern wäre es auch mal nicht schlecht
5	nein, ich da ich zu sehr aufgeregt war u. mich dauernd versprochen habe	vorher Baldriantabletten nehmen um ruhiger zu werden	Angst	ja	alles	nichts, war alles in Ordnung	keine guten, da ich jedes Mal zu aufgeregt war	nein, ich werde trotzdem immer noch Angst davor haben	sehr wichtig, manche Menschen sind ja sehr scheu, denen kann es sehr helfen, danach vielleicht besser auf Menschen zu zu gehen	ja

Laufende Nummer	Waren Sie mit der Präsentation Ihres Referats zufrieden?	Was würden Sie anders machen, wenn Sie das Referat jetzt noch einmal halten könnten?	Wie haben Sie sich beim Halten des Referates gefühlt?	Fühlten Sie sich durch den Unterricht gut auf Ihren Vortrag vorbereitet?	Welche Unterrichtselemente fanden Sie hilfreich?	Was hat Ihnen bei der Vorbereitung gefehlt?	Welche Erfahrungen haben Sie in Ihrer bisherigen Schullaufbahn mit dem Halten von Referaten gemacht?	Hat sich Ihre Einstellung zum Halten von Referaten durch diesen Block verändert?	Für wie wichtig halten Sie das Erlernen von Präsentationsfähigkeiten an der Berufsschule?	Halten Sie die Schulungsmöglichkeiten Ihrer Präsentationsfähigkeiten an der Berufsschule für ausreichend?
6	ja, schon, aber ich hätte nicht so viele Fachwörter benutzen sollen, ansonsten war es okay	alles ohne Kamera u. ein anderes Thema	ich war aufgeregt u. habe gezittert u. Angst hatte ich	ja	war alles okay	gar nichts, war alles da	dass die Themen einfacher waren u. dass ich vorher nie so aufgeregt war als mit der Kamera, ich musste noch nie vor der Kamera stehen, wenn ich einen Vortrag gehalten habe, dann immer ohne Kamera oder ich durfte es als Vortrag schriftlich abgeben	nein	sehr wichtig, man braucht es ja	ja
7	es geht so	ruhig, nochmal tief durchatmen	nervös	ja	die Übungen	eigentlich nichts	gar keine	nicht wirklich, es ist nicht mehr so schwer vorne hinzustehen	es ist eine Erfahrung wert	naja, es geht so
8	nein	freier reden, ein Thema, wo man mehr Bilder oder Folien benutzen kann	nervös, zittrig usw.	ja u. nein, es hat einen teilweise nervöser gemacht	wie man sich verhalten soll, wenn man vorne steht	nichts	keine	nein	es ist denke ich mal schon wichtig, frei vor Leuten sprechen zu können, gerade in unserem Beruf	nein, weil es nur bei Ihnen gemacht wird
9	ja	nichts	es geht	ja	nichts wirklich, im Endeffekt ist man eh auf sich gestellt, Kameraprobe, reden mit Frau Fellenberg	nichts	relativ gute	ja, offener, lockerer	wichtig	ja, denke schon
10	nein	alles, ich habe mein Buch vergessen zu zeigen, ich habe alles abgelesen, ich habe mich nicht bewegen können, es war schrecklich	nicht gut, ich habe gezittert am ganzen Körper	ich finde, man kann sich auf einen Vortrag nicht vorbereiten, egal wie gut ich mir alles vorbereite, es geht schief	???	alles z.B. Zeit	nur schlechte	nein	nicht wichtig	ja
11	nein, ich hätte gerne selbst per Computer u. Beamer ein paar Seiten zeigen wollen	ich würde nicht die Hälfte vergessen	am Anfang war ich nervös, was sich aber recht schnell gelegt hatte	ja sehr, das habe ich bisher in noch keiner anderen Schule gemacht	eigentlich alle, weil sie alle was gebracht haben	mehr Vertrauen von meiner Seite aus	eigentlich eine schlechte	ja, hat sie, denn ich würde jederzeit wieder ein Referat halten	es ist sehr wichtig, denn so kann man auch das Auftreten vor Gästen stärken	ja, ich hatte in meiner letzten Ausbildung, wo es gefragt u. verlangt wurde, nicht so trainiert
12	ja	weiß nicht, dies war mein erstes Referat u. ich war eigentlich zufrieden	war eigentlich nicht aufgeregt	ja, aber manches hat einen durch die viele Vorbereitung erst recht nervös gemacht	das Üben vor der Kamera (mit dem kleinen Vortrag über unser Hotel)	nichts, ich fühle mich gut vorbereitet	keine, dies hier war mein erstes	hatte noch keine Meinung darüber, habe mich davor aber auch nicht verrückt gemacht, schließlich ist man ja vorbereitet u. hat im Notfall auch Stichpunkte	ziemlich wichtig, so kann man das Auftreten vor anderen Leuten üben	ja, da es ja ziemlich zeitaufwendig ist

H2 RF 2T Laufende Nummer	Waren Sie mit der Präsentation Ihres Referats zufrieden?	Was würden Sie anders machen, wenn Sie das Referat jetzt noch einmal halten könnten?	Wie haben Sie sich beim Halten des Referates gefühlt?	Fühlten Sie sich durch den Unterricht gut auf Ihren Vortrag vorbereitet?	Welche Unterrichtselemente fanden Sie hilfreich?	Was hat Ihnen bei der Vorbereitung gefehlt?	Welche Erfahrungen haben Sie in Ihrer bisherigen Schullaufbahn mit dem Halten von Referaten gemacht?	Hat sich Ihre Einstellung zum Halten von Referaten durch diesen Block verändert?	Für wie wichtig halten Sie das Erlernen von Präsentationsfähigkeiten an der Berufsschule?	Halten Sie die Schulungsmöglichkeiten Ihrer Präsentationsfähigkeiten an der Berufsschule für ausreichend?
13	nein	ich würde mich besser vorbereiten u. auch Folien u. Kopien einbringen, damit es wie "vom Fach" rüberkommt	ich war total aufgeregt, bin im Gesicht rot angelaufen u. hatte übelste Mund-Wüste	na ja, irgendwie schon, ich sage mal ja	sorry, aber das kann ich wirklich nicht beantworten, da fällt mir nichts ein, tut mir leid, bin ja auch kein Musterschüler	meine Schwester, die kann mir immer helfen u. kann auch alles sehr gut erklären, außerdem weiß sie alles	eigentlich nur gute, habe immer eine 1 bekommen (bisher), aber diesmal war ich irgendwie aufgeregter u. habe es total verhauen	ich war eigentlich bisher nur bei diesem Referat aufgelöst, aber vielleicht wegen der Kamera, ansonsten war ich nie so aufgeregt	für sehr wichtig, man braucht es ja auch fast täglich im Beruf oder sonstwo	ja, war sehr gut
14	ja, im Großen u. Ganzen schon	größere Pausen lassen, mehr auf die anderen eingehen	ich war sehr nervös, u. habe gezittert, ich hatte ein sehr flaues Gefühl im Magen	ja, weil wir im Unterricht schon oft etwas vorgetragen haben u. bei anderen Themen immer wieder darüber gesprochen haben	die Plakate, die an der Seite hingen, u. dass wir auch schon vor der Klasse gesprochen haben	die Arbeitsblätter u. was mir von den Stunden noch so im Kopf geblieben ist	dass eigentlich keiner lacht u. alle ehrlich gesagt haben, was sie davon gehalten haben	ja, ich hatte immer Angst vor der Klasse zu stehen, durch die intensive Vorbereitung wurde einem förmlich die Angst vor dem Blicken u. der Kamera genommen	sehr wichtig, das könnte man in seinem ganzen Leben brauchen, man muss ja auch sich selbst bei späteren Vorstellungsgesprächen präsentieren	es könnten ruhig mehr gewesen sein, vielleicht, dass nicht ein großes, sondern mehrere kleine gemacht werden
15	nein, ich war zu sehr aufgeregt, ich hatte das ganze ruhiger angehen sollen, ich hatte vielleicht die ganzen Zettel, die ich hatte, ein zwar alles sortiert, aber ich glaube, da hatte ich die Tafel machen sollen, da hätte es nur eine kurze Zeit zum Suchen gehabt	Zettel lieber an die Tafel machen sollen u. wie eine Zeittafel, ich hatte einen besseren Überblick gehabt, nicht so aufgeregt sein, denn am Ende war es ja doch nicht so schlimm	Angst, wurde rot, warm, Zittern, Versprecher, immer die Frage gestellt, ob es gut wird	na ja, es wurde sehr oft darüber geredet, wie bzw. wir daran gehen sollen, aber ich glaube, die Aufregung kann einem keiner nehmen, aber so war es wirklich nicht schlecht darüber immer wieder zu reden	Plakat, viel reden über das Thema	ich denke mal Material hatte ich ausreichend, aber Zettel lieber an die Tafel machen sollen	gute bis sehr gute, weil ich dies eigentlich gerne mache, aber das Referat wurde sehr groß geschrieben, das wurde es in meinen bisherigen nicht	ruhiger angehen, na ja, im Grunde liegt es noch an einem selber	sehr wichtig, es gibt bestimmt noch viele Situationen im Leben, wo so etwas verlangt wird	nein, bei Ihnen ja, aber allgemein in der BS überhaupt nicht
16	es geht so	???	ich war so aufgeregt	eigentlich nicht so, weil ich einen Autor hatte	Übung zum Vortrag	???	es waren schon ziemlich viele, trotzdem bin ich jedes Mal aufgeregt, Erfahrungen habe ich eigentlich gut in Erinnerung	eigentlich in der Schule (Realschule) hat man dieselbe Klasse 10 Jahre lang, da kennt man sich in- u. auswendig, hier ist es anders, in jedem Block andere Leute	eigentlich wichtig, lernt man besser mit Leuten umzugehen, gut für die Endprüfung, da hat man nicht soviel Angst	ja
17	ja u. nein, ich fand, dass ich zu aufgeregt war u. dass ich hätte noch etwas mehr Bildmaterial mit verwenden konnte	ich würde mehr an die Tafel was machen u. ein Plakat über den Arbeitsvertrag	ich war am Anfang sehr nervös, aber nach einer Weile ging es, war lustig	wir haben mehr als genug im Unterricht über die Vorträge geredet, z.B. Ratschläge für einen Redner oder wie man sich verhalten sollte, wenn man etwas vergisst	alles, was wir besprochen haben	nein	ich musste einen Monolog von 15 Sätzen vortragen u. kleinere Referate, mehr weiß ich jetzt nicht	irgendwie schon, man sollte das öfter mal machen, da verliert man das Reden vor großem Publikum nicht u. man wird selbstbewusster, wenn man es geschafft hat	ich hatte es für sehr wichtig, es kann nur in der Zukunft behilflich sein	jein

H2 RF 2T Laufende Nummer	Waren Sie mit der Präsentation Ihres Referats zufrieden?	Was würden Sie anders machen, wenn Sie das Referat jetzt noch einmal halten könnten?	Wie haben Sie sich beim Halten des Referates gefühlt?	Fühlten Sie sich durch den Unterricht gut auf Ihren Vortrag vorbereitet?	Welche Unterrichtselemente fanden Sie hilfreich?	Was hat Ihnen bei der Vorbereitung gefehlt?	Welche Erfahrungen haben Sie in Ihrer bisherigen Schullaufbahn mit dem Halten von Referaten gemacht?	Hat sich Ihre Einstellung zum Halten von Referaten durch diesen Block verändert?	Für wie wichtig halten Sie das Erlernen von Präsentationsfähigkeiten an der Berufsschule?	Halten Sie die Schulungsmöglichkeiten Ihrer Präsentationsfähigkeiten an der Berufsschule für ausreichend?
18	nein	nicht so viel ablesen, mehr Medieneinsatz, versuchen es lockerer zu sehen	nervös u. unwohl	schon	so ziemlich alle, weil man dann wusste, dass es allen so ging	nichts	man musste es halt tun	nein	unwichtig, im 2. Lehrjahr muss man nicht mehr lernen vor Fremden zu sprechen	ja
19	nein	ich würde ein anderes Thema nehmen	aufgeregt u. nervös	ja	Plakate u. Übungen um die Angst zu überwinden	der Anreiz	so gut wie keine	ich finde das Halten von Referaten nicht mehr so schlimm	wichtig, da man vor fremden Menschen offen u. frei reden können sollte	nein, man sollte mehr Referate halten dürfen, auch über Themen, die man selbst aussuchen kann

H2 RF 3T Laufende Nummer	Waren Sie mit der Präsentation Ihres Referats zufrieden?	Was würden Sie anders machen, wenn Sie das Referat jetzt noch einmal halten könnten?	Wie haben Sie sich beim Halten des Referates gefühlt?	Fühlten Sie sich durch den Unterricht gut auf Ihren Vortrag vorbereitet?	Welche Unterrichtselemente fanden Sie hilfreich?	Was hat Ihnen bei der Vorbereitung gefehlt?	Welche Erfahrungen haben Sie in Ihrer bisherigen Schullaufbahn mit dem Halten von Referaten gemacht?	Hat sich Ihre Einstellung zum Halten von Referaten durch diesen Block verändert?	Für wie wichtig halten Sie das Erlernen von Präsentationsfähigkeiten vor der Berufsschule?	Halten Sie die Schulungsmöglichkeiten Ihrer Präsentationsfähigkeiten an der Berufsschule für ausreichend?
1	ich hatte zu wenig Medienmaterialien	mehr Anschauungsmaterial mitbringen, versuchen die Daten u. alles besser rüberbringen	unsicher	ja	das Kurzreferat	???	eigentlich nur gute	nein	wichtig für Personen, die sehr bei anderen verunsichert sind	nein
2	etwas vielleicht zu schnell geredet	mehr Zusatzmaterial, ausführlich reden, nicht mehr so aufgeregt sein	komisch, hatte etwas Angst	ja schon, allein schon wo wir unseren Betrieb vorgestellt hatten vor der Kamera	dass wir den Unterricht auch mal selber halten u. gestalten durften	Material um der Klasse mehr zu bieten	das war das erste Mal, aber es war schon gut mal so etwas zu machen	sehr positiv, weil die Angst weg geht	sehr wichtig, wir müssen uns ja auch vor den Gästen gut präsentieren	ich denke schon, es hat mir viel gebracht
3	ja, ich habe mich zumindest sehr bemüht u. hoffe, dass es auch so rüber kam	nicht viel, vielleicht noch eine Folie mit dem Bild von Joanne K. Rowling	am Anfang etwas nervös, später aber ziemlich sicher u. souverän	die Unterrichtsstunde hat mir geholfen vor der Klasse zu sprechen	die Stunden, die wir selbst gehalten haben	ein Drucker, habe leider nur einen Computer ohne Drucker	nur gute, sie haben mir immer geholfen vor Menschen zu sprechen	ich hatte viel Spaß beim Vorbereiten u. auch beim Halten des Referats	sehr wichtig, wir brauchen es auch in unserem Berufsleben	im Deutschunterricht ja, die anderen Fächer kommen leider zu kurz
4	ja	nichts	sehr gut	nein, da Thema nicht Gegenstand des Unterrichts war	Thema Kündigung (Fristen etc.)	nichts, war alles vorhanden (Internet, Ansprechpartner)	musste seit der 5. Klasse Referate halten, verliefen überwiegend sehr positiv	nein, halte immer noch gerne Referate	sehr wichtig, man braucht ja Möglichkeiten zum Üben	Schulungsmöglichkeiten sind sehr gut, Stunden vorbereiten u. halten, evtl. in PGD-Themen ausarbeiten lassen (aber leider Zeitmangel, zu kurzer Block)
5	ja, ich bin froh, dass ich auch Bilder u. Gedichte eingebracht habe	da ich am Tag meines Vortrags keine Unterlagen hatte, hab ich mir noch Stichpunkte aus dem Kopf notiert, ich würde es ausführlicher machen, wenn Zeit gewesen wäre, hätte ich gern noch einen Film eingebracht	gut, ich war mir sicher, Thema geredet, es hat mir viel Spaß gemacht	ja, das fand ich sehr gut, es hat mir geholfen durch dieses 1. Referat ohne Note zu erfahren, wie es ist u. was u. wie man sein Thema vorstellen u. präsentieren kann	sprechen vor der Kamera, sprechen vor der Klasse, Bewertungskriterien als Hilfe wie man es am besten macht	nichts, das Beispielblatt im Helfen hat mir gut geholfen	Referate halten hat mir schon immer Spaß gemacht, das ist habe auch freiwillige Referate gehalten, nicht nur in Deutsch (Geographie, Geschichte, Kunst ...) diese fielen gut aus	nur in der Hinsicht, das Sprechen vor der Kamera, das ist überhaupt nicht schlimm u. wenn das fehlte der Medieneinsatz u. das auch noch von der Lehrerin auf Video überspielt wird, ist es eine sehr schöne Erinnerung	wichtig, bei vielen ist schade	ja
6	im Nachhinein finde ich, dass ich es besser hätte machen können	versuchen mehr Interesse zu wecken, indem ich was aus dem Buch vorlese	leichte Nervosität (wie jeder)	ja, die Selbstsicherheit im Vortragen ist gestiegen	die eigene Vorstellung am Anfang	Nerven, jemanden, der mir in den Hintern tritt	hatte noch nie wirklich Probleme damit, war lange Vertrauensschüler u. damit gewohnt vor anderen zu sprechen, dann geht so was	nein, da wir eine Klasse sind, die sich in den anderen einfühlen kann	es ist auf jeden Fall ein Plus für das Selbstbewusstsein	finde ich schon, nur in den Fächern wie Gemeinschafts- u. Wirtschaftskunde nicht

Laufende Nummer	Waren Sie mit der Präsentation Ihres Referats zufrieden?	Was würden Sie anders machen, wenn Sie das Referat jetzt noch einmal halten könnten?	Wie haben Sie sich beim Halten des Referates gefühlt?	Fühlten Sie sich durch den Unterricht gut auf Ihren Vortrag vorbereitet?	Welche Unterrichtselemente fanden Sie hilfreich?	Was hat Ihnen bei der Vorbereitung gefehlt?	Welche Erfahrungen haben Sie an Ihrer bisherigen Schullaufbahn mit dem Halten von Referaten gemacht?	Hat sich Ihre Einstellung zum Halten von Referaten durch diesen Block verändert?	Für wie wichtig halten Sie das Erlernen von Präsentations-fähigkeiten an der Berufsschule?	Halten Sie die Schulungs-möglichkeiten Ihrer Präsentations-fähigkeiten an der Berufsschule für ausreichend?
7	nein, es könnte besser sein	auf jeden Fall u. mit mehr Einsatz von Medien	ein bisschen unsicher, doch beim Klassengespräch ist man sicherer geworden	ich denke ja auf jeden Fall, dass wir uns selber mal gesehen haben (Kamera)	die Kamera	mir fällt gerade nichts ein, aber ich meine für mich mehr Medien	sehr gute, da ich kein Problem habe vor großer Gruppe zu sprechen u. es viel Spaß macht	nein, ich finde Referate sind hilfreich	schon wichtig	ich denke, das liegt im Auge des Betrachters, ich finde ja
8	im Großen u. Ganzen ja	ich würde mir ein anderes Publikum aussuchen	leicht verunsichert, da noch wenig Erfahrung im Vortragen von Referaten	der Unterricht hat geholfen sich alles aufzugliedern	keine	nichts	sehr wenige	???	für sehr wichtig	nein, weil man mehr Versuche benötigen könnte um sicherer im Vortragen zu werden
9	nein, nicht so sehr	mehr Infomaterial, besser vorbereiten	am Anfang sehr nervös, später ging es	nein	den Projektor	eigentlich nichts, außer mehr Zeit, einen Computer u. Internet	eigentlich ganz gut, z.B. über Christoph Columbus	nein, Referate sind eigentlich eine gute Gelegenheit um Noten zu verbessern	eigentlich wichtig, vor allem in dem Beruf	ja
10	nicht wirklich, weil ich nicht gut vorbereitet war	mich besser vorbereiten u. mehr Anschauungsmaterial sammeln	aufgeregt	nein	keine besonderen	Anschauungsmaterial	fast keine	nein	wichtig, weil man in unserem Beruf frei sprechen können sollte	ja
11	nicht wirklich, denn ich hatte viele Ideen, mein Referat bildlich zu veranschaulichen, doch mir fehlte die Zeit, dies umzusetzen, da ich mein Referat leider wieder kurz vor knapp erarbeitet habe	ich würde meine Ideen (Rätsel, Video, Puzzle) umsetzen, ich würde tiefgründiger recherchieren u. die Zeit nach dem Potsdamer Abkommen besser ausarbeiten	ich war nervös u. mir fehlten oft die passenden Worte, das liegt daran, dass ich zu wenig lese, was ich für mich als Bildung wieder anstrebe	im Unterricht bekam ich einen guten Einblick in das Halten eines Referates durch die Kopien, aber sonst gab es kaum Vorbereitung, meine vorherigen Schulen lernten mir alles	Kopien, schriftliche Form, da man nachlesen kann	man hätte besser herausarbeiten mussen, dass ein Referat gut gegliedert sein muss, damit der Referathalter auch eine klare Linie im Kopf hat u. kein Durcheinander der Gedanken entsteht	ich habe schon viele Referate vorher gehalten von längerer Dauer u. man hätte immer etwas besser machen können im Nachhinein	sie hat sich nicht geändert, ich lerne für mich, nicht für den Lehrer, ein Referat erhöht die Allgemeinbildung	sehr wichtig, wir arbeiten in einem Dienstleistungsgewerbe, da ist es wichtig sich rhetorisch gut auszudrücken u. eine gute Haltung zu bewahren	nein, das ist zu oberflächlich, zu wenig Schulzeit, in der man viel Fachbildung erlernen sollte/muss, keine Zeit für Referate
12	da es mir vielleicht doch ein wenig an Material gefehlt hat, habe ich sicher ein paar Minuspunkte geholt	mehr Material verwenden (Bilder), ich würde mich weniger verrückt machen	am Anfang nervös (mir zitterten die Beine), zum Ende zu hat sich das ganze ziemlich aufgelockert	gut vorbereitet war ich, aber im Endeffekt kommt man doch ins Schleudern u. Stottern	der Lückentext, den ich hatte, war ziemlich unterhaltsam für die Klasse, einen Block in die Hand (einen Stift) ist vorteilhaft, da man damit etwas kommunizieren? Kann	die Übung den Vortrag vor Leuten zu halten	ich habe in der 9. Klasse einen Vortrag über das Weltall gehalten	sobald keine Unruhe entsteht u. eine gute Mitarbeit besteht, macht es eigentlich viel Spaß	eigentlich wichtig, ich muss auch vor den Gasten (auch bei größeren Veranstaltungen) frei sprechen können	ja, aber ich würde es gern weiter tun

H2 RF 3T Laufende Nummer	Waren Sie mit der Präsentation Ihres Referats zufrieden?	Was würden Sie anders machen, wenn Sie das Referat jetzt noch einmal halten könnten?	Wie haben Sie sich beim Halten des Referates gefühlt?	Fühlten Sie sich durch den Unterricht gut auf Ihren Vortrag vorbereitet?	Welche Unterrichtselemente fanden Sie hilfreich?	Was hat Ihnen bei der Vorbereitung gefehlt?	Welche Erfahrungen haben Sie in Ihrer bisherigen Schullaufbahn mit dem Halten von Referaten gemacht?	Hat sich Ihre Einstellung zum Referaten durch diesen Block verändert?	Für wie wichtig halten Sie das Erlernen von Präsentationsfähigkeiten an der Berufsschule?	Halten Sie die Schulungsmöglichkeiten Ihrer Präsentationsfähigkeiten an der Berufsschule für ausreichend?
13	nein, war ich nicht	mich vorbereiten	war ein wenig aufgeregt	ja	siehe Aufgabe 6	mhh… keine Ahnung	dass man für nicht viel Arbeit eine gute Note bekommen kann	ich war zu faul	eher für mittel, es ist was anderes, wenn man vor seinen Freunden so was macht, im Beruf werden wir eigentlich gut darauf vorbereitet	siehe oben
14	ja	besser	nicht so motiviert	nein	die im Unterricht	die Gemeinschaft	gute Erfahrung	ja, man muss mehr tun	schon wichtig, gehört zum Beruf	geht so
15	nein, ich war zu aufgeregt, wusste zwar alles, was ich sagen wollte, aber habe irgendwie nichts rausbekommen	mich vorher nicht so verrückt machen	schlecht, weil es so rüber kam, als tät ich nichts wissen	das Thema hatte mit dem normalen Unterrichtsstoff nichts zu tun	gabs nichts	Vorzeigematerial (Folien etc.)	das es schwierig ist zu präsentieren	nein, ich bin nicht der Mensch dafür, was vor anderen Leuten zu präsentieren (Geschichten usw.)	es ist schon wichtig, da wir ja auch täglich damit konfrontiert werden	nein
16	nein	alles richtig vorbereiten	normal - keine Unruhe	jein - habe nicht immer aufgepasst	keine	mir hat nichts gefehlt	keine	nein - habe keine richtige Einstellung	so wichtig wie das Erlernen von anderen Fähigkeiten	nein
17	nicht wirklich, ich war zwar vorbereitet, aber das war mein erstes Referat, das ich vor anderen vortragen musste	ich würde mit dem "Zuhörer" sprechen oder das "Publikum" in eine Diskussion einbeziehen	sehr nervös	ja	eigentlich alle, die mit dem Referat zu tun hatten	wie wir am besten frei sprechen lernen oder am besten die Nervosität ablegen	keine	ja, ich habe gemerkt, dass die ganze Nervosität umsonst gewesen ist	sehr wichtig, damit man sich im späteren Berufsleben präsentieren kann	ja
18	es ging so, war etwas nervös	mich noch besser vorbereiten u. Material mitbringen für die anderen	nicht so gut (nervös)	ja, schon	eigentlich alle	mehr Informationen	nicht viel, war mein erstes	kann ich nicht sagen, war ja mein erstes	sehr wichtig	
19	ja, im Großen u. Ganzen schon, im Nachhinein muss ich sagen, bin ich sogar richtig stolz auf mich, nachdem ich die Reaktionen der anderen gehört habe	mehr Einsatz der Medien, Anschauungsmaterial für die Zuhörer	ich war sehr nervös u. aufgeregt, ich glaube, ich stotterte, hatte das Gefühl, das interessiert eh keinen, langweile die anderen…	schon, die Stundenausarbeitung u. Haltung war hilfreich, es war hilfreich, schon mal vor der Klasse gestanden zu haben	das selbstständige Ausarbeiten einer Schulstunde u. Halten vor der Klasse	eigentlich nichts, man hat immer Möglichkeiten, an Medien oder Arbeitshilfen (Computer…) heranzukommen	ich hab bisher nur ein Referat gehalten in meiner Schullaufbahn vor diesem und das ging voll in die Hose	ich finds gut, wenn man gezwungen ist Referate zu halten, es hilft jedem, in dieser Hinsicht Sicherheit zu kriegen, vor einer Gruppe frei zu sprechen	für sehr wichtig, gerade in unserem Beruf ist dies sehr wichtig	ja

H2 RF 3T Laufende Nummer	Waren Sie mit der Präsentation Ihres Referats zufrieden?	Was würden Sie anders machen, wenn Sie das Referat jetzt noch einmal halten könnten?	Wie haben Sie sich beim Halten des Referates gefühlt?	Fühlten Sie sich durch den Unterricht gut auf Ihren Vortrag vorbereitet?	Welche Unterrichtselemente fanden Sie hilfreich?	Was hat Ihnen bei der Vorbereitung gefehlt?	Welche Erfahrungen haben Sie in Ihrer bisherigen Schullaufbahn mit dem Halten von Referaten gemacht?	Hat sich Ihre Einstellung zum Halten von Referaten durch diesen Block verändert?	Für wie wichtig halten Sie das Erlernen von Präsentationsfähigkeiten an der Berufsschule?	Halten Sie die Schulungsmöglichkeiten Ihrer Präsentationsfähigkeiten an der Berufsschule für ausreichend?
20	eher weniger	die Zuhörer mit einspannen, Medieneinsatz nutzen, weniger nervös vortragen	aufgeregt	es geht so	die Schüler durften den Unterricht selber gestalten, waren auch die geduldigen Lehrer	Medieneinsatz, das Miteinbeziehen der Zuhörer	dass man mehr Ruhe haben muss, freier sprechen, die Lockerheit	allein die Art wie man Referate vortragen sollte, da ich noch nie in die Situation geraten bin	sehr wichtig, da es im Leben sehr hilfreich sein kann	gute Frage, da ich in dem Fall noch nicht geschult bin
21	eher weniger	nicht so aufgeregt u. ängstlich sein	anfangs ängstlich, u. nach abgeklärter	eigentlich nicht, da man beim Referat ganz alleine war	das wir Schüler Unterricht machen durften, war mal was anderes	Ruhe, da ich in einer Außenstelle untergebracht bin, konnte ich es nur am Wochenende machen, folglich auch die Zeit	keine guten, hab deswegen meinen Realschulabschluss verbockt	eigentlich nicht, werde bestimmt, wenn ich wieder ein Referat halten muss, das gleiche Gefühl haben	eigentlich ziemlich wichtig, ich muss mich auch bei den Gästen präsentieren	nein, da ich mit den Gästen ganz anders umgehe
22	es hätte besser sein können	benutzen von Medien	müde, aber locker	nein	Referate u. Themen, welche zu kleineren Diskussionen führten (dadurch kann man/ich es sich/mir besser merken)	manche Themen (so wie meines) wurden nur kurz angeschnitten, evtl. kürzere Filme wären hilfreich, Unterricht vielleicht mehr mündlich gestalten, lange Lesetexte sind viel schwerer zu behalten	bisher nur eines gehalten, gute Erfahrung	viel Lärm um nichts, alles halb so schlimm	gerade für Mitarbeiter aus dem Service sehr wichtig	teils teils, kommt auf die Themen an
23	einigermaßen	mehr Medieneinsatz	unwohl - nicht selbstsicher	ja	???	Computer	bisher nur 2 Referate gehalten	ja eigentlich schon, man bekommt von Mal zu Mal mehr Routine	in diesem Beruf wichtig	ja
24	nicht ganz, ich hätte lauter sprechen müssen u. mehr Material mitbringen sollen	mehr Material zum Thema, lauter sprechen	nicht ganz wohl, wegen der Kamera u. weil dich jeder anschaut u. denkt man, hat man jetzt was Falsches gesagt	ja, das hat mir geholfen	die Folie, dann konnte man sich das besser vorstellen, was ich selber leider nicht hatte	vielleicht noch mehr Material, ein Film, dass kann man sich dann noch besser vorstellen	ich habe noch nie ein Referat halten müssen	ja, man müsste mal öfter machen, dann versteht man das auch besser	wichtig, da kann man sich das besser vorstellen	nicht ganz
25	nicht 100%	mehr Bildmaterial (Bilder), weniger Ablesen	schlecht	wenig, da Unterricht ja nichts mit meinem Thema zu tun hatte	eventuell, dass sie über Dinge wie Körperhaltung usw. geredet wurde	technische Mittel (mein PC spinnt)	relativ positive, Note ist nie schlecht, wenn man sich vorbereitet	nein	für wichtig, da wir das als Kellnerständig tun	ja
26	nicht so, weil ich mich nicht vorbereitet hatte u. sehr aufgeregt war	mich besser vorzubereiten u. kleine Stichpunkte zu machen u. die intensiv zu lernen	nicht gut, ich war voll aufgeregt	ja schon	hatte ich keine, wie z.B. Kopien oder Folien	nichts	die sind alle nicht sehr gut gelaufen, weil ich keine LAS habe	nein, ich war froh, dass keiner gelacht hat oder was Gemeines gesagt hat	das ist schon wichtig für mich, dass ich den Block schaffe	ja, weil ich schlecht lesen kann

H2 RF 3T Laufende Nummer	Waren Sie mit der Präsentation Ihres Referats zufrieden?	Was würden Sie anders machen, wenn Sie das Referat jetzt noch einmal halten könnten?	Wie haben Sie sich beim Halten des Referates gefühlt?	Fühlten Sie sich durch den Unterricht gut auf Ihren Vortrag vorbereitet?	Welche Unterrichtselemente fanden Sie hilfreich?	Was hat Ihnen bei der Vorbereitung gefehlt?	Welche Erfahrungen haben Sie in Ihrer bisherigen Schullaufbahn mit dem Halten von Referaten gemacht?	Hat sich Ihre Einstellung zum Halten von Referaten durch diesen Block verändert?	Für wie wichtig halten Sie das Erlernen von Präsentationsfähigkeiten an der Berufsschule?	Halten Sie die Schulungsmöglichkeiten Ihrer Präsentationsfähigkeiten an der Berufsschule für ausreichend?
27	nicht ganz, hätte besser vorbereitet sein können	mich noch besser darauf vorbereiten, Folien u. Vorzeigematerial mitbringen	am Anfang nervös u. aufgeregt, legte sich aber wieder	ja	Referate, da einige doppelt gehalten wurden u. immer wieder was dazu kam	Anschauungsmaterial	habe auf der Realschule schon mal Referate vorgetragen, aber nie allein	ja, die Aufregung hat etwas nachgelassen	sehr wichtig, denn mit den Gästen muss man auch frei sprechen können	man könnte noch mehr darauf eingehen, da im Geschäft dies auch oft gebraucht wird
28	nein	langsamer reden	nervös	nein, ich finde die paar Wochen Schule zu wenig, um sich überhaupt auf irgendetwas richtig vorzubereiten	???	???	keine, das hier war mein erstes Referat	ja, weil ich noch nie eines gehalten hatte u. durch dieses hier gelernt habe, was ich besser machen könnte	sehr wichtig, gehört auch zum Beruf	ja
29	nein, ich war zu aufgeregt u. nervös	ich würde es gelassen angehen	komisch wegen der Kamera	nein	keine	Zeit	keine, das war mein erstes	keine Kamera	es gehört zum Beruf	nein
30	es ging so, es hätte ausführlicher sein können	besser vorbereiten, mehr Material	aufgeregt, etwas unsicher	na ja, es ging so	das man mit der Klasse mal über das Thema gesprochen hat u. jeder seine eigene Meinung sagen konnte	Bildmaterial	eigentlich keine, weil ich eigentlich noch nicht so viele Referate gehalten habe	nicht sonderlich, weil ich nicht so gerne Referate halte	schon wichtig, da es später eventuell hilfreich sein könnte	es kann ja nicht schaden

Augsburger Studien zur Deutschdidaktik

Herausgegeben von Kaspar H. Spinner

Bisher erschienen:

Band 1
Claudia Winter: Traditioneller Aufsatzunterricht und kreatives Schreiben.
Eine empirische Vergleichsstudie. 1988
ISBN 978-3-89639-119-3, 355 Seiten, 29,80 Euro (vergriffen)

Band 2
Ute Spiegel: Förderung der Rechtschreibleistung im 3./4. Schuljahr.
Fallstudien zur Einführung selbstständiger Lern- und Arbeitsstrategien
in den Unterricht. 1999
ISBN 978-3-89639-176-6, 498 Seiten, 29,80 Euro

Band 3
Juliane Köster: Archive der Zukunft. Der Beitrag des Literaturunterrichts
zur Auseinandersetzung mit Auschwitz. 2001
ISBN 978-3-89639-265-7, 384 Seiten, 29,80 Euro

Band 4
Barbara Schubert-Felmy: Wege der Imagination – Lesewege
ISBN 978-3-89639-289-3, 405 Seiten, 29,80 Euro

Band 5
Gabriele Czerny: Theaterpädagogik. Ein Ausbildungskonzept im Horizont
personaler, ästhetischer und sozialer Dimension
ISBN 978-3-89639-427-9, 288 Seiten, 21,80 Euro

Wißner-Verlag, Im Tal 12, 86179 Augsburg
Tel. (0821) 2 59 89-0; Fax (0821) 59 49 32
www.wissner.com